诚信为本
坚持准则

操守为重
不做假账

——与学习会计的同学共勉

"十四五"职业教育国家规划教材

高等职业教育在线开放课程新形态一体化教材

国家职业教育大数据与会计专业教学资源库升级改进配套教材

智慧化税费申报与管理实训

（第六版）

主 编 梁伟祥

中国教育出版传媒集团

高等教育出版社·北京

内容提要

本书是“十四五”职业教育国家规划教材，也是国家职业教育大数据与会计专业教学资源库升级改进配套教材。

本书按照工作过程，围绕职业能力的培养来设计实训内容，主要包括知识点回顾、职业判断能力训练、职业实践能力训练、职业拓展能力训练等内容，并附有企业税费申报与缴纳的相关表单。本书依据最新财税法规修订而成，将近几年完成立法的增值税法、关税法等法律法规的内容体现在教材之中。

与本书配套的国家职业教育大数据与会计专业教学资源库课程可登录“智慧职教”平台进行在线学习，本书配套的参考答案等资源可登录高等教育出版社产品信息检索系统（xuanshu.hep.con.cn）免费下载使用。

本书结构清晰，思路独特，有很强的实用性，可作为高等职业教育专科、本科院校大数据与会计、大数据与财务管理、财税大数据应用等财经商贸类专业的教材，也可作为社会从业人员的业务学习用书。

图书在版编目（CIP）数据

智慧化税费申报与管理实训 / 梁伟样主编. -- 6版.
北京 : 高等教育出版社，2025. 9. -- ISBN 978-7-04-065270-3

Ⅰ. F810.423；F812.42

中国国家版本馆CIP数据核字第2025P44L70号

智慧化税费申报与管理实训（第六版）
ZHIHUIHUA SHUIFEI SHENBAO YU GUANLI SHIXUN

策划编辑 张雅楠　　责任编辑 李瑞欣 贾若曦　　封面设计 张 志　　版式设计 杜微言
责任绘图 杨伟露　　责任校对 胡美萍　　责任印制 赵义民

出版发行 高等教育出版社
社　　址 北京市西城区德外大街4号
邮政编码 100120
印　　刷 山东润声印务有限公司
开　　本 787 mm×1092 mm 1/16
印　　张 14.25
字　　数 300千字
购书热线 010-58581118
咨询电话 400-810-0598
网　　址 http://www.hep.edu.cn
　　　　 http://www.hep.com.cn
网上订购 http://www.hepmall.com.cn
　　　　 http://www.hepmall.com
　　　　 http://www.hepmall.cn
版　　次 2011年7月第1版
　　　　 2025年9月第6版
印　　次 2025年9月第1次印刷
定　　价 42.80元

物 料 号 65270-00

总序

国家职业教育大数据与会计（会计）专业教学资源库项目（以下简称会计专业资源库）于2008年筹建，2010年获教育部正式立项，2013年顺利通过验收。2014年会计专业资源库建设成果获国家级教学成果一等奖。2016年会计专业资源库升级改进项目获教育部立项，并于2019年验收。2008年至2024年，是会计专业资源库建设与会计行业发展不断融合的16年，经历了与全国高职会计专业改革和建设相互借鉴、相互促进的16年，见证并参与了“互联网+”职业教育、数字化职业教育的高速发展，并将继续与这个变革的时代同步前进。随着《职业教育专业目录（2021年）》《职业教育专业简介》（2022年修订）的发布，会计专业更名为大数据与会计专业，专业数字化转型的要求对资源库的持续建设和更新提出了更高的要求。

会计专业资源库建设主要分为基本建设和升级改进两个阶段。基本建设阶段为2008年至2016年，建成了由“专业中心”“课程中心”（含12门核心课程）、“应用中心”（含能力测试系统、虚拟仿真实训系统）、“素材中心”四个中心组成的一整套普适与特色相结合、元素资源与成型资源相配套的高职会计专业标志性教学资源，为“教学做一体化”教学模式的开展提供了互动、开放、可持续的平台，为会计专业人才培养、培训及自主成长提供了解决方案。升级改进阶段为2016年至2019年，以会计行业由财务会计向管理会计转型、国家“营改增”等财税政策和会计政策重大变化、“互联网+教育”模式变革为背景，按照“一体化设计、结构化课程、颗粒化资源”的建设思路，在原已验收的会计专业资源库的基础上开展了下列建设工作：一是进行资源库一体化设计，明确了“大智移云”时代会计职业岗位能力要求及其所需的知识点和技能点，建立了“会计职业岗位知识技能树”。二是重构课程体系。按照管理会计转型要求，新增了“管理会计基础”等课程，并对成本核算、税费计算与申报等传统课程进行了“管理会计方向”的改建，形成了“以财务会计为基础、以管理会计为重心”的全新课程体系。三是完善颗粒化资源建设。会计专业资源库项目以各课程的“知识点、技能点”为载体，并以最新财税政策和会计准则为依据进行了颗粒化资源建设，使颗粒化资源由原来的3 300余条增加为10 000余条。四是注重贯彻立德树人根本任务，德技并修，新增了“中国会计文化”课程，并通过制订课程标准、制作微课、开展会计职业岗位测评等多种渠道进行会计文化、会计职业道德培育。五是开展“数智化+教育”模式的探索实践和推广应用，形成了适合我国高职会计专业应用的“线上线下混合教学”“翻转课堂”“自主学习”“在线实训”等在线教学模式的典型经验。经过升级改进后的会计专业资源库由“专业中心”“课程中心”“素材中心”“微课中心”“培训中心”和“典型应用中心”组成，用户数量已达到了 5 万余人，为全国高职会计专业教育教学、社会学习者自主学习以及员工培训提供了全面的资源支持。

大数据技术与会计专业的结合，不仅体现了会计行业信息化、智能化、数字化的变迁，更推动了课程体系的改变和课程内涵的改革。为此，会计专业资源库将新增大数据技术基础、财务大数据分析、财务机器人开发与应用、大数据技术在财务中的应用等大数据及其在财务工作中应用的课程，并将传统的财务会计、成本会计、税费计算与申报等课程与财务信息系统、云财务平台、智慧税务系统等结合起来，升级为智能化、信息化、数字化课程。本套教材是会计专业资源库建设项目的重要成果之一，也是资源库课程开发成果和资源整合应用的重要载体。十余年来，它伴随着资源库的建设和会计行业的变迁而几经修订，汲取着高职会计专业建设和课程改革的成果而不断完善，更依托现代信息化技术而日益丰满，形成了以下几点鲜明特色。

第一，课程体系内容创新。2021 年，项目组在持续进行调研分析的基础上，重新定位了高职会计专业的就业领域、就业岗位，将“财务共享中心”“财税服务企业”等新型财务组织的相关岗位任务纳入教学体系，根据会计行业的信息化、智能化、数字化发展特点重新开发一系列基于“大智移云”时代会计岗位群变化的创新教材。本套教材根据高等职业教育大数据与会计专业最新的专业教学标准设计，无论是课程体系还是教学内容，均体现了专业升级所带来的创新。同时，各课程之间按照会计工作总体过程关联化、顺序化，做到逻辑一致，内容相谐，实现了顶层设计下会计职业能力培养的递进衔接。

第二，教材内容相对独立。2011 年第一版教材出版时，项目组在顶层设计上要求各课程组“尽量避免不同课程内容之间的重复”，以保证专业教学的体系化。然而在十余年的教材编写和应用实践中，我们发现由于各学校专业人才培养方案不同，其课程内容组合也有所不同。为此，资源库构建了以会计岗位任务为载体，以各“知识点、技能点”为内容的“会计职业知识树”，倡议和鼓励各资源库应用院校根据各自人才培养的需要构建内容不尽相同的“个性化课程”，实现了资源库“一体化设计、结构化课程”

的建设思路。为此，教材在编写中采用了“结构化课程”的编写思路，每门课程的教学内容相对独立，允许一些边界重叠的课程内容有所重复，如“管理会计基础”课程中的“预算管理”“投融资管理”“风险管理”等内容与“企业财务管理”课程中的相关内容有一定的重复。从教材使用者的角度来看，教材内容的独立性更有利于组织“个性化”教学。同时，我们也在进一步设想从教材形式创新上来解决这些问题，如探索开发以“知识点、技能点”命名的活页式教材等。

第三，教材体系针对性强。本套教材立足高职“教学做”一体化教学特色，设计三位一体的教材组成。从“教什么，怎么教”“学什么，怎么学”“做什么，怎么做”三个问题出发，每门课程均编写了“主体教材”“教师手册”（放入资源库平台）、“习题与实训用书”。其中，“主体教材”以“学习者用书”为主要定位，立足“学什么，怎么学”进行编写，是课程教学内容的载体；“教师手册”以“教师用书”为主要定位，立足“教什么，怎么教”进行编写，既是教师进行教学组织实施的载体，也是学生参与课堂活动设计的载体；“习题与实训用书”以“能力训练与测试”为主要定位，立足“做什么，怎么做”，通过职业判断能力训练、职业实践能力训练、职业拓展能力训练三部分训练全面提高学生的职业能力。

第四，配套资源立体化。资源库升级改进配套教材的最大竞争力在于其丰富、立体的配套资源。按照资源库建设的顶层设计要求，在教材编写的同时，各门课程开发了涵盖课程标准、教学实施方案、电子课件、岗位介绍、操作演示、虚拟互动、典型案例、习题试题、票证账表、图片素材、法规政策、教学视频等在内的丰富的教学资源。这些教学资源的建设与教材编写同步而行，相携而成。为了引导学习者充分使用配套资源，打造真正的融媒体教材，本套教材通过在正文中标注二维码的形式，将各项典型资源与教学内容紧密地结合起来，使之浑然一体。学习者还可通过登录“智慧职教”平台，加入相应资源库课程进行学习。如果说资源库数以万计的教学资源是一颗颗散落的明珠，那么本套教材就是将它们有序串接的珠链。我们有理由相信，这套嵌合着数以万计的优质资源的教材将会成为高职大数据与会计专业教学真正意义的数字化、自主学习型的创新教材。

第五，教材教改一体化。作为资源库项目的配套教材，本套教材的编写理念、编写体例、内容框架等均来源于资源库的顶层设计，并与资源库“标准化课程”的建设相配套，因而，本套教材不仅是传统意义上的“教材”，更是以教材为载体，反映了资源库课程建设和教学改革的内涵，教材与教改的一体化设计使本套教材发挥了更大的教学价值。

第六，教材体例职业化。遵循工作过程系统化课程开发理论，教材中的大部分课程采用学习情境式教学单元，体现高职教育职业化、实践化特色。本套教材不再使用传统的章节式体例，而是采用职业含义更加丰富的“学习情境”或“项目任务”搭建教学单元。与传统的章节式体例相比，学习情境式或项目任务式教学单元融合了岗位任务完成所需的“职业环境、岗位要求、典型任务、职业工具和职业资料”，立体化地描述了完成一项典型工作任务的工作过程和工作情境，再现了大量真实的会计职业的票、账、证、表，满足了高等职业教育职业性、实践性要求。

第七，教材装帧精美。本套教材大多数采用四色、双色印刷，并以不同的色块，突出重点概念与技能，通过视觉搭建知识技能结构，给人耳目一新的感觉。同时，还原了会计凭证、账簿、报表的本来面目，增强了教材的真实感、职业感。

本套教材的编写团队即为会计专业资源库建设团队。会计专业资源库原由山西省财政税务专科学校原校长赵丽生教授、山东商业职业技术学院原校长钱乃余教授担任项目负责人，2023 年由山西省财政税务专科学校校长李赟鹏教授担任项目负责人。山西省财政税务专科学校赵丽生教授、高翠莲教授、董京原教授、蒋小芸副教授，江苏财经职业技术学院程淮中教授、浙江金融职业学院孔德兰教授、江南影视艺术职业学院马元兴教授、无锡商业职业技术学院薛春燕教授、丽水职业技术学院梁伟样教授、北京财贸职业学院孙万军教授、广东农工商职业技术学院张洪波教授、江苏经贸职业技术学院王生根教授、淄博职业技术大学高丽萍教授、天津职业大学曹军教授、长沙民政职业技术学院张流柱教授等分别担任“中国会计文化”“出纳业务操作”“管理会计基础”“成本核算与管理”“会计职业基础”“企业财务会计”“企业财务管理”“智慧化税费申报与管理”“会计综合实训”“会计信息化”“审计实务”“企业会计制度设计”“财务报表分析”“行业会计比较”等课程配套教材主编，并不断修订再版，使其与时俱进，日臻完善。更加可贵的是，十余年的磨砺，培育了这支全国高职大数据与会计专业教育的核心团队，他们是本套教材质量的最重要的保障。在这支团队中，走出了 3 名高职财经名校的校长、2 位国家“万人计划”教学名师，产生了一批高职大数据与会计专业教学改革的行家能手。他们活跃在全国高职院校中，以爱岗敬业的情操、为人师表的修养、创新进取的精神、严谨治学的风格取得了一系列的国家级、省级教学成果，引领并推动着高职大数据与会计专业教育教学改革。

千锤百炼出真知。本套教材的编写伴随着资源库建设历程，历时 16 年已再版至第六版，本套教材中多部教材相继入选“十二五”“十三五”“十四五”职业教育国家规划教材。依据《国家教材委员会关于首届全国教材建设奖奖励的决定》(国教材〔2021〕6号),《中国会计文化》《会计综合实训(第四版)》《出纳业务操作(第三版)》《会计职业基础(第四版)》《企业财务会计(第四版)》《企业财务管理(第三版)》《审计实务(第三版)》共七部教材被评为首届全国教材建设奖全国优秀教材，是教材建设服务为党育人、为国育才的典范。它是资源库建设者的心血与智慧的结晶，也是资源库建设成果的集中体现，既具积累之深厚，又具改革之创新。我们衷心地希望它的出版能够为中国高职大数据与会计专业教学改革探索出一条特色之路，一条成功之路，一条未来之路！

国家职业教育大数据与会计(会计)专业教学资源库项目组
2024 年 11 月

第六版前言

作为国家职业教育大数据与会计专业教学资源库升级改进配套教材、“十四五”职业教育国家规划教材，本书自出版以来一直得到读者的厚爱，取得了较好的使用效果。

本书充分考虑了主教材的特点，既有知识点回顾的相关内容提示，也按照工作过程，围绕职业能力培养设计了实训内容。全书共有七个项目、一个附录，七个项目主要为纳税工作认知和单个税种计算、申报与管理的训练，与《智慧化税费申报与管理》（第六版）主教材对应；附录为企业纳税综合实训，将企业各环节相关税费的申报结合在一起，供学生综合训练使用。本书可与主教材配套使用，也可单独作为实训教材使用。

近年来，围绕减税降费，我国实体税法的立法工作进程加快，完成了资源税、城市维护建设税、契税、印花税、关税、增值税的立法工作；全面修订了《中华人民共和国个人所得税法》，开始施行综合与分类相结合的个人所得税制度。

党的二十大报告进一步指出，要“健全现代预算制度，优化税制结构，完善财政转移支付体系”“完善个人所得税制度，规范收入分配秩序，规范财富积累机制，保护合法收入，调节过高收入，取缔非法收入”。税收法规政策发生变化，因此迫切需要对教材进行全面更新。在《智慧化税费申报与管理》主教材修订再版的同时，编者对其配套的实训教材也进行了修订。本次修订，以截止到 2025 年 5 月底最新的财税法规为依据，将近几年完成立法的关税法、增值税法等内容全面体现在本实训教材之中。

本书由丽水职业技术学院梁伟样教授担任主编并负责修订工作，在修订过程中得到了有关部门、企业和任课教师的大力支持，在此一并表示诚挚的谢意。

由于编者水平有限，书中难免存在谬误或不妥之处，恳请专家学者、使用本书的教师、同学和读者批评指正。

编　者

二〇二五年七月

第一版前言

本书是与高等职业教育会计专业教学资源库配套教材《税费计算与申报》相配套的辅助用书。全书主要包括知识点回顾、职业判断能力训练、职业实践能力训练、职业拓展能力训练、考核记录表、教师评价与自我评价等内容，并附有企业税费申报与缴纳的实际表单。本书的编写充分体现了“做中学、学中做”的高职教学理念，满足课程标准中有关能力目标的需要，突出对学生报税岗位基本技能、职业意识和职业习惯的培养。本书在编写过程中贯彻了教学做一体化、理实合一的高职教学理念。

本书在编写过程中，充分考虑了主教材的特点，知识点回顾尽量采用表格形式。按照工作过程，围绕职业能力的培养来设计实训内容。全书共包括七个学习情境、一个附录。七个学习情境主要为单个税种计算与申报的训练，与主教材相对应；附录为企业纳税综合实训，将企业各环节的相关税费结合在一起，供学生综合实训。本书可与主教材配套使用，也可单独作为实训教材使用。

本书在编写过程中参考了不少教材，得到了有关专家学者、企业实务人员以及高等教育出版社的大力支持，在此一并表示感谢！

由于编者理论知识和实践能力有限，书中疏漏之处在所难免，敬请专家学者、使用本书的教师、同学和读者批评指正。

编　者

二〇一一年三月

目　录

项目一 纳税工作认知

第一部分　知识点回顾

一、税收基础认知

（一）税收的概念及特征

税收又称“赋税”“租税”“捐税”等，是政府为了满足社会公共需要，凭借政治权力，按照法律规定，强制地、无偿地参与社会剩余产品分配，以取得财政收入的一种规范形式。税收是国家取得财政收入的主要形式。与其他财政收入形式相比，税收具有强制性、无偿性和固定性的基本特征，习惯上称为税收的“三性”。

税收的“三性”相互联系，不可分离，是不同社会制度下税收所共有的，它是税收本质的具体体现，这使其与利润、规费等分配形式有明显的区别，因此税收的“三性”是区别税与非税的根本标志。

（二）税制的构成要素

税制的构成要素包括总则、纳税人、征税对象、税目、税率、纳税环节、纳税期限、纳税地点、税收减免、税收加征、违章处理等项目。下面仅就各构成要素进行简要介绍。

1. 总则

总则通常是指在税收法律体系中，对税收制度的基本原则、适用范围、立法目的等一般性内容进行规定和阐述的部分。它在税收法律体系中具有统领性和基础性的作用，为具体税种相关法规的制定和实施提供指导和依据。

2. 纳税人

纳税人是指税法规定直接负有纳税义务的单位和个人，也称纳税主体，它规定了税款的法律承担者。纳税人可以是自然人，也可以是法人。自然人和法人若有税法规定的应税财产、收入和特定行为，就对国家负有纳税义务。

3. 征税对象

征税对象又称课税对象，是征税的目的物，即对什么东西征税，它是一种税区别于另一种税的主要标志。征税对象体现不同税种征税的基本界限，决定着不同税种名称的由来以及各税种在性质上的差别。

4. 税目

税目是征税对象的具体化，反映各税种具体的征税项目，体现每个税种的征税广度。对大多数税种，由于征税对象比较复杂，而且对税种内部不同征税对象又需要采取不同的税率档次进行调节，这样就需要对税种的征税对象作进一步划分，作出具体的界限规定，这个规定的界限范围就是税目。

5. 税率

税率是应纳税额与计税依据之间的法定比例，是计算应纳税额的尺度，体现了征税的深度，直接关系到国家财政收入的多少和纳税人税收负担的大小。因此税率是体现税收政策的中心环节，是构成税制的基本要素。

税率可以分为以绝对量形式表示的定额税率和以百分比形式表示的比例税率及累进税率。累进税率还可以分为全额累进税率、超额累进税率和超率累进税率。

6. 纳税环节

纳税环节是指对处于不断运动中的纳税对象选定的应当缴纳税款的环节。每个税种都有其特定的纳税环节，有的纳税环节单一，有的需要在不同环节分别纳税。凡只在一个环节纳税的称为“一次课征制”，凡在两个环节征税的称为“两次课征制”，凡在两个以上环节征税的称为“多次课征制”。

7. 纳税期限

纳税期限是指纳税人在发生纳税义务后，应向税务机关申报纳税并解缴税款的起止时间。超过期限未交税的属于欠税，应依法加收滞纳金。各税种由于自身的特点不同，有着不同的纳税期限，一般分为按期纳税和按次纳税两种形式。

8. 纳税地点

纳税地点是指按照税法规定向征税机关申报纳税的具体地点。它说明纳税人应向哪里的征税机关申报纳税以及哪里的征税机关有权进行税收管辖的问题。

9. 税收减免

税收减免是减税和免税的合称，是对某些纳税人或征税对象的鼓励或照顾措施。减税是对应纳税额少征一部分税款，而免税则是对应纳税额全部免征税款。

税收减免体现了税收在原则性基础上的灵活性，是构成税收优惠的主要内容，具体可分为税基式减免、税率式减免和税额式减免三种形式。

10. 税收加征

税收加征形式包括地方附加、加成征收、加倍征收等。

11. 违章处理

违章处理是对纳税人发生违反税法行为采取的惩罚措施，它是税收强制性的体现。纳税人必须依法及时足额地缴纳税款，凡有拖欠税款、逾期不缴、逃税漏税等违反税法的行为，都应受到制裁。违章处理的措施主要有加收滞纳金、处以罚款、税收保全措施、税收强制执行措施等。

（三）税收的分类

1. 按征税对象不同分类

按征税对象不同分类是税收最基本和最主要的分类方法，可将税收分为流转税、所得税、财产税、行为税、特定目的税、资源税和烟叶税。

流转税是指以商品或劳务的流转额为征税对象征收的一类税，这是我国现行税制中最大的一类税收，涉及商品的生产和流通各个环节，主要有增值税、消费税、关税。

所得税是指以所得额为征税对象征收的一类税。所得额是指全部收入减除为取得收入所耗费的各项成本费用后的余额，主要有企业所得税、个人所得税。

财产税是指以纳税人所拥有或使用的财产为征税对象征收的一类税，主要有房产税、车船税、契税。

行为税是指以纳税人的某些特定行为为征税对象征收的一类税，主要有印花税。

特定目的税是为了达到特定目的而征收的一类税，主要有城市维护建设税、车辆购置税、耕地占用税。

资源税是指对开发、利用和占有国有自然资源的单位和个人征收的一类税，主要有资源税、土地增值税、城镇土地使用税。

烟叶税是国家对收购烟叶的单位按照收购烟叶金额征收的一种税。

2. 按税收与价格的不同关系分类

按税收与价格的不同关系，税收可分为价内税和价外税。

价内税就是税款包含在应税商品价格（计税依据）内，商品价格由成本、利润和税金构成的一类税。

价外税是指税款不包含在应税商品价格（计税依据）之内，商品价格仅由成本和利润构成，价税分离的一类税。

3. 按计税依据不同分类

按计税依据不同，税收可分为从价税和从量税。

从价税是指以征税对象的价值、价格或金额为标准，按一定比例征收的一类税，从价税实行比例税率和累进税率。

从量税是指以征税对象的一定数量单位（重量、件数、容积、面积、长度等）为标准，按固定税额计征的一类税。

4. 按税负能否转嫁分类

按税负能否转嫁，税收可以分为直接税和间接税。

直接税是指纳税人本身承担税负，不发生税负转嫁关系的一类税，比如所得税、财产税等。直接税的纳税人即负税人。

间接税是指纳税人本身不是负税人，可将税负转嫁给他人的一类税，比如增值税、消费税、关税等流转税。间接税的纳税人与负税人不一致。

5. 按税收管理与使用权限不同分类

按税收管理与使用权限的不同，税收可以分为中央税、地方税、中央与地方共享税。

中央税是指管理权限归中央，税收收入归中央支配和使用的税种。

地方税是指管理权限归地方，税收收入归地方支配和使用的税种。

中央与地方共享税则是指主要管理权限归中央，税收收入由中央政府和地方政府共同享有，按一定比例分成的税种。

二、涉税事务办理

（一）认识金税工程

金税工程是经国务院批准的国家级电子政务工程，是税收管理信息系统工程的总称。自 1994 年开始，历经金税一至四期工程，目前金税四期工程已正式上线运行。

金税一期工程主要关注增值税发票真伪的核查；金税二期工程侧重于增值税专用发票的开具、申报及审核等环节的线条管理；金税三期工程则对所有税种、所有环节和所有机构进行全面构建，形成税收征管新格局，其核心是“以票控税”；金税四期工程的核心是“以数治税”，不仅仅是税务方面，还会纳入“非税”业务，实现对业务更全面的监控，同时搭建了各部委、人民银行以及商业银行等参与机构之间信息共享和核查的通道，实现了企业相关人员手机号码、企业纳税状态、企业登记注册信息的核查。金税四期工程全面打通了税费全数据和业务全流程之间的关系，对纳税人的监控做到全方位、全业务、全流程、全智能。

（二）涉税事务登记

1. 新办纳税人信息补充登记

目前，市场监督管理部门已经将新办企业设立登记时的信息同步到税务机关，新办企业只需要在首次办理涉税事务时向税务机关办理信息补充登记即可。新办企业可以登录电子税务局，通过新办企业综合申请套餐完成新办企业的税务信息补充登记，主要有单位纳税人税务信息、单位相关人员信息、注册资本信息和总分支机构信息。

2. 账簿设置和财务制度报备

从事生产、经营的纳税人应当自领取营业执照之日起 15 日内设置账簿，同时将其企业的财务、会计制度或者财务、会计处理办法及会计核算软件报送税务机关备案。

3. 增值税纳税人类型登记

增值税纳税人分为一般纳税人和小规模纳税人两类，一般纳税人资格实行登记制，登记事项由增值税纳税人向其主管税务机关办理，一般应具备两个条件：①会计核算健全，能够准确提供税务资料；②预计年应税销售额达到规定标准。一般纳税人总、分支机构不在同一县（市）的，应分别向其机构所在地主管税务机关申请办理一般纳税人登记手续。

小规模纳税人会计核算健全，能够提供准确税务资料的，可以向主管税务机关申请一般纳税人登记。

（三）发票的领用与开具

发票是在购销商品、提供或者接受服务以及从事其他经营活动中，开具、收得的收付款凭证，包括纸质发票和电子发票。自 2024 年 12 月 1 日起，数电发票在全国正式推广应用。国务院税务主管部门统一负责全国的发票管理工作，省、自治区、直辖市税务机关依据职责做好本行政区域内的发票管理工作。

数电发票包括电子发票（增值税专用发票）和电子发票（普通发票）两类，同时，根据特定业务标签，设置建筑服务、成品油、报废产品收购、旅客运输服务、货物运输服务、不动产销售、不动产经营租赁服务、农产品收购、光伏收购、代收车船税、自产农产品销售、差额征税、机动车、二手车、代开发票、通行费、医疗服务、拖拉机和联合收割机、稀土等特定业务电子发票。

1. 发票的领用

需要领用发票的单位和个人，应当持设立登记证件或者税务登记证件，以及经办人身份证明，向主管税务机关办理发票领用手续。

领用方式分为批量供应、交旧领新、验旧领新、额度确定等。单位和个人领用发票时，应按照税务机关的规定报告发票使用情况，税务机关按照规定进行查验。

2. 发票的开具

单位和个人销售商品、提供服务以及从事其他经营活动，对外发生经营业务收取款项时，应当向付款方开具发票，特殊情况下，可由付款方向收款方开具发票。

安装税控装置的单位和个人，应当按照规定使用税控装置开具发票，并按期向主管税务机关报送开具发票的数据。使用非税控电子器具开具发票的，应当将非税控电子器具使用的软件程序说明资料报主管税务机关备案，并按照规定保存、报送开具发票的数据。

纳税人也可以登录全国统一规范电子税务局，使用其集成的电子发票服务平台上的“发票业务”功能，即可进行发票开具、交付、查验以及用途勾选等系列操作，享受“一站式”服务。

（四）纳税申报

纳税申报是指纳税人发生纳税义务后，在税法规定的期限内向主管税务机关提交书面报告的一种法定手续，也是税务机关办理征税业务、核实应纳税款、开具完税凭证的主要依据。一切负有纳税义务的单位和个人以及负有扣缴义务的单位和个人，都是办理纳税申报的对象。

延期申报是指纳税人、扣缴义务人不能按照税法规定的期限办理纳税申报或扣缴税款申报。由纳税人申请经税务机关批准可适当推延时间进行纳税申报。

纳税人在申报期限内，无论有无应税收入和所得，都必须持纳税申报表、财务会计报表及其他纳税资料，到税务机关直接办理纳税申报或登录电子税务局进行网上申报。扣缴义务人在扣缴税款期限内，无论有无代扣代收税款，都必须持代扣代缴、代收代缴报告表以及其他有关资料，到税务机关直接办理扣缴税款申报。申报方式有直接申报、电子申报、邮寄申报和简易申报等。

（五）税款缴纳

缴纳税款是纳税人依法将应纳税款缴入国库的过程。税款缴库方式主要有转账缴税、自核自缴、支票缴税、现金缴税、信用卡缴税、税银一体化缴税等。纳税人因各种原因不能及时缴纳税款，经税务机关批准可适当推延时间进行税款缴纳。

纳税人如果不按照纳税期限缴纳税款，应支付滞纳金。滞纳金是纳税人因未按时履行纳税义务而占用国家税款所缴纳的补偿金，它不是税务机关实施的行政处罚。

税款扣缴是指按照税法规定负有扣缴税款法定义务的单位和个人，依法代税务机关将纳税人应纳的税款从应向其支付的款项中扣除，并定期向税务机关解缴所扣税款。税款扣缴是税收法规赋予扣缴义务人的法定义务。

第二部分　职业判断能力训练

一、单项选择题

1. 下列不属于税收的特性的是（　　）。

A. 固定性　　B. 无偿性　　C. 灵活性　　D. 强制性

2. 下列税种中，属于中央与地方共享税的是（　　）。

A. 消费税　　B. 增值税

C. 土地增值税　　D. 车辆购置税

3. 下列属于海关负责征收管理的税种是（　　）。

A. 增值税　　B. 土地增值税

C. 关税　　D. 耕地占用税

4. 按征税对象分类，增值税属于（　　）。

A. 流转税　　B. 所得税　　C. 财产税　　D. 行为税

5. 从事货物生产或者提供应税劳务的纳税人，以及以从事货物生产或者提供应税劳务为主，并兼营货物批发或者零售的纳税人，在登记为增值税一般纳税人时，其年应征增值税销售额应达到或超过（　　）万元以上。

A. 50　　B. 80　　C. 500　　D. 100

6. 交通运输业、邮政业、电信业、建筑业、金融业、服务业和销售无形资产、不动产纳税人登记增值税一般纳税人时，其应税服务年销售额应在（　　）万元以上。

A. 50　　B. 80　　C. 500　　D. 100

7. 对于财务制度较健全、有一定经营规模、发票管理严格的纳税人可采用的发票领购方式是（　　）。

A. 交旧领新　　B. 额度确定

C. 批量供应　　D. 验旧购新

8. 全国发票管理工作由（　　）统一负责。

A. 国务院税务主管部门

B. 地方主管税务机关

C. 国务院财政主管部门

D. 国务院

9. 下列关于税款追征权的表述，正确的是（　　）。

A. 因扣缴义务人计算错误等失误，未缴或者少缴税款的，税务机关在 5 年内可以追征税款、滞纳金，有特殊情况的追征期可以延长到 10 年

B. 因税务机关的责任，致使纳税人、扣缴义务人未缴或者少缴税款的，税务机关在 1 年内可以要求纳税人补缴税款，但不得加收滞纳金

C. 因纳税人隐瞒收入，未缴或者少纳税款的，税务机关可以无限期追征其未缴或者少缴的税款、滞纳金

D. 因纳税人计算错误等失误，未缴或者少缴税款的，税务机关可在 3 年内追征税款，但不加收滞纳金、罚款

10. 发票的存放和保管应按税务机关的规定办理，不得丢失和擅自损毁。已经开具的发票存根联和发票登记簿，应当保存（　　）年。

A. 1　　B. 2　　C. 3　　D. 5

11. 因税务机关的责任，致使纳税人、扣缴义务人未缴或少缴税款的，税务机关在（　　）年内可以要求纳税人、扣缴义务人补缴税款，但是不得加收滞纳金。

A. 1　　B. 2　　C. 3　　D. 5

12. 对账簿、凭证、会计核算制度比较健全的纳税人应采取的税款征收方式为（　　）。

A. 查账征收　　B. 查定征收　　C. 查验征收　　D. 邮寄申报

13. 根据《中华人民共和国税收征收管理法》的规定，纳税人未按规定的期限缴纳或者解缴税款的，税务机关除责令限期缴纳外，还应当从其滞纳税款之日起，按日加收滞纳税款（　　）的滞纳金。

A. 1‰　　B. 2‰　　C. 0.3‰　　D. 0.5‰

二、多项选择题

1. 下列各项中，属于社会公共需要的有（　　）。

A. 住房需要　　B. 劳动力再生产

C. 社会和平　　D. 国民经济稳定

2. 按管理和使用权限分类，税收可以分为（　　）。

A. 中央税　　B. 地方税

C. 中央与地方共享税　　D. 分享税

3. 我国现行税制中所应用的税率种类有（　　　　）。

A. 比例税率　　B. 全额累进税率

C. 超额累进税率　　D. 定额税率

4. 降低纳税人负担的措施有（　　　　）。

A. 起征点　　B. 加成征收

C. 免征额　　D. 加倍征收

5. 一般纳税人登记应具备的条件有（　　　　）。

A. 会计核算健全，能够准确提供税务资料

B. 预计年应税销售额达到规定标准

C. 具有固定生产经营场所

D. 生产企业或商品流通企业

6. 下列关于发票管理的叙述中，不正确的有（　　　　）。

A. 普通发票可由企业自行到印刷机构印制

B. 发票上必须印制全国统一发票监制章

C. 增值税专用发票由各省、自治区、直辖市税务机关指定的企业印刷

D. 任何企业未经税务机关指定，不得印制发票

7. 纳税人在（　　　　）的情况下，可申请延期缴纳税款。

A. 遇有不可抗力

B. 经营亏损

C. 遭受自然灾害

D. 当期货币资金扣除应付职工工资、社会保险费后不足以缴纳税款

8. 纳税人纳税申报的方式包括（　　　　）。

A. 直接到税务局进行纳税申报

B. 邮寄申报

C. 通过电子税务局进行网上申报

D. 其他方式申报

9. 税务检查权是税务机关在检查活动中依法享受的权利，《中华人民共和国税收征收管理法》规定，税务机关有权（　　　　）。

A. 检查纳税人的账簿、记账凭证、报表和有关资料

B. 责成纳税人提供与纳税有关的文件、评审材料和有关资料

C. 到纳税人的生产、经营场所和货物存放地检查纳税人应纳税的商品、货物或者其他财产

D. 对纳税人的住宅及其他生活场所进行检查

10. 根据发票管理办法及其实施细则的规定，税务机关在发票检查中享有的职权有（　　　　）。

A. 调出发票转让　　　　　　　　　B. 调出发票查验

C. 鉴定发票真伪　　　　　　　　　D. 复制与发票有关的资料

11. 下列可以采用“核定征收”方式征税的有（　　　　）。

A. 依《中华人民共和国税收征收管理法》可以不设账簿的

B. 账目混乱、凭证不全、难以查账的

C. 外国企业会计账簿以外币计价的

D. 因偷税受两次行政处罚后再犯的

12. 纳税人有逃避纳税义务行为或欠税需出境等情形时，税务机关可要求纳税人采取（　　　　）的方式提供担保。

A. 提交纳税保证金

B. 提供财产担保

C. 提供纳税担保人

D. 变卖财产抵缴

13. 税务机关检查纳税人存款账户时，须（　　　　）。

A. 经县以上税务局（分局）局长批准

B. 凭全国统一格式的检查存款账户许可证

C. 指定专人进行

D. 对纳税人保密

三、判断题

（　　）1. 国家征税是为了满足政府及其工作人员的生活需要。

（　　）2. 只要国家认为需要，就可以随时随地向居民征税。

（　　）3. 税收的固定性对征纳双方都有约束力。

（　　）4. 所有发票样式均由国家税务总局统一确定。

（　　）5. 纳税人已经开具的专用发票存根联和发票登记簿应保管 3 年，保管期满，报经税务机关查验后，由税务机关集中销毁。

（　　）6. 纳税人通过银行缴纳税款的，税务机关不能委托银行开具完税凭证。

（　　）7. 纳税人发现缴纳了超过应纳税额的税款，自结算缴纳税款之日起 3 年内发现的，可以向税务机关要求退还多缴的税款并加算银行同期存款利息。

（　　）8. 税法规定的扣缴义务人必须依法履行代扣代缴税款义务。如果不履行义务，就要承担相应的法律责任。

（　　）9. 纳税人因有特殊困难，不能按期缴纳税款的，经县以上主管税务机关批准，可以延期缴纳税款，但最长不得超过 3 个月。

（　　）10. 享受减免税优惠的纳税人在减免税期间也必须按期办理纳税申报手续。

（　　）11. 财政机关和税务机关是发票主管机关，但增值税专用发票必须由主管税务机关进行监督管理。

（　　）12. 税务机关对可不设或应设而未设账簿的，或虽设账簿但难以查账的纳税人，可以采取查定征收方式。

（　　）13. 新设立企业和农民专业合作社领取由市场监管部门核发加载统一代码的营业执照后，无须再次进行税务登记，不再领取税务登记证。

（　　）14. 企业办理涉税事宜时，在完成补充信息采集后，凭加载统一代码的营业执照可代替税务登记证使用。

（　　）15. 已实行“多证合一、一照一码”登记模式的新设立企业和农民专业合作社办理注销登记，需向主管税务机关提出清税申报。

（　　）16. 税务机关可依法到纳税人的生产、生活、经营场所和货物存放地检查纳税人应纳税的商品、货物或其他财产。

（　　）17. 纳税人因逃税未缴或少缴的税款，税务机关可以无限期追缴。

（　　）18. 纳税人在纳税申报期内若有收入，应按规定的期限办理纳税申报；若申报期内无收入或在减免税期间，可以不办理纳税申报。

（　　）19. 税法对每一税种都要确定纳税环节和税目。

项目二

增值税智慧化申报与管理

第一部分 知识点回顾

一、增值税纳税人和征税范围的确定

（一）增值税纳税人的确定

增值税是对在我国境内销售货物、服务、无形资产、不动产（简称“应税交易”），以及进口货物的单位和个人（包括个体工商户），就其取得的增值额为征税对象征收的一种税。

凡是在我国境内销售货物、服务、无形资产、不动产，以及进口货物的单位和个人，都是增值税的纳税人。根据纳税人的经营规模及会计核算的健全程度不同，增值税纳税人分为小规模纳税人和一般纳税人。

小规模纳税人年应征增值税销售额（简称“年应税销售额”）的标准为500万元及以下。

会计核算健全，年应税销售额在500万元以上的可登记为一般纳税人。

另外规定：

（1）年应税销售额超过小规模纳税人标准的个人一律视同小规模纳税人，不经常发生应税行为的单位和个体工商户可选择按小规模纳税人纳税。

（2）年应税销售额未超过小规模纳税人标准以及新开业的纳税人，如果会计核算健全，能够提供准确税务资料，则可以向主管税务机关申请办理一般纳税人资格登记，成为一般纳税人。

（3）下列纳税人不办理一般纳税人登记：个体工商户以外的其他个人；选择按照小规模纳税人纳税的非企业性单位；选择按照小规模纳税人纳税的不经常发生应税行为的企业。

（4）纳税人兼有销售货物、服务、无形资产或者不动产的，应当分别核算适用不同税率或者征收率的销售额，未分别核算销售额的，从高适用税率或征收率。

（二）增值税征税范围的确定

（1）征税范围的一般规定。我国现行增值税的征税范围包括在我国境内的销售货物、服务、无形资产、不动产，以及进口货物。

① 销售货物。销售货物是指有偿转让货物的所有权，货物是指有形动产，包括电力、热力、气体在内，不包括无形资产和不动产。

② 销售服务。销售服务是指有偿提供加工修理修配服务、交通运输服务、邮政服务、电信服务、建筑服务、金融服务、现代服务、生活服务。

③ 进口货物。凡报关进口的应税货物，均应在进口环节征收增值税（享受免税政策的货物除外）。

④ 销售无形资产。销售无形资产是指转让无形资产所有权或者使用权的业务活动。无形资产包括技术、商标、著作权、商誉、自然资源使用权和其他权益性无形资产。

⑤ 销售不动产。销售不动产是指转让不动产所有权的业务活动。不动产是指不能移动或者移动后会引起性质、形状改变的财产，包括建筑物、构筑物等。

（2）视同应税交易行为。有下列情形之一的，视同应税交易行为，征收增值税：

① 单位和个体工商户将自产或者委托加工的货物用于集体福利或者个人消费；

② 单位和个体工商户无偿转让货物；

③ 单位和个人无偿转让无形资产、不动产或者金融商品。

（3）混合销售行为。混合销售行为是指纳税人发生一项应税交易涉及两个以上税率、征收率的业务。

（4）兼营行为。兼营行为是指纳税人发生两次及以上应税交易涉及不同税率、征收率的业务。如其经营范围既包括销售货物，又包括销售服务、无形资产或者不动产。但是，这些应税行为并不同时发生在同一项应税交易中。

（三）增值税税率和征收率的选择

1. 税率

（1）基本税率。一般纳税人销售货物或者进口货物、加工修理修配服务、有形动产租赁服务，除适用低税率和零税率外，税率为13%。

（2）低税率。纳税人销售或者进口下列货物，税率为9%：①农产品、食用植物油、食用盐；②自来水、暖气、冷气、热水、煤气、石油液化气、天然气、二甲醚、沼气、居民用煤炭制品；③图书、报纸、杂志、音像制品、电子出版物；④饲料、化肥、农药、农机、农膜。

（3）纳税人销售交通运输、邮政、基础电信、建筑、不动产租赁服务，销售不动产，转让土地使用权，除零税率外，税率为9%。

（4）纳税人销售服务、无形资产，除（1）、（2）、（5）之外，税率为6%。

（5）零税率。纳税人出口货物或境内单位及个人跨境销售国务院规定范围内的服务、无形资产，税率为零，但国务院另有规定的除外。

2. 征收率

适用简易计税方法计算缴纳增值税的征收率为3%。

（四）增值税优惠政策的运用

增值税的优惠政策包括法定免税项目、起征点和其他减免税的规定，由国务院统一规定，任何地区和部门都不得擅自出台优惠政策。

二、增值税应纳税额的计算

1. 销售额的确定

销售额的确定如表 2-1 所示。

表 2-1　销售额的确定

<table>
<tr><th>分类</th><th>具体的销售方式</th><th>税法规定的销售额</th></tr>
<tr><td>一般销售方式</td><td>(1) 销售货物
(2) 销售服务、无形资产或者不动产</td><td>(1) 向购买方或接受方收取的全部价款和价外费用(注意价外费用的确认);
(2) 若销售额含税,则计税销售额 = 含税销售额 ÷ (1 + 税率或征收率);
(3) 凡是价外费用、逾期包装物押金,应视为含税销售额,在计税时换算成不含税销售额再并入销售额</td></tr>
<tr><td rowspan="5">特殊销售方式</td><td>折扣方式</td><td>(1) 销售额或价款和折扣额在同一张发票上分别注明的:按折扣后的销售额或价款计算增值税;
(2) 将折扣额另开发票:不论财务上如何处理,均不得从销售额或价款中减除折扣额</td></tr>
<tr><td>以旧换新</td><td>按新货物的同期销售价格确定销售额,不得扣减旧货物的收购价格;
但对金银首饰以旧换新业务,可按销售方实际收取的不含税的全部价款征收增值税</td></tr>
<tr><td>还本销售</td><td>以货物的销售价格作为销售额,不得从销售额中减除还本支出</td></tr>
<tr><td>以物易物</td><td>双方都应作正常的购销处理,以各自发出的货物核算销售额并计算销项税额和进项税额</td></tr>
<tr><td>包装物押金</td><td>(1) 除税法另有规定外,包装物押金单独记账核算且时间在 1 年以内,又未过期的,不并入销售额征税;
(2) 包装物押金超过 1 年或者已经逾期的,无论是否退还均并入销售额征税;
(3) 对销售除啤酒、黄酒外的其他酒类产品而收取的包装物押金,无论是否返还以及会计上如何核算,均应并入当期销售额征税
【提示】包装物租金在销货时,应作为价外费用并入销售额计算销项税额</td></tr>
<tr><td rowspan="2">其他销售情形</td><td>视同应税交易</td><td rowspan="2">按下列顺序确定其销售额:
(1) 按纳税人最近时期同类货物、服务、无形资产或者不动产的平均价格确定;
(2) 按其他纳税人最近时期同类货物、服务、无形资产或者不动产的平均价格确定;
(3) 按组成计税价格确定:组成计税价格 = 成本 × (1+ 成本利润率)</td></tr>
<tr><td>销售价格明显偏低且无正当理由</td></tr>
</table>

2. 计算一般纳税人的应纳税额

增值税一般纳税人发生应税交易，应纳税额为销项税额抵扣进项税额后的余额。其计算公式为：

当期应纳税额 = 当期销项税额 − 当期进项税额

（1）计算销项税额。销项税额是指纳税人发生应税交易，按照销售额和规定的税率计算并向购买方收取的增值税税额。销项税额的计算公式为：

销项税额 = 销售额 × 适用税率

（2）计算进项税额。一般纳税人购进进项税额应税项目支付或者负担的增值税税额，为进项税额。在开具增值税专用发票的情况下，进项税额与销项税额的对应关系是：销售方收取的销项税额，就是购买方支付的进项税额。

① 准予从销项税额中抵扣的进项税额。根据税法规定，准予从销项税额中抵扣的进项税额，限于下列增值税扣税凭证上注明的增值税税额和按规定计算的进项税额。主要有以下几种情形。

a. 从销售方或接受方取得的增值税专用发票（含税控机动车销售统一发票，下同）上注明的增值税税额。

b. 从海关取得的海关进口增值税专用缴款书上注明的增值税税额。

c. 从境外单位或者个人购进服务、无形资产或者不动产，自税务机关或者扣缴义务人取得的解缴税款的完税凭证上注明的增值税税额。

d. 购进农产品，除取得增值税专用发票或者海关进口增值税专用缴款书外，按照农产品收购发票或者销售发票上注明的农产品买价和 9% 的扣除率计算的进项税额（纳税人购进用于生产销售或委托受托加工 13% 税率货物的农产品扣除率为 10%）。其价款仅限于经主管税务机关批准使用的收购凭证上注明的价款。购进免税农产品准予扣除的进项税额计算公式如下：

准予扣除的进项税额 = 农产品买价 × 扣除率

“农产品买价”包括纳税人购进农产品在农产品收购发票或者销售发票上注明的价款和按规定缴纳的烟叶税。增值税一般纳税人从农民专业合作社购进的免税农业产品，可按 9% 的扣除率计算抵扣增值税进项税额。

e. 旅客运输服务的抵扣。自 2019 年 4 月 1 日起，纳税人购进国内旅客运输服务，其进项税额允许从销项税额中抵扣。纳税人未取得增值税专用发票的，按规定计算确定进项税额。

f. 加计抵减。自 2023 年 1 月 1 日至 2027 年 12 月 31 日期间，允许先进制造业企业按照当期可抵扣进项税额加计 5% 抵减应纳增值税税额；允许集成电路设计、生产、封测、装备、材料企业按照当期可抵扣进项税额加计 15% 抵减应纳增值税税额；允许生产销售工业母机企业（指生产工业母机主机、关键功能部件、数控系统的企业）按照当期可抵扣进项税额加计 15% 抵减应纳增值税税额。

② 不得从销项税额中抵扣的进项税额。

下列项目的进项税额不得从销项税额中抵扣：

a. 适用简易计税方法计税项目对应的进项税额；

b. 免征增值税项目对应的进项税额；

c. 非正常损失项目对应的进项税额；

d. 购进并用于集体福利或者个人消费的货物、服务、无形资产、不动产对应的进项税额；

e. 购进并直接用于消费的餐饮服务、居民日常服务和娱乐服务对应的进项税额；

f. 国务院规定的其他进项税额。

增值税一般纳税人兼营简易计税方法计税项目、免征增值税项目而无法划分不得抵扣的进项税额，按下列公式计算不得抵扣的进项税额：

$$
\begin{aligned}
\text{不得抵扣的进项税额} &= \text{当期无法划分的全部进项税额} \\
&\quad \times (\text{当期简易计税方法计税项目销售额} \\
&\quad + \text{免征增值税项目销售额}) \\
&\quad \div \text{当期全部销售额}
\end{aligned}
$$

（3）计算应纳税额。增值税一般纳税人在计算出销项税额和进项税额后，两者相减就可以计算出当期应纳税额。

由于当期购进的货物或应税服务如果事先并未确定将用于非生产经营项目，其进项税额会在当期销项税额中予以抵扣。但已抵扣进项税额的购进货物或应税服务如果事后改变用途，应当将该项购进货物或者应税服务的进项税额转出，从当期的进项税额中扣减；无法确定该项进项税额的，按当期实际成本计算应扣减的进项税额。

3. 计算小规模纳税人应纳税额

增值税小规模纳税人发生应税交易，实行按照销售额和征收率计算应纳税额的简易办法，并不得抵扣进项税额。其应纳税额计算公式是：

$$\text{小规模纳税人应纳税额} = \text{销售额} \times \text{征收率}$$

增值税小规模纳税人因销售折让、中止或者退回而退还给购买方的销售额，应当从当期的销售额中扣减。扣减当期销售额后仍有余额造成多缴的税款，可以从以后的应纳税额中扣减。

4. 计算进口货物应纳税额

纳税人进口货物，按照组成计税价格和规定的税率计算应纳税额，不得扣除任何税额。组成计税价格和应纳税额计算公式为：

$$
\begin{aligned}
\text{组成计税价格} &= \text{关税计税价格} + \text{关税} + \text{消费税} \\
&= (\text{关税计税价格} + \text{关税}) \div (1 - \text{消费税税率})
\end{aligned}
$$

$$\text{应纳税额} = \text{组成计税价格} \times \text{税率}$$

进口货物的增值税由海关代征，并由海关向进口人开具进口增值税专用缴款书。纳税人取得的进口增值税专用缴款书，是计算增值税进项税额的唯一依据。

三、增值税纳税申报

1. 增值税纳税义务发生时间

纳税人发生应税交易，其纳税义务发生时间根据具体情形的不同而不同，详见表 2–2。

表 2-2 增值税纳税义务发生时间

具体情形	纳税义务时间	备注
采取直接收款方式销售货物	为收到销售款或者索取销售款凭据的当天	不论货物是否发出
采取托收承付和委托银行收款方式销售货物	为发出货物并办妥托收手续的当天	
采取赊销和分期收款方式销售货物	为书面合同约定的收款日期的当天	无书面合同的或者书面合同没有约定收款日期的，为货物发出的当天
采取预收货款方式销售货物	为货物发出的当天	但生产销售生产工期超过 12 个月的大型机械设备、船舶、飞机等货物，为收到预收款或者书面合同约定的收款日期的当天
提供建筑服务、租赁服务采取预收款方式的	为收到预收款的当天	
委托其他纳税人代销货物	为收到代销单位的代销清单或者收到全部或部分货款的当天	未收到代销清单及货款的，为发出代销货物满 180 天的当天
销售应税服务	为提供应税服务同时收讫销售款或者取得索取销售款的凭据的当天	先开具发票的，为开具发票的当天
纳税人发生视同应税交易	为完成视同应税交易的当天	
进口货物	报关进口的当天	
从事金融产品转让	金融产品所有权转移的当天	

2. 纳税期限

增值税的计税期间分别为 10 日、15 日、1 个月或者 1 个季度。以 1 个季度为纳税期限的规定仅适用于小规模纳税人、银行、财务公司、信托投资公司、信用社以及财政部和国家税务总局规定的其他纳税人。

纳税人以 1 个月或者 1 个季度为 1 个计税期间的，自期满之日起 15 日内申报纳税；以 10 日或者 15 日为 1 个计税期间的，自期满之日起 5 日内预缴税款，于次月 1 日起 15 日内申报纳税并结清上月应纳税款。

扣缴义务人解缴税款的计税期间和申报纳税期限，依照前款规定执行。

纳税人进口货物，应当自海关填发进口增值税专用缴款书之日起 15 日内缴纳税款。

3. 纳税地点

一般情况下，增值税实行“就地纳税”原则。具体规定如下：

（1）固定业户：机构所在地或居住地。

（2）非固定业户：应税交易发生地。

（3）其他个人提供建筑服务，销售或租赁不动产，转让自然资源使用权：建筑服务发生地、不动产所在地、自然资源所在地。

（4）进口货物：报关地海关。

（5）扣缴义务人：机构所在地或者居住地。

4. 纳税申报

（1）提供纳税申报资料。一般纳税人纳税申报时，应提供“增值税及附加税费申报表”（一般纳税人适用）及其五个附列资料和增值税免税申报明细表及其他税务机关要求报送的资料。小规模纳税人纳税申报时，应提供“增值税及附加税费申报表”（小规模纳税人适用）及其两个附列资料、普通发票领用存月报表、企业财务会计报表及其他税务机关要求报送的资料。

（2）办理纳税申报。一般需要在税务机关确定的纳税期内登录电子税务局，按规定要求进行操作申报并缴纳税款。

四、增值税出口退（免）税

增值税出口货物退（免）税是国家对出口货物已承担或应承担的增值税和消费税实行退还或免征，目的是使本国出口商品以不含税的价格或成本进入国际市场，避免国际双重征税和税负不公平，增强本国产品的出口竞争能力。

根据出口货物的基本情况，国家遵循“征多少退多少，未征不退”的基本原则。按照现行规定，出口货物退（免）税的方式主要有出口免税并退税、出口免税不退税和出口不免税也不退税三种方式。

出口货物的退税率，是出口货物的实际退税额与退税计税依据的比例。出口货物的增值税退税率为5%～13%。出口应税服务和无形资产的退税率分为13%、9%、6%三档。

出口货物只有在适用既免税又退税的政策时，才会涉及如何计算退税的问题。我国《出口货物劳务增值税和消费税管理办法》规定了两种退税计算办法：第一种办法是“免、抵、退”税办法，主要适用于自营和委托出口自产货物的生产企业和提供适用零税率的应税服务和无形资产企业；第二种办法是“免、退”税办法，目前主要用于收购货物出口的外（工）贸企业。

1. 货物出口“免、抵、退”税额的计算方法

生产企业自营或委托外贸企业代理出口自产货物，除另有规定外，增值税一律实行免抵退税管理办法。

实行“免、抵、退”税管理办法的“免”税，是指对生产企业出口的自产货物，在出口时免征本企业生产销售环节增值税；“抵”税，是指生产企业出口自产货物所耗用的原材料、零部件、燃料、动力等所含应予退还的进项税额，抵顶内销货物的应纳税额；“退”税是指生产企业出口的自产货物在当月内应抵顶的进项税额大于应纳税额时，对未抵顶完的部分予以退税。

计算过程如下：

（1）计算当期应纳税额。

当期应纳税额 = 当期内销货物的销项税额 –（当期进项税额 – 当期免抵退税不得免征和抵扣税额）– 上期期末留抵税额

当期免抵退税不得免征和抵扣税额 = 当期出口货物离岸价 × 外汇人民币牌价 ×（当期出口货物征税率 – 出口货物退税率）– 当期免抵退税不得免征和抵扣税额抵减额

当期免抵退税不得免征和抵扣税额抵减额 = 当期免税购进原材料价格 ×（当期出口货物征税率 – 出口货物退税率）

免税购进原材料包括从国内购进免税原材料和进料加工免税进口料件，其中进料加工免税进口料件的价格为组成计税价格。其计算公式为：

进料加工免税进口料件的组成计税价格 = 当期进口料件到岸价 + 海关实征关税 + 海关实征消费税

如果当期没有免税购进原材料，前述公式中的“当期免抵退税不得免征和抵扣税额抵减额”不用计算。

若上述计算结果为正数，说明企业应缴纳增值税；若计算结果是负数，则应退税。

（2）计算当期免抵退税额。

当期免抵退税额 = 当期出口货物离岸价 × 外汇人民币折合率 × 出口货物退税率 – 当期免抵退税额抵减额

当期免抵退税额抵减额 = 当期免税购进原材料价格 × 出口货物退税率

如果当期没有免税购进原材料，“当期免抵退税额抵减额”不用计算。

（3）计算当期应退税额和免抵税额。

如：当期期末留抵税额≤当期免抵退税额，则：

当期应退税额 = 当期期末留抵税额

当期免抵税额 = 当期免抵退税额 – 当期应退税额

如：当期期末留抵税额 > 当期免抵退税额，则：

当期应退税额 = 当期免抵退税额

当期免抵税额 = 0

当期期末留抵税额根据当期“增值税及附加税费申报表”中的“期末留抵税额”确定。公式中的“当期”指一个纳税申报期。

2. 应税服务、无形资产出口“免、抵、退”税额的计算方法

（1）计算零税率应税服务（含无形资产）当期免抵退税额。

当期零税率应税服务免抵退税额 = 当期零税率应税服务免抵退税计税价格 × 外汇人民币牌价 × 零税率应税服务退税率

零税率应税服务免抵退税计税价格为提供零税率应税服务取得的全部价款，扣除支付给非试点纳税人价款后的余额。

（2）计算当期应退税额和当期免抵税额。

① 当期期末留抵税额≤当期免抵退税额时：

当期应退税额 = 当期期末留抵税额

当期免抵税额 = 当期免抵退税额 − 当期应退税额

② 当期期末留抵税额 > 当期免抵退税额时：

当期应退税额 = 当期免抵退税额

当期免抵税额 = 0

“当期期末留抵税额”为当期“增值税及附加税费申报表”中的“期末留抵税额”。

零税率应税服务提供者如同时有货物出口的，可结合现行出口货物免抵退税公式一并计算免抵退税。

3. “免、退税额”的计算方法

外贸企业以及实行外贸企业财务制度的工贸企业收购货物出口，其出口销售环节的增值税免征；其收购货物的成本部分，因外贸企业在支付收购货款的同时也支付了生产经营该类商品的企业已纳的增值税税款，因此，在货物出口后按收购成本与退税税率计算退税退还给外贸企业，征、退税之差计入企业成本。

外贸企业出口货物应退增值税采取“先征后退”的办法计算，依据购进出口货物增值税专用发票上所注明的不含增值税购进金额（进项金额）和出口货物所适用的退税税率计算。

应退税额 = 外贸收购不含增值税购进金额 × 退税率

或　　= 出口货物数量 × 加权平均单价 × 退税率

五、增值税涉税风险与管理

（一）分析增值税税收风险点

企业需要根据实际情况，结合行业特点，分析企业在采购阶段、生产阶段、销售阶段和储运阶段各环节可能存在的增值税税收风险点。

（二）设计增值税税收风险管控指标

在分析企业增值税税收风险点的基础上，设计税收风险管控常用的财务分析指标、税种分析指标和生产经营指标，并建立起适合自己的指标体系。

（三）进行增值税税收风险自我评价

计算增值税税收风险管控指标，熟悉金税四期工程下税务机关对税务风险管控的相关内容，做好税收风险的自我评估，及时应对金税四期工程下税务机关对企业的税务约谈和实地核查工作。

第二部分　职业判断能力训练

一、单项选择题

1. 我国现行增值税采用的是（　　）。

A. 价内税　　B. 价外税　　C. 定额税　　D. 累进税

2. 2009年1月1日起，我国增值税实行（ ）。

A. 消费型增值税　　B. 收入型增值税

C. 生产型增值税　　D. 消耗型增值税

3. 以生产或提供劳务为主并兼营货物批发或零售的纳税人年应税销售额在（ ）的应办理增值税一般纳税人登记手续。

A. 500万元以下　　B. 500万元以上

C. 80万元以下　　D. 80万元以上

4. 下列各项中，不属于增值税视同应税交易的是（ ）。

A. 将自产的货物用于个人消费

B. 将自产的货物用于集体福利

C. 将购买的货物用于无偿转让

D. 将购买的货物用于集体福利

5. 在增值税法规中，“出口货物零税率”具体是指（ ）。

A. 出口货物免税　　B. 该货物的增值税税率为零

C. 出口货物的整体税负为零　　D. 以上都正确

6. 某从事商品零售的小规模纳税人，2025年6月销售商品取得含税收入10 300元，当月该企业应缴纳的增值税是（ ）元。

A. 1 496.58　　B. 1 751　　C. 300　　D. 免征增值税

7. 某食品加工厂为增值税一般纳税人，2025年6月购进免税农产品的收购凭证上注明收购价为20 000元，以此为原料生产的食品销售时适用13%的税率，支付运输公司运输费取得增值税专用发票，注明运费6 000元，税款540元。根据规定，该食品厂2025年6月准予抵扣的进项税额为（ ）元。

A. 2 340　　B. 2 600　　C. 2 540　　D. 3 062

8. 某企业为增值税一般纳税人，2025年6月初，因管理不善造成一部分货物发生霉烂变质，经核实该部分货物的实际成本为50万元。该企业6月进项税额应转出（ ）万元。

A. 0　　B. 10.24　　C. 6.5　　D. 9.95

9. 某生产企业为一般纳税人，外购原材料取得增值税发票上注明价款100 000元，已入库，支付运输企业的运输费取得增值税专用发票，注明运费1 500元，税款135元。则可以抵扣的进项税额为（ ）元。

A. 2 940.25　　B. 13 135　　C. 79 400.35　　D. 12 584.03

10. 甲企业（一般纳税人）销售给乙公司2 000套服装，每套不含税价格为200元，由于乙公司购买数量多，甲企业按原价的8折优惠销售（与销售业务开具了一张发票），并提供1/10，*n*/20的销售折扣。乙公司于10日内付款，则甲企业此项业务的销项税额为（ ）元。

A. 48 960　　B. 41 600　　C. 61 200　　D. 68 000

11. 下列货物适用 13% 税率的是（　　）。

A. 生产销售啤酒　　B. 生产销售煤炭

C. 生产销售石油液化气　　D. 生产销售暖气

12. 我国对购进用于生产销售或委托加工 13% 税率货物的农产品扣除率为（　　）。

A. 7%　　B. 10%　　C. 9%　　D. 13%

13. 现行增值税纳税人中所称中华人民共和国境内是指销售货物的（　　）在我国境内。

A. 起运地　　B. 最终销售地

C. 货物支付地　　D. 企业所在地

14. 纳税人销售的下列货物中，属于免征增值税的货物是（　　）。

A. 销售农业机械　　B. 销售煤炭

C. 销售日用百货　　D. 销售自产的农产品

15. 某零售企业为一般纳税人，月含税销售收入为 29 250 元，该企业当月计征增值税的销售额为（　　）元。

A. 25 884.96　　B. 25 884　　C. 27 594　　D. 35 240

16. 某服装厂将自产的服装作为福利发给本厂职工，该批产品制造成本共计 10 万元，利润率为 10%，按当月同类产品的平均售价计算为 18 万元，计征增值税的销售额为（　　）万元。

A. 10　　B. 9　　C. 11　　D. 18

17. 某单位采取折扣方式销售货物，折扣额单独开发票，计征增值税的销售额的确定是（　　）。

A. 扣除折扣额的销售额　　B. 不扣除折扣额的销售额

C. 折扣额　　D. 加上折扣额的销售额

18. 某商场对家具实行还本销售，家具现售价 16 500 元（不含增值税），5 年后还本，该商场增值税的计税销售额是（　　）元。

A. 16 500　　B. 3 300　　C. 1 650　　D. 不征税

19. 在“免、抵、退”办法中，当期应退税额应根据（　　）的原则确定。

A. “期末留抵税额”与“当期免、抵、退税额”孰小

B. “期末留抵税额”与“当期免、抵、退税额”孰大

C. “当期应纳税额”与“当期免、抵、退税额”孰小

D. “当期应纳税额”与“当期免、抵、退税额”孰大

20. 我国现行的增值税出口退（免）税政策不包括（　　）。

A. 免税但不退税

B. 不免税也不退税

C. 不免税但退税

D. 免税并退税

21. 采取预收货款方式销售货物，其增值税纳税义务发生时间是（　　）。

A. 销售方收到第一笔货款的当天

B. 销售方收到剩余货款的当天

C. 销售方发出货物的当天

D. 购买方收到货物的当天

22. 某机械加工厂为增值税一般纳税人，其增值税以一个月为一期缴纳，其申报纳税的期限为自期满之日起（　　）日内。

A. 10　　B. 5　　C. 15　　D. 30

23. 进口货物的增值税由（　　）征收。

A. 进口地税务机关　　B. 海关

C. 交货地税务机关　　D. 进口方所在地税务机关

二、多项选择题

1. 应缴纳增值税的行业有（　　）。

A. 商业　　B. 建筑业

C. 交通运输业　　D. 制造业

2. 根据增值税法律制度的规定，下列各项中，应缴纳增值税的有（　　）。

A. 银行销售金银

B. 邮政部门销售集邮商品

C. 房地产公司销售商品房

D. 汽车厂提供汽车修理服务

3. 划分一般纳税人和小规模纳税人的标准有（　　）。

A. 销售额达到规定标准

B. 经营效益好

C. 会计核算健全

D. 有上级主管部门

4. 依据增值税的有关规定，不能登记为增值税一般纳税人的有（　　）。

A. 个体经营者以外的其他个人

B. 选择按照小规模纳税人纳税的非企业型单位

C. 从事货物生产业务的小规模企业

D. 选择按照小规模纳税人纳税的不经常发生应税行为的企业

5. 我国现行增值税的征收范围包括（　　）。

A. 在中国境内销售货物

B. 在中国境内提供应税服务

C. 进口货物

D. 跨境销售一般货物

6. 下列各项中，属于增值税征税范围的有（　　）。

A. 销售钢材　　B. 销售自来水

C. 销售电力　　D. 销售房屋

7. 下列行为中，属于视同应税交易征收增值税的行为有（　　）。

A. 委托加工的货物用于个人消费

B. 单位无偿转让货物

C. 将自产的货物分给职工作为福利

D 将外购的货物用于简易计税项目

8. 一般纳税人销售货物，适用 9% 税率的有（　　）。

A. 销售图书　　B. 销售机器

C. 销售化妆品　　D. 销售化肥

9. 下列货物免征增值税的有（　　）。

A. 将自产的饮料作为福利发放给本厂职工

B. 出售自己使用过的汽车

C. 国际组织无偿援助的进口物资和设备

D. 古旧图书

10. 根据增值税有关规定，一般纳税人在（　　）的情况下，不可以开具增值税专用发票。

A. 商品零售企业出售货物给消费者个人

B. 生产企业出售货物给小规模纳税人

C. 生产企业出售货物给一般纳税人

D. 生产企业出售货物给批发企业

11. 在（　　）情况下，可以只开具普通发票而不开具专用发票。

A. 向消费者个人销售货物或者提供应税服务的

B. 销售免征增值税货物的

C. 小规模纳税人向消费者个人销售不动产的

D. 向一般纳税人销售货物或者提供应税劳务的

12. 某单位外购如下货物，按增值税有关规定不能作为进项税额抵扣的有（　　）。

A. 外购的固定资产设备

B. 外购的用于免税项目的货物

C. 外购的用于集体福利的货物

D. 外购的用于无偿赠送他人的货物

13. 按照现行增值税制度规定，下列行为应“视同应税交易”征收增值税的有（　　　）。

A. 企业无偿转让无形资产

B. 企业将自产的货物用于无偿赠送

C. 企业无偿转让金融产品

D. 企业将自产的货物用于基建工程

14. A 公司和 B 公司均为增值税一般纳税人，A 公司本月外购一批货物 5 000 元，取得增值税专用发票，委托 B 公司加工，支付加工费 1 000 元，并取得 B 公司开具的增值税专用发票。货物加工好收回后，A 公司将这批货物直接对外销售，开出的增值税专用发票上注明的价款为 8 000 元。根据以上所述，以下各种说法正确的有（　　　）。

A. A 公司对外销售时应纳增值税 260 元

B. B 公司受托加工业务应纳增值税 130 元

C. 应当缴纳增值税 510 元

D. 无须缴纳增值税

15. 企业外购的下列经营性货物中，不得抵扣进项税额的有（　　　）。

A. 用于简易计税项目　　B. 用于对外投资

C. 用于生产免税项目　　D. 用于生产应税产品

16. 增值税的计税依据销售额中，价外费用不包含的项目有（　　　）。

A. 包装物租金

B. 委托加工应税消费品代收代缴的消费税

C. 增值税税款

D. 包装费、装卸费

17. 下列关于增值税的计税销售额的规定，说法不正确的有（　　　）。

A. 以物易物方式销售货物，由多交付货物的一方以价差计算缴纳增值税

B. 以旧换新方式销售货物，以实际收取的不含增值税的价款计算缴纳增值税（金银首饰除外）

C. 纳税人以还本方式销售货物，不得从销售额中减除还本支出

D. 销售折扣方式销售货物，分别开具发票的，不得从计税销售额中扣减折扣额

18. 下列出口货物中，适用于增值税免税但不退税政策的有（　　　）。

A. 小规模生产企业出口的自产货物

B. 对港澳台地区贸易的货物

C. 外贸企业从小规模纳税人购入并持普通发票的货物

D. 国家计划外出口的卷烟

19. 下列各项中，符合增值税纳税义务发生时间规定的有（　　　）。

A. 对于发出代销商品超过 180 天仍未收到代销清单及货款的，其纳税义务发

生时间为发出代销商品满 180 天的当天

B. 采用预收货款结算方式的，为收到货款的当天

C. 采用交款提货结算方式的，为收到款项的当天

D. 将货物作为投资的，为货物移送的当天

20. 办理出口退税时，必须提供（　　　　）。

A. 购进出口货物的增值税专用发票

B. 购进内销货物的增值税专用发票

C. 查账时提供出口货物销售明细账

D. 盖有海关验讫章的出口货物报关单（出口退税专用）

三、判断题

（　　）1. 一般纳税人取得防伪税控系统开具的专用发票，必须自该专用发票开具之日起 90 日内到税务机关认证，并在通过认证的 90 天内申报抵扣。

（　　）2. 某增值税一般纳税人从某农场（小规模纳税人）购入小麦，共用 100 000 元，未取得专用发票，不能计算该货物的进项税额。

（　　）3. 增值税一般纳税人购进农产品，可以按照农产品收购发票或者销售发票上注明的农产品买价和 8%的扣除率计算进项税额。

（　　）4. 按照增值税法律制度的有关规定，商业折扣如果和销售额开在同一张发票上，可以从销售额中扣除。

（　　）5. 甲企业未按规定向乙企业支付货款，乙企业按合同规定向甲企业收取违约金，由于违约金是在销售实现后收取的，故不应征收增值税。

（　　）6. 某企业为增值税一般纳税人，销售商品收取押金 10 000 元，一年后尚未收到退还的包装物，企业该笔押金应缴纳增值税 1 300 元。

（　　）7. 纳税人委托其他纳税人代销货物的，其增值税纳税义务的发生时间为发出代销货物的当天。

（　　）8. 按照《中华人民共和国增值税法》有关规定，销售额没有达到起征点的，不征增值税；超过起征点的，应就超过起征点的部分销售额依法计算缴纳增值税。

（　　）9. 纳税人采取以旧换新方式销售货物，应按销售全价，全额计征增值税。

（　　）10. 某商店将 7 月购进的一种饮料于当月作为防暑降温用品发放给本单位职工，应视同应税交易计算增值税。

（　　）11. 凡是报关进口的货物，不管其来源和用途，均应计算缴纳进口环节的增值税。

（　　）12. 我国现行的增值税是对在我国境内销售货物、服务、无形资产或者不动产的单位和个人，就其取得的货物、服务、无形资产或者不动产销售额计算税款，并实行税款抵扣制的一种流转税。

（　　）13. 增值税的计税依据是不含增值税的价格，它的最终承担者是经营者。

（　　）14. 混合销售是指销售多种产品或提供多种服务的行为。

（　　）15. 纳税人出口货物，税率为零，因此一般纳税人的税率有两档，即基本税率和零税率。

（　　）16. 对收取的包装物押金，无论是否退还均并入销售额征税。

（　　）17. 一般纳税人外购货物所支付的运输费用可按取得增值税专用发票注明的税款金额凭票抵扣。

（　　）18. 小规模纳税人销售货物或者应税服务的征收率为 3%。

（　　）19. 进口货物纳税义务发生的时间为报关进口后 15 天。

（　　）20. 以 1 个月为一期的纳税人，应于期满后 15 天内申报纳税。

（　　）21. 总机构和分支机构不在同一县（市）的，应当分别向各自所在地主管税务机关申报纳税。

（　　）22. 增值税专用发票只限于增值税的一般纳税人和小规模纳税人领购使用，非增值税纳税人不得领购使用。

（　　）23. 增值税销项税额的计算公式为：销项税额 = 销售额 × 税率，它由销售方自己承担。

（　　）24. 应纳税额等于当期销项税额减当期进项税额，因此，所有的进项税额都可以抵扣，不足部分可以结转下期继续抵扣。

（　　）25. 小规模纳税人一律按照销售额的 3% 的征收率计算应纳税款，不得抵扣进项税额。

（　　）26. 一般纳税人与小规模纳税人的计税依据相同，都是不含税的销售额。

四、计算题

1. 某食品生产企业为增值税一般纳税人，2025 年 6 月发生如下经济业务：

（1）购进一批食用植物油，取得专用发票上的价税合计金额为 54 500 元。

（2）从农民手中购入免税农产品一批，税务机关批准使用的收购凭证上注明的收购金额为 85 000 元。

（3）购置生产用机器设备 5 台，取得的增值税专用发票上注明的增值税税额为 64 000 元。

（4）向某商场销售产品一批，开具的增值税专用发票上注明的销售额为 120 000 元。

（5）向某个体商店销售产品一批，开具普通发票，取得含税销售收入 87 200 元。

（6）直接向消费者零售食品，取得零售收入 65 400 元。

要求：计算该企业当月增值税销项税额、进项税额以及应纳增值税税额。

2. 某贸易公司为增值税一般纳税人。2025 年 6 月从国外进口一批服装面料，海关审定的计税价格为 100 万元，该批服装布料分别按 5% 和 13% 的税率向海关缴纳了关税和进口环节增值税，并取得了相关完税凭证。该批服装面料当月加工成服装后在国内售出了大部分，取得销售收入 160 万元（不含增值税），同时支付运输费取得增值税专用发票，注明运费 3 万元，税款 0.27 万元。

要求：

（1）计算该公司当月进口环节应缴纳的增值税税额；

（2）计算该公司当月允许抵扣的增值税进项税额；

（3）计算该公司当月国内销售应缴纳的增值税税额。

3. 某企业是增值税一般纳税人，适用的增值税税率为 13%，2025 年 6 月有关生产经营业务如下：

（1）销售甲产品给某商场，开具增值税专用发票，取得不含税销售额 160 万元。

（2）销售乙产品，开具普通发票，取得含税销售额 56.5 万元。

（3）将试制的一批新产品用于该企业的免税项目，这批产品生产成本为 40 万元，成本利润率为 10%，该新产品无同类产品市场销售价格。

（4）购进货物取得增值税专用发票，注明支付的货款 120 万元、进项税额 15.6 万元，货物验收入库；另外，支付购货的运输费用取得增值税专用发票，注明运费 6 万元，税款 0.54 万元。

（5）向农业生产者购进免税农产品一批，支付收购价 60 万元，支付给运输单位的运费取得增值税专用发票，注明运费 10 万元，税款 0.9 万元。本月下旬将购进的农产品的 20% 用于本企业职工集体福利，其余用于生产税率为 13% 的产品。

要求：计算该企业 2025 年 6 月的增值税销项税额、进项税额以及应纳增值税税额。

4. 某电视机厂 2025 年 7 月发生下列几笔购销业务：

（1）向某商场销售电视机 120 台，每台售价 2 850 元（不含税），销货款已收到。

（2）购入电子元器件，价款 18 万元，取得增值税专用发票，注明的增值税进项税额为 23 400 元。

（3）为装修该厂展销厅，购入建筑装饰材料，支付价税合计款 113 000 元，取得的增值税专用发票上注明的进项税额为 13 000 元。

要求：计算该电视机厂当月应纳增值税税额。

5. 某饮料厂 7 月销售汽水、果茶饮料，实现销售额 60 万元，收取增值税销项税额 7.8 万元；当月购入白糖、山楂、柠檬酸等原料共计 15 万元，取得增值税专用发票，注明的增值税进项税额为 19 500 元，原料都已入库。另外，厂领导考虑职工暑期工作辛苦，对全厂 200 名职工每人发送一箱汽水、一箱果茶。每箱汽水成本为 50 元，售价为 80 元；每箱果茶成本为 80 元，售价为 135 元。当月该厂为职工食堂购进一台大冰柜，取得的增值税专用发票上注明的进项税额是 4 160 元，还为厂里的幼儿园购进一批儿童桌椅、木床，取得的增值税专用发票上注明的进项税额为 1 040 元。

要求：计算该饮料厂当月应纳增值税税额。

6. 某机械厂为增值税一般纳税人，购销货物适用的增值税税率均为 13%，采用直接收款结算方式销售货物，在 10 月发生下列经济业务：

（1）销售单价 8 000 元的甲产品 50 台并交于购买方，开出增值税专用发票。

（2）将 20 台乙产品分配给投资者，单位成本 6 000 元，没有同类产品销售价格。

（3）企业免税项目领用材料 1 000 千克，不含税单价 50 元，合计 50 000 元。

（4）企业集体福利领用材料 200 千克，不含税单价 50 元，合计 10 000 元。企业集体福利领用乙产品一台。

（5）本月丢失钢材 8 吨，不含税单价 2 000 元，做待处理财产损失处理。

（6）本月发生购进货物的全部进项税额为 70 000 元。

要求：计算该机械厂本月应纳增值税税额。

7. 某商场为增值税一般纳税人，从事百货的批发和零售业务，7 月份发生经济业务如下：

（1）7 月上旬，购进一批货物，取得的增值税专用发票上注明的货款为 10 万元，增值税为 1.3 万元，向小规模纳税人销售货物金额为 22 600 元，柜台零售货物金额为 11 300 元。

（2）7 月中旬，购进一批货物，取得的增值税专用发票上注明的货款为 20 万元，增值税为 2.6 万元，向一般纳税人销售一批货物，货款为 120 万元。

（3）以库存商品不含税价值 20 000 元发给女职工作为福利。

（4）7 月下旬，购进一批货物，取得增值税专用发票注明的货款为 5 万元，增值税为 6 500 元。柜台零售货物的销售额为 226 000 元，另外卖出一台空调机给消费者个人，含税价款 5 650 元，并上门为顾客安装，另外收取安装费 113 元。

要求：计算该商场 7 月份应纳增值税税额。

8. 某自营出口生产企业本季度出口日用工业品 48 000 美元，报关出口当天美元与人民币汇率为 1∶7.2，该季度内销产品 800 000 元，增值税税率为 13%，出口退税率为 12%。当期购进原材料进项税额为 152 000 元。

要求：根据上述业务计算增值税应纳（退）税额及免、抵税额（该企业实行“免、抵、退”税办法）。

第三部分　职业实践能力训练

一、任务目标

1. 能够正确计算销项税额、进项税额；
2. 能够识别并正确计算进项税额转出的金额；
3. 能够正确计算当月应纳增值税税额；
4. 能够站在企业角度正确填报增值税及附加税费申报表。

二、任务描述

1. 根据资料，计算东海市华永贸易有限公司 2025 年 7 月应纳增值税税额；
2. 站在企业角度填写“增值税及附加税费申报表”（一般纳税人适用）。

三、操作准备

1. 学习增值税现行相关法律法规；

2. 在税务实训室进行，准备纳税人基本信息、纳税人当期经济业务资料；

3. 准备“增值税及附加税费申报表”（一般纳税人适用）及其附列资料。

四、实训材料

1. 基本信息：

企业名称：东海市华永贸易有限公司（简称“华永公司”）

纳税人识别号：268106789123456268

企业地址：东海市人民路 24 号

法人代表：刘华

注册资本：5 000 万元

企业类型：有限责任公司

企业开户银行及账号：工商银行东海市人民支行 8523171260123456789

2. 华永公司于 2008 年 1 月成立，为增值税一般纳税人，增值税纳税期为一个月，使用防伪税控系统。2025 年 6 月留抵税额为 3 000 元，7 月份主要经济业务如下：

（1）销售电子产品 700 000 元，开具防伪税控增值税专用发票 15 份。

（2）销售食用植物油 500 000 元，其中：开具防伪税控增值税专用发票 6 份，销售额为 300 000 元，开具普通发票 18 份，不含税销售额为 200 000 元。

（3）提供加工劳务收入 400 000 元，开具防伪税控增值税专用发票 18 份。

（4）按简易办法以 3% 税率征收的货物销售额为 103 000 元（含税），开具防伪税控增值税专用发票 2 份。

（5）职工集体福利领用账面成本 40 000 元的购进货物。

（6）因管理不善致使账面成本 30 000 元的货物被盗。

（7）本期按简易办法征税的货物的账面成本为 80 000 元，应负担的进项税额为 10 400 元。

（8）购进货物情况：① 本期认证相符且本期申报抵扣的防伪税控增值税专用发票 8 份，金额为 450 000 元，进项税额为 58 500 元；② 前期认证相符且本期申报抵扣 2 份，金额为 160 000 元，进项税额为 20 800 元；③ 农产品收购发票 14 份，金额为 350 000 元；④ 货物运输业增值税专用发票 8 份，注明运费 220 000 元，税款 19 800 元。

要求：

（1）计算该企业当月应缴纳的增值税税额；

（2）填报增值税及附加税费申报表及其附列资料。

3. 增值税及附加税费申报表（一般纳税人适用）见表 2–3，其附列资料（一）见表 2–4，附列资料（二）见表 2–5。

表 2-3 增值税及附加税费申报表

（一般纳税人适用）

根据国家税收法律法规及增值税相关规定制定本表。纳税人不论有无销售额，均应按税务机关核定的纳税期限填写本表，并向当地税务机关申报。

税款所属时间：自　年　月　日至　年　月　日　　填表日期：　年　月　日　　金额单位：元（列至角分）

纳税人识别号（统一社会信用代码）：□□□□□□□□□□□□□□□□□□□□　　所属行业：

<table>
<tr><td colspan="2">纳税人名称：</td><td>法定代表人姓名</td><td></td><td>注册地址</td><td></td><td>生产经营地址</td><td></td></tr>
<tr><td colspan="2">开户银行及账号</td><td></td><td>登记注册类型</td><td colspan="2"></td><td>电话号码</td><td></td></tr>
<tr><td colspan="2" rowspan="2">项目</td><td rowspan="2">栏次</td><td colspan="2">一般项目</td><td colspan="2">即征即退项目</td></tr>
<tr><td>本月数</td><td>本年累计</td><td>本月数</td><td>本年累计</td></tr>
<tr><td rowspan="10">销售额</td><td>（一）按适用税率计税销售额</td><td>1</td><td></td><td></td><td></td><td></td></tr>
<tr><td>其中：应税货物销售额</td><td>2</td><td></td><td></td><td></td><td></td></tr>
<tr><td>应税劳务销售额</td><td>3</td><td></td><td></td><td></td><td></td></tr>
<tr><td>纳税检查调整的销售额</td><td>4</td><td></td><td></td><td></td><td></td></tr>
<tr><td>（二）按简易办法计税销售额</td><td>5</td><td></td><td></td><td></td><td></td></tr>
<tr><td>其中：纳税检查调整的销售额</td><td>6</td><td></td><td></td><td></td><td></td></tr>
<tr><td>（三）免、抵、退办法出口销售额</td><td>7</td><td></td><td></td><td>—</td><td>—</td></tr>
<tr><td>（四）免税销售额</td><td>8</td><td></td><td></td><td>—</td><td>—</td></tr>
<tr><td>其中：免税货物销售额</td><td>9</td><td></td><td></td><td>—</td><td>—</td></tr>
<tr><td>免税劳务销售额</td><td>10</td><td></td><td></td><td>—</td><td>—</td></tr>
<tr><td rowspan="4">税款计算</td><td>销项税额</td><td>11</td><td></td><td></td><td></td><td></td></tr>
<tr><td>进项税额</td><td>12</td><td></td><td></td><td></td><td></td></tr>
<tr><td>上期留抵税额</td><td>13</td><td></td><td></td><td></td><td>—</td></tr>
<tr><td>进项税额转出</td><td>14</td><td></td><td></td><td></td><td></td></tr>
</table>

续表

项目		栏次	一般项目		即征即退项目	
			本月数	本年累计	本月数	本年累计
税款计算	免、抵、退应退税额	15			—	—
	按适用税率计算的纳税检查应补缴税额	16			—	—
	应抵扣税额合计	17=12+13−14−15+16		—		—
	实际抵扣税额	18(如17<11,则为17,否则,为11)				
	应纳税额	19=11−18				
	期末留抵税额	20=17−18				—
	简易计税办法计算的应纳税额	21				
	按简易计税办法计算的纳税检查应补缴税额	22			—	—
	应纳税额减征额	23				
	应纳税额合计	24=19+21−23				
税款缴纳	期初未缴税额(多缴为负数)	25				
	实收出口开具专用缴款书退税额	26			—	—
	本期已缴税额	27=28+29+30+31				
	① 分次预缴税额	28		—		—
	② 出口开具专用缴款书预缴税额	29		—	—	—
	③ 本期缴纳上期应纳税额	30				
	④ 本期缴纳欠缴税额	31				
	期末未缴税额(多缴为负数)	32=24+25+26−27				

续表

项目		栏次	一般项目		即征即退项目	
			本月数	本年累计	本月数	本年累计
税款缴纳	其中:欠缴税额(≥0)	33=25+26−27		—		—
	本期应补(退)税额	34=24−28−29		—		—
	即征即退实际退税额	35	—	—		
	期初未缴查补税额	36			—	—
	本期入库查补税额	37			—	—
	期末未缴查补税额	38=16+22+36−37			—	—
附加税费	城市维护建设税本期应补(退)税额	39			—	—
	教育费附加本期应补(退)费额	40			—	—
	地方教育附加本期应补(退)费额	41			—	—

声明:此表是根据国家税收法律法规及相关规定填写的,本人(单位)对填报内容(及附带资料)的真实性、可靠性、完整性负责。

纳税人(签章): 年 月 日

经办人:
经办人身份证号:
代理机构签章:
代理机构统一社会信用代码:

受理人:

受理税务机关(章): 受理日期: 年 月 日

表 2-4　增值税及附加税费申报表附列资料（一）

（本期销售情况明细）

税款所属时间：　　年　月　日至　　年　月　日

纳税人名称:(公章)　　　　　　　　　　　　　　　　　　　　　　　　　　　　　　　　金额单位:元(列至角分)

项目及栏次				开具增值税专用发票		开具其他发票		未开具发票		纳税检查调整		合计			服务、不动产和无形资产扣除项目本期实际扣除金额	扣除后	
				销售额	销项(应纳)税额	销售额	销项(应纳)税额	销售额	销项(应纳)税额	销售额	销项(应纳)税额	销售额	销项(应纳)税额	价税合计		含税(免税)销售额	销项(应纳)税额
				1	2	3	4	5	6	7	8	9=1+3+5+7	10=2+4+6+8	11=9+10	12	13=11−12	14=13÷(100%+税率或征收率)×税率或征收率
一、一般计税方法计税	全部征税项目	13%税率的货物及加工修理修配劳务	1											—	—	—	—
		13%税率的服务、不动产和无形资产	2														
		9%税率的货物及加工修理修配劳务	3											—	—	—	—
		9%税率的服务、不动产和无形资产	4														
		6%税率	5														
	其中：即征即退项目	即征即退货物及加工修理修配劳务	6	—	—	—	—	—	—	—	—			—	—	—	—
		即征即退服务、不动产和无形资产	7	—	—	—	—	—	—	—	—						

续表

项目及栏次				开具增值税专用发票		开具其他发票		未开具发票		纳税检查调整		合计			服务、不动产和无形资产扣除项目本期实际扣除金额	扣除后	
				销售额	销项(应纳)税额	销售额	销项(应纳)税额	销售额	销项(应纳)税额	销售额	销项(应纳)税额	销售额	销项(应纳)税额	价税合计		含税(免税)销售额	销项(应纳)税额
				1	2	3	4	5	6	7	8	9=1+3+5+7	10=2+4+6+8	11=9+10	12	13=11－12	14=13÷(100%+税率或征收率)×税率或征收率
二、简易计税方法计税	全部征税项目	6%征收率	8							—	—			—	—	—	—
		5%征收率的货物及加工修理修配劳务	9a							—	—			—	—	—	—
		5%征收率的服务、不动产和无形资产	9b							—	—			—	—	—	—
		4%征收率	10							—	—			—	—	—	—
		3%征收率的货物及加工修理修配劳务	11							—	—			—	—	—	—
		3%征收率的服务、不动产和无形资产	12							—	—						
		预征率 %	13a							—	—						
		预征率 %	13b							—	—						
		预征率 %	13c							—	—						

续表

项目及栏次				开具增值税专用发票		开具其他发票		未开具发票		纳税检查调整		合计			服务、不动产和无形资产扣除项目本期实际扣除金额	扣除后	
				销售额	销项（应纳）税额	销售额	销项（应纳）税额	销售额	销项（应纳）税额	销售额	销项（应纳）税额	销售额	销项（应纳）税额	价税合计		含税（免税）销售额	销项（应纳）税额
				1	2	3	4	5	6	7	8	9=1+3+5+7	10=2+4+6+8	11=9+10	12	13=11－12	14=13÷(100%+税率或征收率)×税率或征收率
二、简易计税方法计税	其中：即征即退项目	即征即退货物及加工修理修配劳务	14	—	—	—	—	—	—	—	—			—	—	—	—
二、简易计税方法计税	其中：即征即退项目	即征即退服务、不动产和无形资产	15	—	—	—	—	—	—	—	—						
三、免抵退税		货物及加工修理修配劳务	16	—	—		—		—	—	—		—	—	—	—	—
三、免抵退税		服务、不动产和无形资产	17	—	—		—		—	—	—		—				—
四、免税		货物及加工修理修配劳务	18				—		—	—	—		—	—	—	—	—
四、免税		服务、不动产和无形资产	19	—	—		—		—	—	—		—				—

表 2-5 增值税及附加税费申报表附列资料（二）

（本期进项税额明细）

税款所属时间：　　年　月　日至　　年　月　日

纳税人名称：（公章）　　　　　　　　　　　　金额单位：元（列至角分）

一、申报抵扣的进项税额				
项目	栏次	份数	金额	税额
（一）认证相符的增值税专用发票	1=2+3			
其中：本期认证相符且本期申报抵扣	2			
前期认证相符且本期申报抵扣	3			
（二）其他扣税凭证	4=5+6+7+8a+8b			
其中：海关进口增值税专用缴款书	5			
农产品收购发票或者销售发票	6			
代扣代缴税收缴款凭证	7		—	
加计扣除农产品进项税额	8a	—	—	
其他	8b			
（三）本期用于构建不动产的扣税凭证	9	—		
（四）本期用于抵扣的旅客运输服务扣税凭证	10	—		
（五）外贸企业进项税额抵扣证明	11	—	—	
当期申报抵扣进项税额合计	12=1+4+11			

二、进项税额转出额		
项目	栏次	税额
本期进项税转出额	13=14 至 23 之和	
其中：免税项目用	14	
集体福利、个人消费	15	
非正常损失	16	
简易计税方法征税项目用	17	
免抵退税办法不得抵扣的进项税额	18	
纳税检查调减进项税额	19	
红字专用发票信息表注明的进项税额	20	
上期留抵税额抵减欠税	21	
上期留抵税额退税	22	
异常凭证转出进项税额	23a	
其他应作进项税额转出的情形	23b	

续表

三、待抵扣进项税额				
项目	栏次	份数	金额	税额
(一) 认证相符的增值税专用发票	24	—	—	—
期初已认证相符但未申报抵扣	25			
本期认证相符且本期未申报抵扣	26			
期末已认证相符但未申报抵扣	27			
其中：按照税法规定不允许抵扣	28			
(二) 其他扣税凭证	29＝30 至 33 之和			
其中：海关进口增值税专用缴款书	30			
农产品收购发票或者销售发票	31			
代扣代缴税收缴款凭证	32		—	
其他	33			
	34			
四、其他				
项目	栏次	份数	金额	税额
本期认证相符的增值税专用发票	35			
代扣代缴税额	36	—	—	

第四部分　职业拓展能力训练

1. 生产大型设备的企业，在销售大型设备的同时往往负责设备的安装，形成混合销售业务。例如，生产流水线设备的企业，要负责流水线的设计、安装、调试，而且流水线设计安装等费用通常占销售收入的比例很大。再如，生产电梯的企业要负责电梯的安装工程，安装工程量很大，费用很高。如果生产企业与客户签订购销合同，在销售设备的同时提供安装服务，则上述业务属于典型的混合销售业务，安装费收入需要并入销售额按照销售货物缴纳增值税，显然使企业加重税收负担。

你可以通过合理的纳税筹划减轻企业的税收负担吗？应该如何操作？

2. 某电子设备生产厂，假设 2025 年应税销售额 500 万元，会计核算制度也比较健全，符合作为一般纳税人条件，适用 13%增值税税率，但该厂准予从销项税额中抵扣的进项税额较少，只占销项税额的 10%。

你对此有何建议？（请代为设计纳税筹划方案并计算筹划结果。）

项目三

消费税智慧化申报与管理

第一部分　知识点回顾

一、消费税纳税人和征税范围的确定

1. 消费税纳税人的确定

消费税是对在我国境内从事生产、委托加工和进口应税消费品的单位和个人，就其销售额或销售数量，在特定环节征收的一种税。具有以下特点：

（1）征税范围具有选择性。

（2）征税环节具有单一性。

（3）征税方法具有多样性。

（4）税收调节具有特殊性。

（5）税收负担具有转嫁性。

消费税的纳税人为在中华人民共和国境内生产、批发、委托加工和进口应税消费品的单位和个人。自 2009 年 1 月 1 日起，增加了国务院确定的销售应税消费品的其他单位和个人。

2. 消费税征税范围的确定

消费税的征税范围包括：烟、酒、高档化妆品、贵重首饰及珠宝玉石、鞭炮焰火、成品油、摩托车、小汽车、高尔夫球及球具、高档手表、游艇、木制一次性筷子、实木地板、电池、涂料，共 15 种。

3. 消费税税率的选择

消费税实行比例税率、定额税率两种形式，共设置了 20 余档不同的税率（税额）。多数应税消费品采用比例税率，最高为 56%，最低为 1%；对成品油和黄酒、啤酒等实行定额税率；对卷烟、白酒实行从量定额与从价定率相结合的复合计税办法。

二、消费税税额计算

消费税应纳税额的计算有三种方法，从价定率、从量定额以及从价定率和从量定额的复合计征，具体见表 3–1。

表 3-1　消费税应纳税额的计算

计税方法	计税依据	适用范围	公式
从价定率	销售额	除列举项目外的应税消费品	应纳税额 = 销售额 × 比例税率
从量定额	销售数量	啤酒、黄酒、成品油	应纳税额 = 销售数量 × 单位税额
复合计征	销售额、销售数量	白酒、卷烟	应纳税额 = 销售数量 × 单位税额 + 销售额 × 比例税率

1. 计税依据确定的一般原则

消费税计税销售额、销售数量确定的一般原则见表 3-2。

表 3-2　消费税计税销售额、销售数量确定的一般原则

计税依据	规定	备注
销售额	① 包括向购买方收取的全部价款和价外费用； ② 价外费用是指价外收取的手续费、补贴、基金、集资费、返还利润、奖励费、违约金、滞纳金、延期付款利息、赔偿金、代收款项、代垫款项、包装费、包装物租金、储备费、优质费、运输装卸费以及其他各种性质的价外收费，但不包括符合规定的运费和符合规定的代收政府性基金、行政事业性收费； ③ 不包括向购货方收取的增值税税额	① 连同包装物销售的，均并入销售额中征收消费税； ② 不作价随同产品销售，而是收取押金的，不应并入销售额征税，但对押金超过 1 年或者已经逾期的，无论是否退还均并入销售额征税； ③ 对销售除啤酒、黄酒外的其他酒类产品收取的包装物押金，无论是否返还以及会计上如何核算，均应并入当期销售额征税
销售数量	① 销售应税消费品的，为应税消费品的销售数量； ② 自产自用应税消费品的，为应税消费品的移送使用数量； ③ 委托加工应税消费品的，为纳税人收回的应税消费品数量； ④ 进口的应税消费品，为海关核定的应税消费品进口征税数量	

2. 计税依据确定的特殊规定

（1）消费税不同情形的计税依据见表 3-3。

表 3-3　消费税不同情形的计税依据

不同情形	具体规定	组成计税公式
自产自用应税消费品	按照纳税人生产的同类消费品的销售价格计税	组成计税价格 =（成本 + 利润）÷（1 − 比例税率） 组成计税价格 =（成本 + 利润 + 自产自用数量 × 定额税率）÷（1 − 比例税率）
	没有同类消费品销售价格的，按组成计税价格计税	

续表

不同情形	具体规定	组成计税公式
委托加工应税消费品	按照受托方同类消费品的销售价格计税	组成计税价格 =(材料成本 + 加工费)÷(1 − 比例税率) 组成计税价格 =(材料成本 + 加工费 + 委托加工数量 × 定额税率)÷(1− 比例税率)
	没有同类消费品销售价格的，按组成计税价格计税	
进口应税消费品	按照组成计税价格计税	组成计税价格 =(关税计税价格 + 关税)÷(1− 比例税率) 组成计税价格 =(关税计税价格 + 关税 + 进口数量 × 定额税率)÷(1− 比例税率)

提示

纳税人应税消费品的计税价格明显偏低且并无正当理由的，由主管税务机关核定其计税价格：

① 卷烟、白酒和小汽车的计税价格由国家税务总局核定，送财政部备案。

② 其他应税消费品的计税价格由省、自治区和直辖市税务局核定。

③ 进口的应税消费品的计税价格由海关核定。

（2）其他特殊规定。

① 纳税人通过自设非独立核算门市部销售的自产应税消费品，应当按照门市部对外销售额或者销售数量计算征收消费税。

② 纳税人自产的应税消费品用于换取生产资料和消费资料、投资入股和抵偿债务等方面，应当按纳税人同类应税消费品的“最高销售价格”作为计税依据。

提示

自产的应税消费品用于上述换取、抵债、投资用途时，增值税和消费税的计税依据不同。

③ 白酒生产企业销售给销售单位的白酒，生产企业消费税计税价格低于销售单位对外销售价格（不含增值税，下同）70% 以下的，税务机关应核定消费税最低计税价格；已核定最低计税价格的白酒，销售单位对外销售价格持续上涨或下降时间达到 3 个月以上、累计上涨或下降幅度在 20%（含）以上的白酒，税务机关重新核定最低计税价格。

3. 已纳消费税的抵扣规定

因消费税实行单一环节征收，用外购或委托加工收回的特定已税消费品连续生产应税消费品，销售时，可按当期生产领用数量计算准予扣除外购、委托加工收回的应税消费品已纳消费税。已纳消费税的扣除具体见表 3–4。

表 3–4　已纳消费税的扣除

内容	规定
扣除范围	下列应税消费品准予从消费税应纳税额中扣除原料已纳的消费税税额： ① 以外购或委托加工已税烟丝为原料生产的卷烟； ② 以外购或委托加工已税高档化妆品为原料生产的高档化妆品； ③ 以外购或委托加工已税珠宝玉石为原料生产的贵重首饰及珠宝玉石； ④ 以外购或委托加工已税鞭炮、焰火为原料生产的鞭炮、焰火； ⑤ 以外购或委托加工已税摩托车为原料生产的摩托车； ⑥ 以外购或委托加工已税汽油、柴油为原料用于连续生产的汽油、柴油； ⑦ 以外购或委托加工已税杆头、杆身和握把为原料生产的高尔夫球杆； ⑧ 以外购或委托加工已税木制一次性筷子为原料生产的木制一次性筷子； ⑨ 以外购或委托加工已税实木地板为原料生产的实木地板； ⑩ 以外购或委托加工已税石脑油为原料生产的应税消费品； ⑪ 以外购或委托加工已税润滑油为原料生产的润滑油
计算公式	① 外购或委托加工应税消费品： 当期准予扣除的应税消费品已纳税额＝期初库存的应税消费品已纳税额 ＋当期外购或收回的委托加工应税消费品已纳税额 －期末库存的应税消费品已纳税额 ② 进口应税消费品： 当期准予扣除的进口应税消费品已纳税额＝期初库存进口应税消费品已纳税额 ＋当期进口应税消费品已纳税额 －期末库存进口应税消费品已纳税额

提示

增值税采用的是“购进扣税法”，在货物购进的当期符合规定，就可以抵扣进项税，而不管是否领用或销售；消费税采用的是“领用扣税法”，在领用消费品连续生产的环节依照领用的数量抵扣消费税。

提示

纳税人以外购或委托加工收回的已税珠宝玉石为原料生产的，改在零售环节征收消费税的金银、钻石及钻石饰品、铂金首饰等，在计税时一律不得扣除外购或委托加工收回的珠宝玉石已纳的消费税税额。

提示

纳税人之间销售的卷烟不缴纳消费税，批发企业在计算纳税时不得扣除已含的生产环节的消费税税额。

三、消费税纳税申报

1. 纳税义务发生时间

消费税纳税义务发生时间见表3–5。

表3–5　消费税纳税义务发生时间

具体情形	纳税义务时间
托收承付和委托银行收款方式	发出应税消费品并办妥托收手续的当天
赊销和分期收款方式	销售合同约定的收款日期的当天
预收货款方式	发出应税消费品的当天
其他结算方式	收讫销售款或者索取销售款凭据的当天
自产自用应税消费品	移送使用的当天
委托加工应税消费品	纳税人提货的当天
进口应税消费品	报关进口的当天

2. 纳税地点

消费税纳税地点见表3–6。

表3–6　消费税纳税地点

应税行为	纳税地点
自产自销和自产自用行为	纳税人机构所在地或居住地
委托加工行为	由受托方向其机构所在地主管税务机关代收代缴消费税
	委托个人加工，由委托方向其机构所在地或居住地主管税务机关缴纳
进口行为	由进口人或者其代理人向报关地海关申报
到外地（外县、市）销售或委托外地代销	纳税人机构所在地或居住地
总机构和分支机构不在同一县（市）的	生产应税消费品的分支机构所在地或总机构所在地

3. 纳税环节

消费税的纳税环节包括：生产环节（委托加工）、进口环节、零售环节、批发环节。

4. 纳税期限

消费税的计税期间分别为10日、15日、1个月或者1个季度。以1个月或者1个季度为1个计税期的，自期满之日起15日内申报纳税；以其他期间计税的，自期满之日起5日内预缴税款，于次月1日起15日内申报纳税并结清上月税款。

纳税人进口应税消费品，应当自海关填发税款缴纳证之日起15日内缴纳税款。

四、消费税出口退税处理

1. 应税消费品退（免）税的适用范围

（1）必须是属于消费税征税范围的货物。

（2）必须是在财务上作销售处理的货物。

（3）必须是报关离境的货物。

（4）必须是出口收汇并已核销的货物。

2. 出口应税消费品退（免）税政策

出口应税消费品退（免）消费税在政策上包括出口免税并退税、出口免税但不退税、出口不免税也不退税这三种。

3. 出口应税消费品退税额的计算

（1）从价定率计征消费税的应税消费品。

应退消费税税额 = 出口货物的工厂销售额 × 消费税税率

（2）从量定额计征消费税的应税消费品。

应退消费税税额 = 出口数量 × 单位税额

（3）复合计征消费税的应税消费品。

应退消费税税额 = 出口货物的工厂销售额 × 消费税税率 + 出口数量 × 单位税额

4. 出口应税消费品办理退（免）税后的管理

（1）外贸企业出口应税消费品后发生退关或退货。已办理退税的出口应税消费品，发生退关或者国外退货，进口时予以免税的，报关出口者必须及时向其所在地主管税务机关申报补缴已退的消费税税款。

（2）生产企业直接出口应税消费品发生退关或退货。纳税人直接出口的应税消费品办理免税后发生退关或国外退货，进口时已予以免税的，经所在地主管税务机关批准，可暂不办理补税，待其转为国内销售时，再向其主管税务机关申报补缴消费税。

五、消费税涉税风险与管理

（一）分析消费税税收风险点

企业需要根据实际情况，结合行业特点，分析企业在生产阶段、销售阶段各环节可能存在的消费税税收风险点。

（二）设计消费税税收风险管控指标

消费税税收风险管控常用的指标有财务分析指标和税种分析指标，建立起适合自己的指标体系。

（三）进行消费税税收风险自我评价

通过计算消费税税收风险管控指标，熟悉“金税四期”下税务机关对税务风险管控的相关内容，做好税收风险的自我评估，及时应对“金税四期”下税务机关对企业的税务约谈和实地核查工作。

第二部分 职业判断能力训练

一、单项选择题

1. 消费税纳税义务人规定中的“中华人民共和国境内”，是指生产、委托加工和进口属于应当缴纳消费税的消费品的（ ）在境内。

A. 生产地　　B. 使用地

C. 起运地或所在地　　D. 销售地

2. 依据消费税的有关规定，下列行为中应缴纳消费税的是（ ）。

A. 进口卷烟　　B. 进口服装

C. 零售化妆品　　D. 零售白酒

3. 纳税人将应税消费品与非应税消费品以及适用税率不同的应税消费品组成成套消费品销售的，应按（ ）。

A. 应税消费品的平均税率计征

B. 应税消费品的最高税率计征

C. 应税消费品的不同税率分别计征

D. 应税消费品的最低税率计征

4. 下列各项中，应同时征收增值税和消费税的是（ ）。

A. 批发的白酒

B. 零售的金银首饰

C. 生产环节销售的普通护肤护发品

D. 零售的卷烟

5. 依据消费税的有关规定，下列消费品中实行从量定额与从价定率相结合征税办法的是（ ）。

A. 粮食白酒　　B. 啤酒　　C. 果酒　　D. 黄酒

6. 下列各项业务应承担消费税纳税义务的是（ ）。

A. 在中国境内零售高档化妆品

B. 在中国境内委托加工高档化妆品

C. 出口国内生产的高档化妆品

D. 将外购的高档化妆品在国内销售

7. 消费税属于（ ）。

A. 价外税　　B. 价外税转价内税

C. 价内税　　D. 价内税转价外税

8. 以外购的不同品种的白酒勾兑的白酒，一律按照（ ）的税率征税。

A. 粮食白酒 B. 薯类白酒 C. 其他酒 D. 平均数

9. 下列表述正确的是（ ）。

A. 消费税税收负担具有转嫁性

B. 消费税的税率呈现单一税率形式

C. 消费品生产企业没有对外销售的应税消费品均不征消费税

D. 消费税实行多环节课征制度

10. 下列单位中不属于消费税纳税人的是（ ）。

A. 生产销售应税消费品（金银首饰类除外）的单位

B. 委托加工应税消费品（金银首饰类除外）的单位

C. 进口应税消费品（金银首饰类除外）的单位

D. 受托加工应税消费品（金银首饰类除外）的单位

11. 根据消费税的现行规定，下列车辆属于应税小汽车征税范围的是（ ）。

A. 电动汽车

B. 用厢式货车改装的商务车

C. 用中轻型商务车底盘改装的中轻型商务客车

D. 车身 12 米并且有 25 座的大客车

12. 根据税法规定，下列说法不正确的是（ ）。

A. 凡是征收消费税的消费品都征收增值税

B. 凡是征收增值税的货物都征收消费税

C. 应税消费品征收增值税的，其税基含有消费税

D. 应税消费品征收消费税的，其税基不含有增值税

13. 依据消费税的有关规定，下列消费品中，准予扣除已纳消费税的是（ ）。

A. 以委托加工的乘用车为原料生产的乘用车

B. 以委托加工的化妆品为原料生产的护肤护发品

C. 以委托加工的已税汽油为原料生产的甲醇汽油

D. 以委托加工的已税酒为原料生产的粮食白酒

14. 关于金银首饰消费税政策，下列陈述不正确的是（ ）。

A. 金银首饰出口不退、进口不征消费税

B. 用已税的珠宝玉石生产的金银镶嵌首饰，在计税时一律不得扣除已纳消费税

C. 镀金首饰仍属于零售环节征收消费税

D. 镀金首饰仍属于生产环节征收消费税

15. 关于酒类产品消费税的征收，下列说法错误的是（ ）。

A. 啤酒、黄酒采用比例税率

B. 委托加工应税消费品的，以纳税人收回的应税消费品数量为课税数量

C. 已核定最低计税价格的白酒，销售单位对外销售价格持续上涨或下降时间达到 3 个月以上的，税务机关重新核定最低计税价格

D. 白酒生产企业销售给销售单位的白酒，生产企业消费税计税价格低于销售单位对外销售价格 70% 以下的，税务机关应核定消费税最低计税价格

16. 某企业将生产的成套高档化妆品作为年终奖励发给本厂职工，查知无同类产品销售价格，其生产成本为 15 000 元，国家税务总局核定的该产品的成本利润率为 5%，高档化妆品适用的消费税税率为 15%，则该企业应纳消费税税额为（　　）元。

A. 2 054.35　　B. 2 779.41　　C. 2 362.5　　D. 2 250

17. 某白酒厂 2024 年用外购粮食白酒以曲香调味生产浓香白酒 100 吨，全部销售，不含税价款 1 480 万元尚未收到，该厂当月应缴纳的消费税税额是（　　）万元。

A. 306　　B. 112　　C. 121　　D. 102.57

18. 某白酒厂 2025 年 6 月生产果木酒 100 吨全部用于销售，当月取得商场含税销售额 480 万元，同月向商场收取品牌使用费 20 万元；当月销售自产粮食白酒 5 吨，不含税销售价款 60 万元。该厂当月应缴纳的消费税税额是（　　）万元。

A. 52.24　　B. 50.53　　C. 56.75　　D. 84.67

19. 某酒厂 2025 年 6 月销售粮食白酒 3 000 千克，取得不含税价款 100 万元，同时收取包装物押金 5 万元，包装物 2 个月后归还厂家，则该酒厂应缴纳消费税税额为（　　）万元。

A. 21.18　　B. 26.37　　C. 23.75　　D. 24.25

20. 某酒厂本月销售啤酒 10 吨，不含税价 2 600 元 / 吨，同时收取包装物押金 5 000 元，则该酒厂当月应缴纳消费税税额为（　　）元。

A. 2 200　　B. 2 400　　C. 2 413.68　　D. 2 500

21. 某汽车厂为增值税一般纳税人，主要生产小汽车和小客车，小汽车不含税出厂价为 12.5 万元，小客车不含税出厂价为 6.8 万元。2025 年 5 月该汽车厂发生如下业务：本月销售小汽车 8 600 辆，将 2 辆小汽车移送本厂研究所作破坏性碰撞实验，3 辆作为广告样品；销售小客车 576 辆，将本厂生产的 10 辆小客车移送改装分厂，将其改装为救护车。该汽车厂上述业务应缴纳消费税税额为（　　）万元。（本题中小汽车消费税税率为 3%，小客车消费税税率为 5%。）

A. 8 804.24　　B. 3 425.37　　C. 8 804.94　　D. 8 798.84

22. 某酒厂主要生产白酒和其他酒，现将白酒和药酒各 1 斤[①]组成套装，白酒 80 元 / 斤，药酒 100 元 / 斤，组装套装每套不含税价格为 200 元。该酒厂应缴纳的消费税税额为（　　）元。

A. 1　　B. 37　　C. 40　　D. 41

---

① 1 斤 =500 克。后同。

23. 某烟草生产企业是增值税一般纳税人，2025 年 6 月销售甲类卷烟 600 标准条，取得含税销售额 61 020 元；销售乙类卷烟 1 200 标准条，取得增值税专用发票上注明的销售额为 72 000 元。每条卷烟适用的定额消费税为 0.6 元。当月该烟草生产企业应缴纳的消费税税额为（　　）元。

A. 30 240　　B. 56 160　　C. 57 240　　D. 59 250

24. 一位客户从某汽车制造厂（增值税一般纳税人）订购自用汽车一辆，支付货款（含税）241 200 元，另付设计、改装费 30 000 元。该辆汽车计征消费税的销售额为（　　）元。

A. 214 359　　B. 240 000　　C. 250 800　　D. 280 800

25. 某日化厂将某品牌的高档化妆品与护肤品组成成套高档化妆品，其中，高档化妆品的生产成本 90 元 / 套，护肤品的生产成本 50 元 / 套。2025 年 6 月将 100 套成套化妆品分给职工作奖励。该日化厂上述业务应纳消费税税额（　　）元。（高档化妆品成本利润率为 5%，消费税税率为 15%。）

A. 2 470.59　　B. 2 100　　C. 2 025　　D. 2 594.12

26. 某酒厂 2025 年 6 月生产一种新的粮食白酒，广告样品使用 0.2 吨，已知该种白酒无同类产品出厂价，生产成本每吨 35 000 元，成本利润率为 10%，粮食白酒定额税率为每斤 0.5 元，比例税率为 20%。该厂当月应缴纳的消费税税额为（　　）元。

A. 200　　B. 1 975　　C. 2 125　　D. 2 175

27. 按照现行消费税制度规定，纳税人外购下列已税消费品可以从应税销售额中扣除的是（　　）。

A. 外购已税散装白酒装瓶出售的白酒

B. 外购已税小汽车生产的汽车

C. 外购已税高档化妆品生产的高档化妆品

D. 外购已税珠宝玉石生产的金银首饰

28. 某化妆品厂期初库存高档化妆品 30 000 元，本期外购高档化妆品 80 000 元（不含税价），本期月末库存 20 000 元，生产的高档化妆品对外销售，取得不含税销售额 250 000 元，高档化妆品消费税税率为 15%。该化妆品厂本期应缴纳消费税（　　）元。

A. 25 000　　B. 25 500　　C. 27 000　　D. 24 000

29. 某汽车制造厂以自产小汽车（排量为 2.0 升）20 辆投资某广告公司，取得 20% 股份，双方确认价值 750 万元。该厂生产的同一型号的小汽车不含税售价分别为 40 万元 / 辆、38 万元 / 辆、36 万元 / 辆，则用作投资入股的小汽车应缴纳的消费税税额为（　　）万元。（消费税税率为 5%。）

A. 30　　B. 35　　C. 40　　D. 0

30. 根据消费税相关法律制度的规定，下列说法正确的是（　　）。

A. 纳税人将自产的应税消费品用于换取生产资料，按同类消费品的平均价格计

算应纳消费税

B. 纳税人通过非独立核算门市部销售的自产应税消费品，应按移送门市部数量征收消费税

C. 香皂、香水属于应税消费品，应征收消费税

D. 白酒生产企业向商业销售单位收取的“品牌使用费”应并入白酒的销售额中缴纳消费税

31. 根据现行消费税的规定，下列说法正确的是（　　）。

A. 纳税人销售金银首饰，计税依据为含增值税的销售额

B. 金银首饰连同包装物销售，计税依据为含包装物金额的销售额

C. 带料加工金银首饰，计税依据为受托方收取的加工费

D. 以旧换新销售金银首饰，计税依据为新金银首饰的销售额

32. 某百货公司黄金饰品部 2025 年 6 月直接零售金首饰 3 000 克，每克零售价 200 元；以旧换新销售金首饰，收回旧首饰 200 克，换出新首饰 600 克，收取差价 80 000 元，并收取旧首饰折价补偿 20 元 / 克。该黄金饰品部当月应缴消费税税额为（　　）元。

A. 29 059.82　　B. 30 265.49　　C. 30 769.23　　D. 30 940.17

33. 下列各项业务中，在收回委托加工应税消费品后仍应征收消费税的是（　　）。

A. 商业批发企业收回委托加工的特制白酒直接销售

B. 工业企业收回委托某外商投资企业加工的高档化妆品直接销售

C. 某卷烟厂委托联营企业加工同牌号卷烟，将其收回后直接销售，其收入与自产卷烟收入未分开核算

D. 某酒厂收回委托某外商投资企业加工的已税白酒直接销售

34. 甲厂将一批原材料送交乙厂进行委托加工，该批原材料不含税价格为 10 万元，受托方代垫辅料收费 1 万元（含税），另收取加工费 3 万元（含税），假定该消费品消费税税率为 5%，则该项委托加工物资组成计税价格为（　　）万元。

A. 13.68　　B. 14.25　　C. 14.74　　D. 15

35. 根据消费税法律制度的规定，下列有关委托加工的表述中，正确的是（　　）。

A. 委托方提供原料和主要材料，受托方代垫辅助材料并收取加工费

B. 委托方支付加工费，受托方提供原料或主要材料

C. 委托方支付加工费，受托方以委托方的名义购买原料或主要材料

D. 委托方支付加工费，受托方购买原料或主要材料再卖给委托方进行加工

36. 某进出口公司进口 150 辆小轿车，每辆到岸价格为 6 万元，关税税率假设为 50%，消费税税率为 5%，该公司应缴纳的消费税税额为（　　）万元。

A. 67.5　　B. 47.36　　C. 57.69　　D. 71.05

37. 某商贸公司 2025 年 6 月从国外进口一批应税消费品，已知该批应税消费品的关税计税价格为 90 万元，按规定应缴纳关税 18 万元。假定进口应税消费品的消费税税率

为 10%，则该批应税消费品进口环节应缴纳的消费税税额为（　　）万元。

A. 8　　B. 10　　C. 12　　D. 13

38. 纳税人委托个体经营者加工应税消费品，消费税应（　　）。

A. 由受托方代收代缴

B. 由委托方在受托方所在地缴纳

C. 由委托方收回后在委托方所在地缴纳

D. 由委托方在受托方或委托方所在地缴纳

39. 下列关于消费税纳税地点的表述错误的是（　　）。

A. 纳税人销售应税消费品和自产自用的应税消费品，除国家另有规定外，应向纳税人核算地的税务机关申报缴纳消费税

B. 纳税人到外县（市）销售或者委托外县（市）代销自产应税消费品，应事先向其所在地主管税务机关提出申请，应当在应税消费品销售以后回纳税人核算地缴纳消费税

C. 纳税人的总机构与分支机构不在同一县（市）的，应当在生产应税消费品的分支机构所在地缴纳消费税

D. 委托加工的应税消费品，一律由受托方向所在地的税务机关解缴消费税税款

40. 下列各项中，符合消费税纳税义务发生时间的是（　　）。

A. 进口的应税消费品，为取得进口货物的当天

B. 自产自用的应税消费品，为移送使用的当天

C. 委托加工的应税消费品，为支付加工费的当天

D. 采取预收货款结算方式的，为收到预收款的当天

二、多项选择题

1. 下列单位中属于消费税纳税人的有（　　）。

A. 生产销售应税消费品（金银首饰类除外）的单位

B. 委托加工应税消费品（金银首饰类除外）的单位

C. 进口应税消费品（金银首饰类除外）的单位

D. 受托加工应税消费品（金银首饰类除外）的单位

2. 依据消费税的有关规定，下列消费品中属于高档化妆品税目的有（　　）。

A. 香水、香精　　B. 高档护肤类化妆品

C. 指甲油、蓝眼油　　D. 演员化妆用的上妆油、卸妆油

3. 下列消费品中属于消费税征税范围的有（　　）。

A. 未经涂饰的素板　　B. 汽油

C. 卸妆油　　D. 沙丁车

4. 下列货物中按规定适用 5% 税率消费税的包括（　　）。

A. 实木地板　　B. 高档手表

C. 木制一次性筷子　　D. 中轻型商用客车

5. 下列各项业务不应承担消费税纳税义务的有（　　）。

A. 在中国境内零售卷烟

B. 在中国境内委托加工卷烟

C. 出口国内生产的卷烟

D. 将委托加工收回的卷烟以不高于受托方计税价格在国内销售

6. 以下属于消费税纳税义务人的有（　　）。

A. 生产应税消费品的单位和个人

B. 进口应税消费品的单位和个人

C. 委托加工应税消费品的单位和个人

D. 金银首饰的零售单位和个人

7. 按照现行消费税制度规定，纳税人外购下列已税消费品时，不可以从应税销售额中扣除的有（　　）。

A. 外购已税散装白酒装瓶出售的白酒

B. 外购已税小汽车生产的汽车

C. 外购已税高档化妆品生产的高档化妆品

D. 外购已税珠宝玉石生产的金银首饰

8. 按《中华人民共和国消费税暂行条例》的规定，下列情形之一的应税消费品，以纳税人同类应税消费品的最高销售价格作为计税依据计算消费税的有（　　）。

A. 用于抵债的应税消费品

B. 用于馈赠的应税消费品

C. 用于换取生产资料的应税消费品

D. 用于换取消费资料的应税消费品

9. 下列各项中，属于我国消费税现行出口退（免）税政策的有（　　）。

A. 免税但不退税

B. 不免税但退税

C. 免税并退税

D. 不免税也不退税

10. 根据消费税现行规定，下列表述正确的有（　　）。

A. 消费税税收负担具有转嫁性

B. 消费税的税率呈现单一税率形式

C. 消费品生产企业没有对外销售的应税消费品均不征消费税

D. 消费税税目列举的消费品都属消费税的征税范围

11. 下列情况需征收消费税的有（　　）。

A. 用于广告宣传的样品白酒

B. 用于本企业招待的卷烟

C. 抵偿债务的小汽车

D. 委托加工收回后以不高于受托方计税价格销售的粮食白酒

12. 下列行为中，既缴纳增值税又缴纳消费税的有（　　　　）。

A. 酒厂将自产的白酒赠送给协作单位

B. 卷烟厂将自产的烟丝移送用于生产卷烟

C. 地板厂将生产的新型实木地板奖励给有突出贡献的职工

D. 汽车厂将自产的应税小汽车赞助给某艺术节组委会

13. 关于酒类产品消费税的征收，下列说法正确的有（　　　　）。

A. 啤酒、黄酒采用比例税率

B. 委托加工应税消费品的，以纳税人收回的应税消费品数量为课税数量

C. 已核定最低计税价格的白酒，销售单位对外销售价格持续上涨或下降时间达到 3 个月以上的，由税务机关重新核定最低计税价格

D. 白酒生产企业销售给销售单位的白酒，生产企业消费税计税价格低于销售单位对外销售价格 70% 以下的，税务机关应核定消费税最低计税价格

14. 下列关于消费税税率的表述正确的有（　　　　）。

A. 娱乐业、饮食业自制啤酒采用啤酒最高税额 250 元 / 吨

B. 白包卷烟不分征税类别一律按照 36% 卷烟税率征税，并按照定额每标准箱 150 元计算征税

C. 纳税人自产应税消费品换取生产资料的，按纳税人同类应税消费品最高售价为计税依据

D. 纳税人既生产销售普通汽油又生产销售乙醇汽油，未分别核算的，一律按照乙醇汽油的销售数量征收消费税

15. 根据消费税现行政策的有关规定，下列说法正确的有（　　　　）。

A. 纳税人通过自设非独立核算门市部销售的自产应税消费品，应当按照门市部对外销售额或者销售数量计算征收消费税

B. 已核定最低计税价格的白酒，生产企业实际销售价格高于消费税最低计税价格的，按最低计税价格申报纳税

C. 对于每标准条卷烟调拨价格在 70 元以上的（含 70 元），卷烟从价消费税税率为 56%

D. 卷烟在批发环节按照 5% 税率计征消费税

16. 下列环节中既征消费税又征增值税的有（　　　　）。

A. 卷烟的生产和批发环节

B. 金银首饰的生产和零售环节

C. 金银首饰的零售环节

D. 高档化妆品的生产环节

17. 消费税的税率形式有（ ）。

A. 从价定率　　B. 累进税率

C. 幅度比例税率　　D. 从量定额

18. 下列关于消费税的纳税地点的表述，正确的有（ ）。

A. 纳税人销售的应税消费品和自产自用的应税消费品，除国家另有规定外，应向纳税人核算地的税务机关申报缴纳消费税

B. 纳税人到外县（市）销售或者委托外县（市）代销自产应税消费品，应事先向其所在地主管税务机关提出申请，应当在应税消费品销售以后回纳税人核算地缴纳消费税

C. 纳税人的总机构与分支机构不在同一县（市）的，应当在生产应税消费品的分支机构所在地缴纳消费税

D. 委托加工的应税消费品，一律由受托方向所在地的税务机关解缴消费税税款

19. 下列各项中，应当征收消费税的有（ ）。

A. 用于本企业连续生产的应税消费品

B. 用于奖励代理商销售业绩的应税消费品

C. 用于本企业生产性基建工程的应税消费品

D. 用于捐赠国家指定的慈善机构的应税消费品

20. 对于委托加工应税消费品，受托方没有按规定代收代缴税款的，下列说法错误的有（ ）。

A. 受托方代委托方补缴税款

B. 委托方补缴税款

C. 按受托方同类消费品价格补缴税款

D. 一律按组成计税价格补缴税款

21. 下列关于消费税的税目说法正确的有（ ）。

A. 对“啤酒源”、菠萝啤酒应按啤酒征收消费税

B. 调味酒应按白酒征收消费税

C. 普通护肤护发类化妆品不属于高档化妆品的征收范围

D. 甲醇汽油属于消费税的征税范围

22. 根据消费税法律制度的规定，下列说法错误的有（ ）。

A. 纳税人将自产的应税消费品用于换取生产资料，按同类消费品的平均价格计算应纳消费税

B. 纳税人通过非独立核算门市部销售的自产应税消费品，应按移送门市部数量征收消费税

C. 香皂、香水属于应税消费品，应征收消费税

D. 白酒生产企业向商业销售单位收取的“品牌使用费”应并入白酒的销售额中缴纳消费税

23. 视同销售计征消费税的消费品有（　　　　）。

A. 用于职工福利的应税消费品

B. 纳税人用于连续生产的应税消费品

C. 用于奖励的应税消费品

D. 委托加工的应税消费品

24. 下列属于零售环节征收消费税的货物有（　　　　）。

A. 珠宝玉石　　B. 金银首饰　　C. 钻石饰品　　D. 钻石

25. 下列情况中，应按照受托方销售自制应税消费品对待征收消费税的有（　　　　）。

A. 由受托方提供原材料生产的应税消费品

B. 委托方提供原材料，受托方收取加工费加工的应税消费品

C. 受托方先将原材料卖给委托方，然后再加工的应税消费品

D. 受托方以委托方名义购进原材料生产的应税消费品

26. 对于企业自产的高档化妆品，下列处理方式正确的有（　　　　）。

A. 直接出售，缴纳消费税

B. 连续生产应税消费品的，不缴纳消费税

C. 用于职工福利的，不缴纳消费税

D. 连续生产非应税消费品的，不缴纳消费税

27. 以下关于金银首饰的计税规则正确的有（　　　　）。

A. 镀金（银）、包金（银）首饰，以及镀金（银）、包金（银）的镶嵌首饰（简称非金银首饰），仍在生产销售环节征收消费税

B. 经营单位兼营生产、加工、批发、零售业务的，应分别核算销售额，未分别核算销售额或者划分不清的，一律视同零售征收消费税

C. 金银首饰连同包装物销售的，如果包装物单独计价、单独核算，不并入金银首饰的销售额

D. 金银首饰消费税改变纳税环节后，用已税珠宝玉石生产的镶嵌首饰，在计税时一律不得扣除已纳的消费税税款

28. 以下符合消费税纳税义务发生时间规定的有（　　　　）。

A. 纳税人采取赊销和分期收款结算方式的，其纳税义务的发生时间为收款日期的当天

B. 纳税人自产自用的应税消费品，其纳税义务的发生时间为移送使用的当天

C. 纳税人委托加工的应税消费品，其纳税义务的发生时间为委托方支付加工费的当天

D. 纳税人采取其他结算方式的，其纳税义务的发生时间为收讫销售款或者取得索取销售款凭据的当天

29. 下列关于进口的消费品，说法正确的有（　　　　）。

A. 进口的应税消费品于报关进口时缴纳消费税

B. 进口的应税消费品的消费税由海关代征

C. 进口的应税消费品由进口人或者代理人向报关地海关申报

D. 纳税人进口应税消费品应当自海关填发税款缴纳证的次日起 15 日内缴纳税款

30. 下列企业出口应税消费品时，既退（免）增值税又退（免）消费税的有（　　　　）。

A. 外贸企业收购高档化妆品后出口

B. 外贸企业委托其他外贸企业代理出口高档化妆品

C. 化妆品厂出口自产高档化妆品

D. 化妆品厂委托外贸企业代理出口自产高档化妆品

31. 生产自产产品自营出口或委托外贸企业代理出口自产的应税消费品，其出口退税政策有（　　　　）。

A. 增值税采用免抵退税政策

B. 消费税采用免税并退税政策

C. 增值税采用先征后退政策

D. 消费税采用免税但不退税政策

三、判断题

（　　）1. 消费税属于价外税。

（　　）2. 凡征收消费税的应税消费品均应征收增值税。

（　　）3. 消费税在生产、销售、委托加工、进口等各环节征收。

（　　）4. 消费税不可能在零售环节征收。

（　　）5. 影视演员化妆用的上妆油不属于应税消费品。

（　　）6. 外购由两种以上酒精生产的白酒，一律按薯类白酒确定税率征收。

（　　）7. 企业缴纳的消费税最终由消费者负担。

（　　）8. 委托加工应税消费品的纳税义务人是受托方。

（　　）9. 金店采用“以旧换新”方式销售的金银首饰，对其征收消费税时的计税依据是同类新金银首饰的销售价格。

（　　）10. 销售由外购白酒加工生产的白酒时，外购白酒所承担的消费税可以扣除。

（　　）11. 我国现行消费税出口退（免）税政策包括不免税但退税。

（　　）12. 纳税人自产的应税消费品用于换取生产资料，应当按纳税人同类应税消费品的最高销售价格作为计税依据，计算征收消费税。

（　　）13. 纳税人以外购或委托加工收回的已税珠宝玉石为原料生产的在零售环节征收消费税的金银首饰，在计税时不得扣除外购或委托加工的已纳税款。

（　　）14. 消费税与增值税的计税依据均为含消费税但不含增值税的销售额，因而两税的税额计算方法都是一致的。

（　　）15. 我国消费税的纳税人包括在我国境内从事生产、委托加工和进口应税消费品的单位和个人，但不包括外国企业和外国人。

（　　）16. 根据《中华人民共和国消费税暂行条例》规定，纳税人将自产的应税消费品用于连续生产应税消费品不缴纳消费税。

（　　）17. 纳税人将不同税率的应税消费品组成成套消费品销售的，如果分别核算不同税率应税消费品的销售额、销售数量的，应按不同税率分别计算不同消费品应缴纳的消费税。

（　　）18. 消费税规定的应税消费品均属于货物，缴纳增值税时也要缴纳消费税。

（　　）19. 某卷烟厂用委托加工收回的已税烟丝为原料连续生产烟丝，在计算纳税时，准予从应纳消费税税额中扣除委托加工收回的烟丝的已纳消费税税款。

（　　）20. 纳税人将自己生产的应税消费品用于连续生产非应税消费品时可不纳消费税。

（　　）21. 纳税人将自己生产的应税消费品用于继续生产非应税消费品时按同类产品的最高售价征收消费税。

（　　）22. 某卷烟厂将自己生产的烟丝连续生产卷烟，卷烟要缴纳消费税，烟丝不缴纳消费税。

（　　）23. 委托加工的应税消费品，应按委托方的同类消费品的销售价格征收消费税。

（　　）24. 委托个人加工的应税消费品，由委托方收回后缴纳消费税。

（　　）25. 进口应税消费品不需要缴纳消费税。

（　　）26. 所有金银首饰的消费税都应在生产环节缴纳。

（　　）27. 销售啤酒时收取的包装物押金不计入啤酒的出厂价。

（　　）28. 黄酒适用定额税率。

（　　）29. 纳税人兼营不同税率的应税消费品，应当分别核算不同税率应税消费品的销售额、销售数量。未分别核算的，从高适用税率。

（　　）30. 纳税人兼营不同税率的应税消费品，应当分别核算不同税率应税消费品的销售额、销售数量。未分别核算的，适用加权平均税率。

（　　）31. 企业销售应税消费品时收取的价外费用不应并入销售额中征收消费税。

（　　）32. 包装物连同应税消费品销售单独计价的，包装物不征收消费税。

（　　）33. 收取的包装物押金只有在逾期不退时才会被征收消费税。

（　　）34. 纳税人将自己生产的应税消费品无偿赠送给他人时，按近期同类产品的平均售价征收消费税。

（　　）35. 进口应税消费品所缴纳的关税不是应税消费品计税价格的组成部分。

（　　）36. 纳税人将自己生产的应税消费品无偿赠送给他人时，按近期同类产品的平均售价征收消费税。

（　　）37. 批发企业在计算缴纳消费税时，可以扣除已含的生产环节的消费税税款。

（　　）38. 进口的应税消费品，由进口人向机构所在地申报缴纳。

（　　）39. 纳税人采取预收货款的，消费税的纳税义务发生时间为纳税人收取预收款的当天。

（　　）40. 纳税人进口应税消费品，应当自海关填发海关进口消费税专用缴款书之日起 15 日内缴纳税款。

四、计算题

1. 美净化妆品公司（增值税一般纳税人）从事出口兼内销业务，其产品为高档化妆品。它于 2025 年 6 月发生以下业务：

（1）委托欧雅日用品化工厂（简称“欧雅厂”）加工某种高档化妆品，收回后以其为原料，继续生产高档化妆品销售。欧雅厂本月收到美净化妆品公司价值 30 万元的委托加工材料，并按合同约定代垫辅助材料 1 万元，应收加工费 3 万元（不含增值税）；欧雅厂本月外购高档化妆品半成品一批，取得的增值税专用发票注明的销售额为 20 万元，开具增值税专用发票注明价款 24 万元，销售给美净化妆品公司，货款已收妥。

（2）本月美净化妆品公司将委托加工收回的高档化妆品用于生产；本月销售高档化妆品 565 万元（含增值税）给博美外贸企业，期初库存的委托加工的高档化妆品 12 万元；月末库存的委托加工高档化妆品 12 万元；本月外购高档化妆品半成品 50% 用于生产。该外贸企业将购入的该批高档化妆品全部出口。

要求：计算 6 月欧雅厂、美净化妆品公司销售高档化妆品应缴纳的消费税税额，以及博美外贸企业出口高档化妆品应退还的消费税税额。

2. 成都市区醇香酒厂为增值税一般纳税人，2025 年 6 月发生如下经济业务：

（1）销售自产粮食白酒 15 吨，每吨不含税单价为 80 000 元，收取包装物押金 10 200 元，收取装卸费 23 400 元。

（2）将自产 35 度粮食白酒 10 吨，以成本价每吨 8 500 元分给职工作年货，对外销售不含税单价为每吨 19 500 元。

（3）本月生产销售散装啤酒 400 吨，每吨不含税售价 2 850 元，并收取每吨包装物押金 169.50 元，约定半年期限归还。

（4）该厂生产一种新的粮食白酒，广告样品使用 0.2 吨，该种白酒无同类产品出厂价，生产成本每吨 35 000 元。

（5）向一品香外贸公司销售自产特制 50 吨黄酒，每吨不含税售价 2 000 元，收取黄酒罐押金 1 万元，约定 3 个月后归还。该外贸公司将购入的 50 吨黄酒全部出口。

（6）委托某个体工商户生产 10 吨粮食白酒，本厂提供原材料成本为 35 万元，支付加工费 85 060 元（含税），收回后封存入库，取得税务机关代开的专用发票。

要求：

（1）计算该酒厂当月应缴纳消费税税额。

（2）计算一品香外贸公司出口黄酒应退还的消费税。

3. 红塔企业 2025 年 6 月进口卷烟 30 箱（标准箱，下同），每箱离岸成交价格 1 200 美元，支付起卸前的运费 110 美元 / 箱，保险费 100 美元 / 箱。

要求：计算该企业进口环节应纳消费税税额。（假设关税税率为 20%，1 美元 =7 元人民币）

4. 醇香酒厂 2025 年 6 月生产销售散装黄酒 400 吨，每吨不含税售价 3 800 元，同时该厂生产一种新的粮食白酒 2 吨，赠送给黄酒客户，作为销售回扣，已知该种白酒无同类产品出厂价，生产成本每吨 35 000 元，成本利润率为 10%；用薯类酒精勾兑白酒 10 吨全部用于销售，当月取得销售额 45.2 万元（含税）。

要求：计算该酒厂 6 月份应纳消费税税额。

5. 宝利珠宝饰品制造公司为增值税一般纳税人，从事金银首饰经销和加工生产业务。

2025 年 6 月份发生如下经营业务：

（1）向某大型商场（金银首饰经营单位）销售黄金项链 100 条，增值税专用发票注明的销售额为 118 000 元。

（2）采取“以旧换新”方式向消费者销售自产纯金项链 200 条，新项链对外含税销售价格 5 000 元 / 条，旧项链作价 3 000 元 / 条，从消费者手中收取新旧差价款（含税）400 000 元；并以同一方式销售自产高档手表 20 块，此表对外零售价每块 13 500 元，旧表作价 3 550 元。

（3）将本月自产的 A 型纯金项链 10 条赠送相关人员，该型号纯金项链没有同类售价，账面成本价格 2 100 元 / 条；销售自产包金项链 5 条，合计含税零售价 50 000 元；销售自产镀金项链 5 条，向消费者个人开出的普通发票金额为 80 000 元。

上述业务均分开核算，金银首饰零售环节消费税税率为 5%，其他贵重首饰和珠宝玉石的消费税税率为 10%，金银首饰成本利润率为 6%，高档手表的消费税税率为 20%。

要求：根据以上资料计算该公司 6 月份应缴纳消费税税额。

6. 明达烟厂系增值税一般纳税人，主要生产卷烟。2025 年 6 月发生如下业务：

（1）向某小规模纳税人购买一批烟叶，实际成本为 58 350 元。

（2）当月委托某县加工厂（增值税一般纳税人）将收购的烟叶加工成烟丝。双方签订的委托加工合同上注明：烟厂支付加工费 7 000 元、加工厂代垫辅助材料价款 4 000

元（不含增值税）。烟厂取得增值税专用发票。

（3）该烟厂收回加工好的烟丝后，全部生产加工成 A 牌卷烟 18 标准箱并已全部实现销售，每箱不含税价 9 600 元，国家税务总局核定的 A 牌卷烟的计税价为 58 元 / 条。

（4）当月，该烟厂将 11 标准箱白包卷烟与本市某服装厂（增值税一般纳税人）等价交换服装 250 套，各自作为福利发放给本厂职工。双方签订的易货合同上注明，服装每套不含税作价 750 元。

要求：计算明达烟厂 6 月份应缴纳消费税税额。

7. 甲企业的销售业务如下：

（1）向某商贸企业销售白酒 80 吨，取得不含税销售额 400 万元。

（2）销售干红酒 15 吨，取得不含税销售额 150 万元。将 10 吨不同度数的粮食白酒组成礼品盒销售，取得不含税销售额 120 万元。

（3）采用分期收款方式向乙企业销售白酒 16 吨，合同规定不含税销售额共计 80 万元，本月收取 60% 的货款，其余货款于下月 10 日收取，甲企业按收到的货款开具防伪税控增值税专用发票。

要求：计算甲企业应缴纳消费税税额和增值税销项税额。

8. 江南汽车制造厂为增值税一般纳税人，生产制造和销售小汽车。2025 年 6 月发生如下业务：

（1）本月制造普通小汽车 150 辆，其中 10 辆转作固定资产自用，20 辆抵债，其余全部销售；

（2）本月还特制 5 辆小汽车用于奖励对企业作出特殊贡献的技术人才。

已知：普通小汽车不含税销售价格为每辆 12 万元，税务机关核定该型号普通小汽车最高售价每辆 13 万元；特制小汽车无同类售价，生产成本为每辆 7 万元，小汽车的成本利润率为 8%，小汽车适用的消费税税率为 3%。

要求：计算江南汽车制造厂应缴纳的消费税税额。

9. 某地板生产厂 7 月发生下列业务：

（1）向某林场购入 3 000 立方米原木，规定的收购凭证注明支付款项 300 000 元，请运输公司将上述原木运送回厂，支付运输费取得增值税专用发票，注明运费 1 000 元，增值税税额为 90 元；

（2）外购生产用油漆一批，取得增值税专用发票，注明价款 25 000 元，增值税税额 3 250 元，将其中 20% 用于企业基建工程；

（3）从关系较好的供货方低价购入生产用粘胶一批，取得增值税专用发票，注明价款 10 000 元，增值税税额 1 300 元，将其中 10% 的货物赠送给购买企业木质地板的老客户；

（4）从其他木地板厂购入未涂漆的木地板 50 箱，取得增值税专用发票，价款 180 000 元，增值税税额 23 400 元，将其中的 70% 投入生产上漆；

（5）数月前购入的一批原木因保管不善遭毁损，账面成本为 31 680 元；

（6）销售自产实木地板，取得不含税收入 560 000 元。

要求：计算该地板生产厂当期实际应缴纳的消费税税额。

10. 某酒厂为增值税一般纳税人 2025 年 6 月份发生以下经济业务：

（1）销售瓶装粮食白酒 35 吨，含税单价每吨 21 470 元（含增值税），全部款项存入银行；销售散装粮食白酒 3 吨，含税单价每吨 4 520 元，收取包装物押金 2 260 元，全部款项存入银行。

（2）用自产瓶装粮食白酒 10 吨，等价换取酿酒所用原材料 214 700 元（含增值税），互开了增值税专用发票。

（3）春节前用本厂生产的瓶装粮食白酒馈赠他人 3 吨，发给本厂职工 7 吨。

（4）外购薯类白酒 4 吨，含税价共计 6 780 元，取得增值税专用发票，全部用于勾兑；销售以外购薯类白酒和自产糠麸白酒勾兑的散装酒 6 吨，含税单价为每吨 2 373 元，货款存入银行。

（5）该厂委托另一酒厂为其加工酒精 5 吨，由委托方提供粮食，发出材料成本 51 000 元；用银行存款支付加工费 6 000 元、增值税税额为 780 元。收回的酒精全部用于连续生产套装礼品白酒 20 吨，含税单价每吨 33 900 元，当月全部销售。

要求：计算该酒厂本月应缴纳的消费税税额（不含被代收代缴税款）。

第三部分　职业实践能力训练

一、任务目标

1. 能够准确确定应征消费税的销售额和销售数量；
2. 能够确认已纳消费税可以抵扣的情形；
3. 能够准确计算应纳消费税税额；
4. 能够正确填写消费税及附加税费申报表及附表。

二、任务描述

1. 根据成都金沙卷烟厂提供的 2025 年 6 月有关消费税纳税业务，计算该企业 6 月应缴纳的消费税；

2. 根据计算结果填写“消费税及附加税费申报表”“本期准予扣除税额计算表”“本期委托加工收回情况报告表”。

三、操作准备

1. 学习《中华人民共和国消费税暂行条例》《中华人民共和国消费税暂行条例实施细则》和消费税其他相关法律法规；

2. 准备不同消费税纳税人的经济业务资料。

四、实训材料[①]

1. 企业基本情况：

企业名称：成都金沙卷烟厂

统一社会信用代码：51010100001108810C

企业地址：四川省成都市 ×× 区 ×× 街 368 号

法人代表：叶荣添

注册资本：5 000 万元

企业类型：有限责任公司

经营范围：生产红鹤牌、紫荆牌卷烟；雪茄烟；进口卷烟

企业开户银行及账号：工商银行成都市 × × 区支行 4402254109235366554

（其中："4402"——成都市工行开头；"2541"——×× 区支行；"09"——基本户；总共 19 位）

财务负责人：霍希贤

办税员：田宁

2. 成都金沙卷烟厂为增值税一般纳税人，生产销售红鹤牌、紫荆牌卷烟和雪茄烟，同时经营进口卷烟，2025 年 6 月有关消费税纳税业务如下：

（1）自红河企业购进烟丝，取得增值税专用发票上注明不含税价为 330 万元，并且本月全部领用用于生产卷烟。

（2）发往信德加工厂烟叶一批，委托加工成烟丝，该批烟叶的账面成本 35 万元，支付不含税加工费 15 万元并取得增值税专用发票，该烟丝加工厂没有同类烟丝的销售价格。

（3）从国外进口某牌卷烟 100 标准箱（每标准箱为 250 条，每条 200 支），支付买价 165 万元，支付到达我国海关前的运输费用 1.5 万元、保险费用 1.2 万元；假定进口卷烟的关税税率为 20%。

（4）委托信德加工厂加工的烟丝收回 30 000 千克，全部用于加工生产红鹤牌卷烟，出售卷烟 40%（50 标准箱），取得不含税收入 80 万元。

（5）将 25 标准箱红鹤牌卷烟与嘉庆实业有限公司（增值税一般纳税人）换取原材料，该公司提供的原材料价款 40 万元，增值税税额 5.2 万元，双方均按合同规定的价格开具了增值税专用发票（红鹤牌卷烟的最高售价为 85 元 / 条）。

（6）销售紫荆牌卷烟给各商场 120 标准箱，取得不含税销售收入 360 万元，由于货款收回及时，给了各商场 2% 的现金折扣。

（7）没收逾期紫荆牌卷烟包装物的押金 123 400 元。

（8）销售紫荆牌残次品卷烟 25 箱，每箱按不含税价 15 000 元销售。

---

① 以下信息均为实训用虚拟的仿真信息。

（9）月底，将红鹤牌卷烟改变包装，每箱不含税价格在原来基础上调增 4 000 元。当月销售 20 箱，货款尚未收到，但已全额开具增值税专用发票。

（10）本月销售胜冠牌雪茄烟 120 盒（每盒 25 支），共 3 000 支，取得不含税销售额 60 万元，包装费 5 000 元，开具普通发票。雪茄烟消费税税率为 36%。

要求：

（1）计算信德加工厂代收代缴的消费税税额；

（2）计算成都金沙卷烟厂进口某牌卷烟应缴纳的消费税税额；

（3）计算成都金沙卷烟厂本月应缴纳的消费税税额（不包括进口环节消费税）；

（4）分别填制成都金沙卷烟厂的“消费税及附加税费申报表”（表 3–7）、“本期准予扣除税额计算表”（表 3–8）、“本期委托加工收回情况报告表”（表 3–9）。

表 3–7　消费税及附加税费申报表

税款所属期：自　　年　月　日至　　年　月　日

纳税人识别号（统一社会信用代码）：□□□□□□□□□□□□□□□□□□□□

纳税人名称：　　　　　　　　　　　　　　　　金额单位：人民币元（列至角分）

应税消费品名称	适用税率		计量单位	本期销售数量	本期销售额	本期应纳税额
	定额税率	比例税率				
	1	2	3	4	5	6=1×4+2×5
合计	—	—	—	—	—	

	栏次	本期税费额
本期减（免）税额	7	
期初留抵税额	8	
本期准予扣除税额	9	
本期应扣除税额	10=8+9	
本期实际扣除税额	11［10<(6−7)，则为10，否则为6−7］	
期末留抵税额	12=10−11	
本期预缴税额	13	
本期应补（退）税额	14=6−7−11−13	

续表

	栏次	本期税费额
城市维护建设税本期应补(退)税额	15	
教育费附加本期应补(退)费额	16	
地方教育附加本期应补(退)费额	17	
声明:此表是根据国家税收法律法规及相关规定填写的,本人(单位)对填报内容(及附带资料)的真实性、可靠性、完整性负责。 纳税人(签章): 年 月 日		
经办人: 经办人身份证号: 代理机构签章: 代理机构统一社会信用代码:	受理人: 受理税务机关(章): 受理日期: 年 月 日	

表 3-8 本期准予扣除税额计算表

税款所属期: 年 月 日至 年 月 日

纳税人名称(公章):

纳税人识别号:□□□□□□□□□□□□□□□□□□

填表日期: 年 月 日 金额单位:元(列至角分)

应税消费品名称					合计
当期准予扣除的委托加工应税消费品已纳税款计算	期初库存委托加工应税消费品已纳税款				—
	当期收回委托加工应税消费品已纳税款				—
	期末库存委托加工应税消费品已纳税款				—
	当期准予扣除委托加工应税消费品已纳税款				
当期准予扣除的外购应税消费品已纳税款计算	期初库存外购应税消费品买价				—
	当期购进应税消费品买价				—
	期末库存外购应税消费品买价				—
	外购应税消费品适用税率				—
	当期准予扣除外购应税消费品已纳税款				
本期准予扣除税款合计					

表 3-9　本期委托加工收回情况报告表

税款所属期：　　年　　月　　日至　　年　　月　　日

纳税人名称（公章）：

纳税人识别号（统一社会信用代码）：□□□□□□□□□□□□□□□□□□□□

填表日期：　　年　　月　　日

一、委托加工收回应税消费品代收代缴税款情况　　　金额单位：元（列至角分）

应税消费品名称	商品和服务税收分类编码	委托加工收回应税消费品数量	委托加工收回应税消费品计税价格	适用税率		受托方已代收代缴的税款	受托方（扣缴义务人）名称	受托方（扣缴义务人）识别号	税收缴款书（代扣代收专用）号码	税收缴款书（代扣代收专用）开具日期
				定额税率	比例税率					
1	2	3	4	5	6	7	8	9	10	11

二、委托加工收回应税消费品领用存情况

应税消费品名称	商品和服务税收分类编码	上期库存数量	本期委托加工收回入库数量	本期委托加工收回直接销售数量	本期委托加工收回用于连续生产数量	本期结存数量
1	2	3	4	5	6	7

第四部分 职业拓展能力训练

谷子香酒厂（位于市区）为增值税一般纳税人，主要生产销售各类白酒，2025 年 6 月经营情况如下：

（1）从农业生产者手中收购粮食 600 000 斤，收购凭证上注明支付金额 30 万元，支付运输费用取得增值税专用发票，注明运费 2 万元，增值税税额为 0.18 万元，支付装卸费取得增值税专用发票，注明装卸费 0.5 万元，增值税税额为 0.03 万元，运输途中损失 4 000 斤（运输途中管理不善造成的）；购入生产用煤炭，取得增值税专用发票，注明价款 10 万元、增值税税额为 1.3 万元，支付运输费用取得增值税专用发票，注明运费 4 万元，增值税税额为 0.36 万元；从远大公司（生产型小规模纳税人）购进劳保用品，取得税务机关代开的增值税专用发票，注明价款 1.5 万元，增值税税额为 0.045 万元。

（2）销售瓶装粮食白酒 20 000 斤，开具增值税专用发票，取得不含税销售额 31 万元，同时收取包装物押金 3.39 万元；销售散装薯类白酒 20 000 斤，开具普通发票，取得含税销售收入 23.73 万元；向当地白酒节捐赠特制粮食白酒 500 斤；用 5 吨特制粮食白酒与供货方换取原材料，合同规定，该特制粮食白酒按平均售价计价，供货方提供的原材料价款 20 万元，供货方开具了税额为 2.6 万元的增值税专用发票，酒厂开具了税款为 3.52 万元的增值税专用发票。特制粮食白酒最高售价 25 元 / 斤，平均售价 22 元 / 斤（售价为不含增值税售价）。

（3）将试制的新型干红酒 10 000 斤发给职工作为福利，成本价为 1.4 万元，该产品无同类产品市场价格（消费税税率 10%，成本利润率 5%）。

（4）将 2015 年 2 月购买的一台设备对外出售，售价为 33.9 万元。

（5）生产车间领用煤炭 600 吨，职工食堂及浴池领用外购煤炭 10 吨，每吨不含税价格 400 元。

（6）经批准进口一辆小轿车企业自用，消费税税率为 5%，成交价格为境外离岸价格（FOB）3.22 万美元，境外运费及保险费共计 0.4 万美元（小轿车关税税率 50%，汇率 1 美元 =7 元）。

（7）因为管理不善，库存的外购农产品发生霉烂，账面成本为 6.09 万元；因管理不善，丢失上月从一般纳税人购进的生产用煤炭一批，账面成本为 2 万元。（有关票据均在当月通过税务机关的认证并抵扣，小轿车消费税税率 5%。）

要求（计算结果以万元为单位）：

（1）计算该酒厂本月应纳增值税税额；

（2）计算该酒厂本月应纳消费税税额；

（3）计算该酒厂本月进口小轿车应交税金；

（4）计算该酒厂本月受托加工代收代缴的消费税税额。

项目四

关税智慧化申报与管理

第一部分　知识点回顾

一、关税纳税人和征税对象的确定

关税是海关对进出境货物、物品征收的一种税。

提示

国境是一个国家以边界为界限，全面行使主权的境域，包括一个国家全部的领土、领海和领空。关境是一个国家海关法令完全施行的境域，也叫“海关境域”或“关税领域”。一般情况下一个国家的国境与关境是一致的，但当一个国家在国境内设立自由贸易区、自由贸易港、保税区或保税仓库时，这些区域就关税而言处在关境之外，此时关境小于国境，如我国的香港、澳门特别行政区；当几个国家组成关税同盟时，各成员国之间互相取消关税，对外实行共同关税税则，此时就成员国而言其关境大于国境，如欧洲联盟。

1. 纳税义务人

进口货物的收货人、出口货物的发货人、进境物品的携带人或者收件人都是关税的纳税人。进出口货物的收、发货人是依法取得对外贸易经营权，并进口或者出口货物的法人或者是其他社会团体。进境物品的携带人或者收件人是指携带物品进境的携带人和以邮递方式进境物品的收件人，一般情况下，对分离运输的行李，推定相应的进境旅客为携带人。

2. 征税对象

关税征收的对象是中华人民共和国准许进出境的货物、进境物品。货物是指贸易性的进出口商品；物品是指非贸易性物品，主要是指入境旅客随身携带的行李物品、个人邮递物品、各种运输工具上的服务人员携带进口的自用物品、馈赠物品以及以其他方式进境的个人物品。

二、关税税率及运用

（一）进口关税税率

进口关税税率分为最惠国税率、协定税率、特惠税率、普通税率等，一定时期内可实行暂定税率。按照国家规定实行关税配额管理的进口货物，在关税配额以内的，适用关税配额税率。

（二）出口关税税率

现行税则对102个商品计征出口关税，主要是鳗鱼苗、部分有色金属矿砂及其精矿、生锑、磷、氟钽酸钾、苯、山羊板皮、部分铁合金、钢铁废碎料、铜和铝原料及其制品、镍锭、锌锭、锑锭，实行0~40%的税率。

（三）进境物品进口税率

进境物品的关税以及进口环节海关代征的增值税和消费税合并为进口税，也称行李和邮递物品进口税。税率一般为13%~50%。

（四）税率的运用

《中华人民共和国关税法》（简称《关税法》）规定，进出口货物应当按照税则规定的归类原则归入合适的税号，并按照适用的税率征税。

（1）进出口货物，应当按照纳税义务人申报进口或者出口之日实施的税率征税。

（2）进口货物到达前，经海关核准先行申报的，应当按照装载此项货物的运输工具申报进境之日实施的税率征税。

（3）有下列情形之一的，应当适用海关接受申报办理纳税手续之日实施的税率：①保税货物不复运出境，转为内销；②减免税货物经批准转让、移作他用或者进行其他处置；③暂时进境货物不复运出境或者暂时出境货物不复运进境；④租赁进口货物留购或者分期缴纳税款。

（4）进出口货物的补税和退税，除税法规定的特别情况外，适用该进出口货物原申报进口或者出口之日所实施的税率。

三、关税税收优惠

关税减免是对某些纳税人和征税对象给予鼓励和照顾的一种特殊调节手段。关税减免分为法定减免和专项优惠政策。

（一）法定减免

法定减免是税法中明确列出的减税或免税。我国《关税法》等相关法律明确规定了9种情形的进口货物、物品予以减免关税。

（二）专项优惠政策

根据维护国家利益、促进对外交往、经济社会发展、科技创新需要或者由于突发事件等原因，国务院可以制定关税专项优惠政策，报全国人民代表大会常务委员会备案。

四、关税税款计算

（一）关税计税价格的计算

1. 进口货物计税价格的计算

进口货物的计税价格以该货物的成交价格以及该货物运抵中华人民共和国境内输入

地点起卸前的运输及其相关费用、保险费为基础确定。成交价格是指卖方向我国境内销售该货物时买方为进口该货物向卖方实付、应付的价款总额，包括直接支付的价款和间接支付的价款。

对于成交价格不符合成交条件或成交价格不能确定的进口货物，海关经了解有关情况，并与纳税义务人进行价格磋商后，参照同期进口的相同货物或类似货物的成交价格依一定程序估定该货物的计税价格。

2. 出口货物计税价格的计算

出口货物的计税价格以该货物的成交价格以及该货物运至我国境内输出地点装载前的运输及其相关费用、保险费为基础确定。出口货物的成交价格，是指该货物出口时卖方为出口该货物应当向买方直接收取和间接收取的价款总额。出口关税不计入计税价格。

（二）关税税额的计算

1. 从价计征应纳税额的计算

关税税额 = 应税进（出）口货物计税价格 × 比例税率

2. 从量计征应纳税额的计算

关税税额 = 应税进（出）口货物数量 × 单位定额税率

3. 复合计征应纳税额的计算

关税税额 = 应税进（出）口货物计税价格 × 比例税率
+ 应税进（出）口货物数量 × 单位定额税率

五、关税纳税申报

1. 关税的纳税期限

进口货物的收货人应当自运输工具申报进境之日起 14 日内，出口货物的发货人除海关特准的外应当在货物运抵海关监管区后、装货的 24 小时以前，向海关申报税额，并提供相关资料。

进出口货物的纳税人、扣缴义务人应当自完成申报之日起 15 日内缴纳税款。纳税人、扣缴义务人未在规定的纳税期限内缴纳税款的，自规定的期限届满之日起，按日加收滞纳税款万分之五的滞纳金。税款尚未缴纳，纳税人、扣缴义务人依照有关法律、行政法规的规定申请提供担保要求放行货物的，海关应当依法办理担保手续。

2. 关税的税收保全与强制执行

进出口货物的纳税人在规定的纳税期限内有转移、藏匿其应税货物以及其他财产的明显迹象，或者存在其他可能导致无法缴纳税款风险的，海关可以责令其提供担保。

纳税人、扣缴义务人未按照规定的期限缴纳或者解缴税款的，由海关责令其限期缴纳；逾期仍未缴纳且无正当理由的，经直属海关关长或者其授权的隶属海关关长批准，海关可以实施强制执行措施。

3. 关税的退补

海关发现多征税款的，应当及时通知纳税人办理退还手续；纳税人发现多缴税款的，可以自缴纳税款之日起3年内，向海关书面申请退还多缴的税款。

自纳税人、扣缴义务人缴纳税款或者货物放行之日起3年内，海关有权对纳税人、扣缴义务人的应纳税额进行确认。海关确认的应纳税额与纳税人、扣缴义务人申报的税额不一致的，海关应当向纳税人、扣缴义务人出具税额确认书。纳税人、扣缴义务人应当按照税额确认书载明的应纳税额，在海关规定的期限内补缴税款。

因纳税人、扣缴义务人违反规定造成少征或者漏征税款的，海关可以自缴纳税款或者货物放行之日起3年内追征税款，并自缴纳税款或者货物放行之日起，按日加收少征或者漏征税款万分之五的滞纳金。对走私行为，海关追征税款、滞纳金的，不受规定期限的限制，并有权核定应纳税额。

六、关税涉税风险与管理

（1）分析关税税收风险点。企业需要根据实际情况，分析企业在关税计税价格、关税征收管理等方面可能存在的关税税收风险点。

（2）进行关税税收风险自我评价。企业进出口货物后，需要定期对进出口业务涉及的税收问题进行自我评价，以应对税务机关对企业的税务约谈和实地核查工作。

第二部分　职业判断能力训练

一、单项选择题

1. 下列各项中符合关税有关规定的是（　　）。

A. 减免税货物经批准转让、移作他用的，按照原进口之日的税率计税

B. 溢卸进口货物事后确定需要补税的，按照确定补税当天实施的税率计税

C. 因纳税人违反规定需要追征税款的，按照原报关进口之日的税率计税

D. 进口货物应当适用海关接受该货物申报进口或者出口之日实施的税率

2. 某企业海运进口一批货物，海关审定货价折合人民币5 000万元，运费折合人民币20万元，该批货物进口关税税率为5%，则应纳关税（　　）万元。

A. 250　　B. 251　　C. 251.75　　D. 260

3. 某进出口公司（增值税一般纳税人）2025年6月进口一批机器设备共20台，每台价格为12万元人民币，包括运抵我国大连港起卸前的包装、运输、保险和其他劳务费用共计5万元；另外，销售商单独向该进出口公司收取设备包装材料费8万元，境内安装费用5万元，技术支持费用7万元。假设该类设备进口关税税率为50%，境内运费已经取得合法的增值税专用发票。该公司应缴纳的关税是（　　）元。

A. 2 540 000　　B. 2 320 000

C. 1 850 000　　D. 1 240 000

4. 下列关税计税价格的陈述，不正确的是（　　）。

A. 内销的来料加工进口料件或其制成品（包括残次品、副产品），以料件原进口时的价格估定

B. 加工贸易加工过程中产生的边角料，以申报内销时的价格估定

C. 出口加工区内的加工企业内销的制成品（包括残次品、副产品），以制成品申报内销时的价格估定

D. 内销的进料加工进口料件或其制成品（包括残次品、副产品），以料件原进口时的价格估定

5. 加工贸易进口料件及其制成品需征税的，海关应按照一般进口货物的规定审定计税价格。下列各项中，符合审定计税价格规定的是（　　）。

A. 进口时需征税的进料加工进口料件，以该料件申报进口时的价格估定

B. 内销的进料加工进口料件或其制成品，以该料件申报进口时的价格估定

C. 内销的来料加工进口料件或其制成品，以该料件申报进口时的价格估定

D. 出口加工区内的加工企业内销的制成品，以该料件申报进口时的价格估定

6. 下列各项符合关税有关对特殊进口货物计税价格规定的是（　　）。

A. 运往境外加工的货物，应以加工后进境时的到岸价格为计税价格

B. 准予暂时进口的施工机械，按同类货物的到岸价格为计税价格

C. 转让进口的免税旧货物，以原入境的到岸价为计税价格

D. 留购的进口货样，以留购价格作为计税价格

7. 下列各项符合关税法定免税规定的是（　　）。

A. 保税区进出口的基建物资和生产用车辆

B. 边境贸易进出口的基建物资和生产用车辆

C. 关税税款在人民币 100 元以下的一票货物

D. 经海关核准进口的无商业价值的广告品和货样

8. 关税纳税义务人因不可抗力或者在国家税收政策调整的情形下，不能按期缴纳税款的，经海关总署批准，可以延期缴纳税款，但最多不得超过（　　）个月。

A. 3　　B. 6

C. 9　　D. 12

9. 以下进口的货物，海关可以酌情减免关税的是（　　）。

A. 进口 1 年内在境内使用的货样

B. 为制造外销产品而进口的原材料

C. 在境外运输途中遭受损坏的物品

D. 外国政府赠送的物资

10. 任何国家或者地区对其进口的原产于我国的货物征收歧视性关税或者给予其他歧视性待遇的，我国对原产于该国家或者地区的进口货物征收（　　）。

A. 保障性关税　　B. 报复性关税

C. 反倾销税　　D. 反补贴税

11. 海关对逾期未缴的关税，按日加收（　　）滞纳金。

A. 0.2%　　B. 0.05%

C. 2%　　D. 0.1%

12. 在进口货物正常成交价格中若含（　　），可以从中扣除。

A. 包装费　　B. 运输费

C. 卖方付的回扣　　D. 保险费

13. 进出口货物的纳税人或代理人，应当自海关填发税款缴纳书之日起（　　）日内缴纳税款。

A. 5　　B. 10

C. 15　　D. 30

14. 征收特别关税由（　　）决定。

A. 海关总署　　B. 国家税务总局

C. 财政部　　D. 国务院关税税则委员会

15.《中华人民共和国关税法》规定，关税税额在人民币（　　）内的一票货物，可以免税。

A. 5 元　　B. 10 元

C. 100 元　　D. 国务院规定的免征额度

16. 因收发货人或其代理人违反规定而造成的少征或漏征的税款，自纳税义务人应缴纳税款之日起，海关在（　　）年内可以追征。

A. 1　　B. 2　　C. 3　　D. 5

17. 下列项目不计入进口计税价格的是（　　）。

A. 货物价款　　B. 进口关税

C. 运杂费　　D. 由买方负担的包装费

18. 某外贸企业收购一批货物出口，离岸价格 15 万元，该批货物应纳出口关税（关税税率为 50%）为（　　）万元。

A. 5　　B. 7.5　　C. 10　　D. 15

19. 某公司进口一批货物，海关于 2025 年 6 月 1 日填发关税专用缴款书，但公司迟至 6 月 27 日才缴纳 500 万元的关税。海关应征收关税滞纳金（　　）万元。

A. 2.75　　B. 3　　C. 6.5　　D. 6.75

二、多项选择题

1. 下列货物、物品进境时属于关税纳税对象的有（　　　　）。

A. 个人邮递物品　　B. 馈赠物品

C. 贸易性商品　　D. 海员自用物品

2. 进口货物的关税税率形式有（　　　　）。

A. 最惠国税率　　B. 协定税率　　C. 特惠税率　　D. 普通税率

3. 以下属于关税的减免项目的有（　　　　）。

A. 关税税额在人民币 500 元以下的一票货物

B. 无商业价值的广告品和货样

C. 外国政府、国际组织无偿赠送的物资

D. 在海关放行前有些变质的货物

4. 进口货物的计税价格包括（　　　　）。

A. 由买方负担的购货佣金以外的佣金和经纪费

B. 由买方负担的在审查确定计税价格时与该货物视为一体的容器的费用

C. 由买方负担的包装材料费用和包装劳务费用

D. 进口货物运抵境内输入地点起卸后的运输及其相关费用、保险费

5. 出口货物离岸价格可扣除（　　　　）。

A. 出口关税

B. 出口货物国内段运输、装卸等费用

C. 售价中包含的离境口岸至境外口岸之间的运输费用

D. 包含在成交价格中的支付给境外的佣金

6. 在关税征收管理规定中，关于补征和追征的期限为（　　　　）。

A. 补征期 1 年内　　B. 追征期 1 年内

C. 补征期 3 年内　　D. 追征期 3 年内

7. 下列应征进口关税的货物有（　　　　）。

A. 运往境外加工复运进境的货物

B. 正在国内举办展览会的进口汽车展品

C. 外国政府无偿赠送的物资

D. 海关核准免验进口的物资

8. 关税的纳税人包括（　　　　）。

A. 进口货物的收货人

B. 进口个人邮件的收件人

C. 进口货物的发货人

D. 携带进境物品的携带人

9. 下列未包含在进口货物价格中的项目，应计入关税计税价格的有（　　　　）。

A. 由买方负担的购货佣金

B. 由买方负担的包装材料费和包装劳务费

C. 由买方支付的进口货物在境内的复制权费

D. 由买方负担的与该货物视为一体的容器费用

10. 下列进口货物，海关可以酌情减免关税的有（　　）。
   A. 在境外运输途中或者起卸时，遭受损坏或者损失的货物
   B. 起卸后海关放行前，因不可抗力遭受损坏或者损失的货物
   C. 海关查验时已经破漏、损坏或者腐烂，经查为保管不慎的货物
   D. 因不可抗力，缴税确有困难的纳税人进口的货物
11. 下列关于海关进出口税则的陈述，正确的有（　　）。
   A. 进出口税则是一国政府根据国家关税政策和经济政策，通过一定的立法程序制定、公布、实施的进出口货物和物品应税的关税税率表
   B. 进出口税则以税率表为主体，通常还包括实施税则的法令、使用税则的有关说明和附录等
   C.《中华人民共和国进出口税则》是我国海关凭以征收关税的法律依据，也是我国关税政策的具体体现
   D. 税率表作为税则主体，包括税则商品分类目录和税率栏两大部分
12. 下列各项中，属于关税法定纳税义务人的有（　　）。
   A. 进口货物的收货人　　B. 进口货物的代理人
   C. 出口货物的发货人　　D. 出口货物的代理人
13. 我国特别关税的种类包括（　　）。
   A. 报复性关税　　B. 保障性关税
   C. 进口附加税　　D. 反倾销税与反补贴税
14. 下列出口货物计税价格确定方法中，符合关税法规定的有（　　）。
   A. 海关依法估价确定的计税价格
   B. 以成交价格为基础确定的计税价格
   C. 根据境内生产类似货物的成本、利润和费用计算出的价格
   D. 与该货物同时或者大约同时向我国境内销售的类似货物的成交价格
15. 下列费用中，如能与该货物实付价格区分，不得列入计税价格的有（　　）。
   A. 进口关税及其他国内税
   B. 货物运抵境内输入地点之后的运输费用
   C. 买方为购进货物向代表双方利益的经纪人支付的劳务费
   D. 工业设施、机械设备类货物进口后发生的基建、安装、调试、技术指导等费用
16. 关于计税价格，下列说法正确的有（　　）。
   A. 加工贸易进口料件及制成品凡内销需补税的，要按一般进口货物的计税价格规定来审定计税价格
   B. 租赁方式进口的留购货物，应以该同类货物进口时到岸价格作为计税价格
   C. 接受捐赠进口的货物如有类似货物成交价格的，应按该类似货物成交价格作为计税价格

D. 出口的货物一般以境外买方向卖方实付或应付的货价为基础确定完税价格

17. 进口货物中存在下列情形，经海关查明属实，可以酌情减免关税的有（ ）。

A. 在境外运输途中或者在起卸时遭受损坏

B. 无商业价值的广告品和货样

C. 海关放行后，因不可抗力遭受损坏或者损失

D. 海关查验时已经破漏、损坏或者腐烂，经证明不是保管不慎造成的

18.《中华人民共和国海关法》规定，减免进出口关税的权限属于中央政府，关税的减免形式有（ ）。

A. 法定减免　　B. 专项优惠政策

C. 困难减免　　D. 地方减免

三、判断题

（ ）1. 关税的征税对象是贸易性商品，不包括入境旅客携带的个人行李和物品。

（ ）2. 关税计税价格是纳税人向海关申报的价格，即货物实际成交价格。

（ ）3. 出口货物的计税价格，是由海关以该货物向境外销售的成交价格为基础审查确定，包括货物运至我国境内输出地点装卸前的运输费、保险费，但不包括出口关税。

（ ）4. 远洋客轮上的船员携带进口的自用物品，不属于关税征税对象。

（ ）5. 进口人向境外卖方支付的佣金，构成关税计税价格；而进口人向境外采购代理人支付的买方佣金，不构成关税计税价格。

（ ）6. 如果在某国国境内设有自由贸易港，那么此时关境大于国境。

（ ）7. 实际成交价格是一般贸易项下进出口货物的买方为购买该货物向卖方实际支付或应当支付的价格。

（ ）8. 外国政府、国际组织、国际友人和我国港、澳、台同胞无偿赠送的物资，经海关审查无误，可以免税。

（ ）9. 关税的补征是因纳税人违反海关规定造成少征关税。

（ ）10. 对已征出口关税的出口货物和已征进口关税的进口货物，因某种原因复运进境或出境的，经海关查验属实的，应退还已征的关税。

（ ）11. 出口货物以海关审定的成交价格为基础的售予境外的离岸价格作为关税的计税价格。

（ ）12. 运往境外加工的货物，出境时向海关报明，并在海关规定期限内复运进境的，应当以加工后的货物进境时的到岸价作为计税价格。

（ ）13. 进口货物，因收发货人或者他们的代理人违反规定而造成的关税少征或漏征，海关在 3 年内可以追征，有特殊情况的，追征期可以延长到 10 年。

（ ）14. 我国对少数进口商品计征关税时所采用的滑准税实质上是一种特殊的从

价税。

（　　）15. 海关在对进出口货物的计税价格进行审定时，可以进入进出口货物收发货人的生产经营场所，检查与进出口活动有关的货物和生产经营情况，但不可以进入该收发货人的业务关联企业进行检查。

（　　）16. 在海关对进出口货物进行计税价格审定时，如海关不接受申报价格，而认为有必要估定计税价格时，可以与进出口货物的纳税义务人进行价格磋商。

（　　）17. 在确定进口货物计税价格时，货物成交价格中含进口人向卖方支付的佣金，应该从计税价格中扣除。

（　　）18. 某企业向海关报明后将一台价值 65 万元的机械运往境外修理，机械修复后准时复运进境。假设该机械的关税税率为 5%，支付的修理费和料件费为 35 万元（经海关审查确定），该企业缴纳的关税应为 1.75 万元。

（　　）19. 征收特别关税的货物、适用国别、税率、期限和征收办法，由国家税务总局和海关总署共同决定。

四、计算题

1. 某公司从日本进口 500 吨化肥，货物以境外口岸离岸价格成交，每吨 2 000 美元，外汇牌价为 1 美元 =7 元人民币，货物运达我国境内输入地点起卸前的运输费、保险费和其他劳务费用为每吨人民币 1 000 元，关税税率为 10%。

要求：计算该公司应缴纳的关税税额。

2. 信光公司从德国进口商品一批，货价为 420 万元，运费为 80 万元，保险费按货价加运费的 0.3%确定，其他杂费为 10 万元，关税税率为 20%。

要求：计算信光公司应纳关税税额、海关代征的增值税税额。

3. 某公司出口生丝一批，离岸价格为 450 万元人民币，关税税率为 50%。

要求：计算该公司应纳出口关税并进行会计处理。

4. 1 月某印刷厂将一台印刷机运往香港修理，出境时已向海关报明该台机械的原值为 200 万元。6 月此台印刷机按海关规定期限复运进境，海关审查确定的修理费为 40 万元，料件费 60 万元。该印刷机复运进境时的市价为 300 万元，关税税率为 10%。

要求：计算该印刷机应纳的关税税额。

5. 某外贸公司 2025 年 6 月发生以下业务：

经有关部门批准从境外进口小汽车 20 辆，每辆货价 20 万元，运抵我国海关前的运输费、保险费为每辆 2 万元。公司向海关缴纳了相关税款，并取得了完税凭证。

该外贸公司委托运输公司将小汽车从海关运回本单位，支付运费取得增值税专用发票，注明运费 5 万元，税款 0.45 万元。当月售出小汽车 16 辆，每辆含税销售额 56.5 万元，公司自用 2 辆小汽车作为本单位固定资产。（小汽车关税税率为 25%，增值税税率为 13%，消费税税率为 5%。）

要求：

（1）计算该外贸公司在进口小汽车环节应缴纳的关税税额、增值税税额和消费税税额。

（2）计算该外贸公司国内销售小汽车环节 6 月份应缴纳的增值税税额。

6. 某进出口公司从美国进口一批化工原料共 500 吨，货物以境外口岸离岸价格成交，单价折合人民币为 20 000 元，买方承担包装费每吨 500 元，另向卖方支付佣金每吨 1 000 元人民币，向自己的采购代理人支付佣金 5 000 元人民币，已知该货物运抵中国海关境内输入地起卸前的包装、运输、保险和其他劳务费用为每吨 2 000 元人民币，进口后另发生运输和装卸费用 300 元人民币。

要求：计算该批化工原料的关税计税价格。

7. 某医院 2019 年以 150 万元（人民币，下同）的价格进口了一台医疗仪器。2025 年 1 月因出现故障运往日本修理（出境时已向海关报明），2025 年 5 月，按海关规定的期限复运进境。此时，该仪器的国际市场价已为 200 万元。若经海关审定的修理费和料件费为 40 万元，进口运费 1 万元，进口关税税率为 6%。

要求：计算该仪器复运进境时，应缴纳的进口关税税额。

8. 某进出口公司从美国进口货物一批，货物以离岸价格成交，成交价折合人民币为 1 410 万元（包括单独计价并经海关审查属实的向境外采购代理人支付的买方佣金 10 万元，但不包括使用该货物而向境外支付的软件费 50 万元、向卖方支付的佣金 15 万元），另支付货物运抵我国上海港的运费、保险费等 35 万元。假设该货物适用的关税税率为 20%、增值税税率为 13%、消费税税率为 10%。

要求：请分别计算该公司应纳关税税额、消费税税额和增值税税额。

9. 某公司进口货物一批，CIF 成交价格为人民币 600 万元，含单独计价并经海关审核属实的进口后装配调试费用 30 万元，该货物进口关税税率为 10%，海关填发税款缴纳证日期为 2025 年 6 月 10 日，该公司于 6 月 25 日缴纳税款。

要求：计算其应纳关税税额及滞纳金。

第三部分　职业实践能力训练

一、任务目标

1. 能够计算关税计税价格；

2. 能够计算关税税额；

3. 能够填制进口货物报关单；

4. 能够填制关税专用缴款书。

二、任务描述

1. 根据 ABC 公司的进口业务，计算关税计税价格；

2. 根据进口货物的计税价格和适用税率，计算关税税额；

3. 根据 ABC 公司基本资料、进口发票、装箱单填制进口货物报关单；

4. 根据上述资料，填写关税专用税收缴款书。

三、操作准备

1. 学习《中华人民共和国关税法》《中华人民共和国进出口税则》等相关法律法规；
2. 在税务实训室进行，准备企业基本情况、进出口业务等资料；
3. 准备中华人民共和国海关进口货物报关单、海关进口关税专用缴款书。

四、实训材料

1. 企业基本情况：

ABC 广州有限公司（简称“ABC 公司”）位于广州经济技术开发区，海关注册编号为 3144012422A31DGT03，202× 年 7 月进口商品一批，“入境货物通关单”（代码及编号 A：442100104064457），法定计量单位为千克，货物于 202× 年 7 月 16 日运抵口岸，当日向黄埔海关新港办（关区代码为 5202）办理进口申报手续，保险费率为 0.3%，关税税率为 5%，汇率：100USD=665RMB。

2. 该批进口商品的发票、装箱单、中华人民共和国海关进口货物报关单、海关进口（　）税专用缴款书如表 4-1~ 表 4-4 所示。

表 4-1　发　　票

ABC(GUANGZHOU) CO.,LTD.

NO. ××FENGHUA ROAD,GUANGZHOU,CHINA

COMMERCIAL INVOICE

CONSIGNEE:
ABC(GUANGZHOU) CO.,LTD.
NO.×× FENGHUA ROAD,GUANGZHOU,CHINA
INVOICE NO.:BL04060643
CONTRACT NO.:ABC-1001
SHIPPER:
ABC(HONGKONG) CO.,LTD.
ROOM×××,SHATINGALLERIA
MEISTREET,FOTAN,N.T,HONGKONG
DATE:07/07/202×
REFERENCE NO. :HB184004
SHIPMENT FROM KUNSAN,KOREA TO HUANGPU,CHINA VIA HONGKONG

SHIPPING MARKS	DESCRIPTION	QTY	UNIT PRICE	AMOUNT
N/M	“HI-QBRAND” ART PAPER 039-44	16 314KG 16ROLLS	0.804 0	CFR HUANGPU US$13 116.45
TOTAL		16 314KG 16ROLLS		US$13 116.45

表 4-2　装　箱　单

ABC(GUANGZHOU)CO.,LTD.

NO.×× FENGHUA ROAD,GUANGZHOU,CHINA

PACKING LIST

DATE:10/07/202×

TO:HUANGPU,CHINA

SHIPMENT FROM KUNSAN,KOREA TO HUANGPU,CHINA VIA HONGKONG

VESSEL AND VOAGE　　NO.:穗德航 30/4Y0708

B/L NO.:SG40746

DESCRIPTION	QTY	WEIGHT	NET WEIGHT	MEASUREMENT
"HI-QBRAND" ART PAPER 039-44 HS:48101300.10	16 314KG 16ROLLS	16 362	16 314	
		16 362	16 314	

CONTAINER NO.:TEXU2263978 TAREWGT 2 280KG

表 4-3　中华人民共和国海关进口货物报关单

中华人民共和国海关进口货物报关单

预录入编号:　　　　　　　　　　海关编号:

收发货人	进口口岸		进口日期	申报日期
消费使用单位		运输方式	运输工具名称	提运单号
申报单位		监管方式	征免性质	备案号
贸易国(地区)	起运国(地区)	装货港	境内目的地	
批准文号	成交方式	运费	保费	杂费
合同协议号	件数	包装种类	毛重(千克)	净重(千克)
集装箱号		随附单据		用途
标记唛码及备注				
项号　商品编码　商品名称、规格型号　数量及单位　原产国(地区)　单价　总价　币值　征免				

续表

<table>
<tr><td colspan="3">特殊关系确认：　　　　价格影响确认：　　　　支付特许权使用费确认：</td></tr>
<tr><td>录入员　　录入单位</td><td rowspan="2">兹申明对以上内容承担如实申报、依法纳税之法律责任

申报单位</td><td rowspan="2">海关批注及签章</td></tr>
<tr><td>报关人员</td></tr>
</table>

表 4–4　海关进口（　　）税专用缴款书

海关进口（　　）税专用缴款书

收入系统：海关系统　　填发日期：　　年　　月　　日　　　号码：

<table>
<tr><td rowspan="3">收款单位</td><td>收入机关</td><td colspan="3"></td><td rowspan="3">缴款单位（人）</td><td>名　　称</td><td></td></tr>
<tr><td>科　　目</td><td></td><td>预算级次</td><td></td><td>账　　号</td><td></td></tr>
<tr><td>收缴国库</td><td colspan="3"></td><td>开户银行</td><td></td></tr>
<tr><td>税号</td><td>货物名称</td><td>数量</td><td>单位</td><td>计税价格（¥）</td><td>税率（%）</td><td>税款金额（¥）</td></tr>
<tr><td></td><td></td><td></td><td></td><td></td><td></td><td></td></tr>
<tr><td colspan="5">金额人民币（大写）</td><td colspan="2">合计（¥）</td></tr>
<tr><td>申请单位编号</td><td></td><td>报关单编号</td><td></td><td rowspan="3">填制单位</td><td rowspan="3">收款国库（银行）</td></tr>
<tr><td>合同（批文）号</td><td></td><td>运输工具（号）</td><td></td></tr>
<tr><td>缴款期限</td><td></td><td>提 / 装货单号</td><td></td></tr>
<tr><td>备注</td><td colspan="3"></td><td>制单人
复核人</td><td></td></tr>
</table>

第一联：（收据）国库收款签章后交缴款单位或缴纳人

从填发缴款书之日起限 15 日内缴纳（期末遇法定节假日顺延），逾期按日征收税款总额万分之五的滞纳金。

第四部分 职业拓展能力训练

M公司为有进出口经营权的外贸公司，2025年6月和7月发生以下经营业务：

（1）6月10日，经有关部门批准从境外进口小轿车30辆，每辆小轿车货价15万元，运抵我国海关前发生的运输费用、保险费用无法确定，经海关查实其他运输公司相同业务的运输费用占货价的比例为2%。向海关缴纳了相关税款，并取得了完税凭证。

公司委托运输公司将小轿车从海关运回本单位，支付运输公司运输费用取得增值税专用发票，注明运费9万元，税款0.81万元。当月售出24辆，每辆取得含税销售额39.55万元，公司自用2辆并作为本企业固定资产。

（2）6月15日，将上月购进的库存材料（价款为40万元）经海关核准委托境外公司加工为一批货物，月末该批加工货物在海关规定的期限内复运进境供销售，支付给境外公司的加工费为20万元；进境前的运输费和保险费共3万元。向海关缴纳了相关税款，并取得了完税凭证。

（3）7月5日，进口高档化妆品一批，支付国外卖家企业买价220万元、国外采购代理人佣金6万元、国外经纪费4万元；支付运抵我国海关所在地前的运输费用20万元、装卸费用和保险费用11万元；支付从海关所在地至商贸公司的运输费用，取得增值税专用发票，注明运费8万元，税款0.72万元；装卸费用取得增值税专用发票，注明装卸费3万元，税款0.18万元。

提示：进口和内销增值税税率为13%；进口小轿车关税税率为25%、货物和高档化妆品关税税率为20%；小轿车消费税税率为9%、高档化妆品消费税税率为15%。

要求：

（1）计算小轿车在进口环节应缴纳的关税税额、消费税税额和增值税税额；

（2）计算加工货物在进口环节应缴纳的关税税额、增值税税额；

（3）计算国内销售环节6月份应缴纳的增值税税额；

（4）计算高档化妆品进口环节应缴纳的关税税额、消费税税额、增值税税额。

项目五

企业所得税智慧化申报与管理

第一部分　知识点回顾

一、企业所得税纳税人和征税对象的确定

企业所得税的纳税人为在中华人民共和国境内的企业和其他取得收入的组织（以下统称企业）。除个人独资企业、合伙企业不征收企业所得税外，其他企业均为企业所得税的纳税人，分为居民企业和非居民企业。纳税人和征税对象见表 5–1。

表 5–1　纳税人和征税对象

纳税人	判定标准	征收对象
居民企业	依照中国法律、法规在中国境内成立的企业，如外商投资企业	来源于中国境内、境外的所得
居民企业	依照外国（地区）法律、法规成立但实际管理机构在中国境内的企业	来源于中国境内、境外的所得
非居民企业	依照外国（地区）法律、法规成立且实际管理机构不在中国境内，但在中国境内设立机构、场所的企业	来源于中国境内的所得以及发生在中国境外但与其机构、场所有实际联系的所得
非居民企业	在中国境内未设立机构、场所，但有来源于中国境内所得的企业	来源于中国境内的所得

二、企业所得税税收优惠

企业所得税的优惠政策很多，可分为基本税收优惠政策、专项税收优惠政策和过渡性税收优惠，详见表 5–2。

表 5–2　企业所得税的税收优惠

优惠措施	具体项目
免征与减征	(1) 从事农、林、牧、渔业项目的所得：除花卉、茶以及其他饮料作物、香料作物的种植，海水养殖、内陆养殖所得实行减半征收外，其他所得免税； (2) 从事国家重点扶持的公共基础设施项目投资经营的所得，自项目取得第一笔生产经营收入所属纳税年度起，三免三减半；

续表

优惠措施	具体项目
免征与减征	(3) 从事符合条件的环境保护、节能节水项目的所得，自项目取得第一笔生产经营收入所属纳税年度起，三免三减半； (4) 符合条件的技术转让所得，居民企业转让技术所有权不超过 500 万元的部分，免征企业所得税；超过 500 万元的部分，减半征收企业所得税
加计扣除	(1) 开发新技术、新产品、新工艺发生的研究开发费用：按研发费用的 100% 加计扣除；形成无形资产的，按照无形资产成本的 200% 摊销。 (2) 安置残疾人员及国家鼓励安置的其他就业人员所支付的工资：100% 加计扣除
抵扣应纳税所得额	创业投资企业从事国家需重点扶持和鼓励的创业投资，可以按照其投资额的 70% 在股权持有满 2 年的当年抵扣该创业投资企业的应纳税所得额；当年不足抵扣的，可以在以后纳税年度结转抵扣
加速折旧	缩短折旧年限法、加速折旧法： (1) 由于技术进步，产品更新换代较快的固定资产； (2) 常年处于强震动、高腐蚀状态的固定资产； 【提示】采取缩短折旧年限法的，最低折旧年限不得低于法定折旧年限的 60%；采取加速折旧法的，可以采取双倍余额递减法或者年数总和法
减计收入	企业综合利用资源，生产符合国家产业政策规定的产品所取得的收入减按 90% 计入收入总额
税额抵免	企业购置用于环境保护、节能节水、安全生产等专用设备的投资额的 10% 从企业当年的应纳税额中抵免，当年不足抵免的，可以在以后 5 个纳税年度结转抵免
非居民企业优惠	(1) 减按 10% 的税率征收企业所得税； (2) 下列所得免征企业所得税： ① 外国政府向中国政府提供贷款取得的利息所得； ② 国际金融组织向中国政府和居民企业提供优惠贷款取得的利息所得； ③ 经国务院批准的其他所得
过渡政策	① 低税率优惠过渡政策； ② 两免三减半、五免五减半过渡政策； ③ 西部大开发税收优惠； ④ 原外商投资企业过渡优惠

三、企业所得税税款计算

（一）应纳税所得额的确定

利润总额 = 营业收入 − 营业成本 − 税金及附加 − 期间费用 − 减值损失
+ 各类收益 + 营业外收入 − 营业外支出

应纳税所得额 = 利润总额 − 境外所得额 + 纳税调整增加额 − 纳税调整减少额
− 免税、减计收入及加计扣除 + 境外应税所得抵减境内亏损
− 所得减免额 − 抵扣应纳税所得额 − 弥补以前年度亏损

1. 利润总额的计算

（1）营业收入，是指纳税人当期发生的，以货币形式和非货币形式从各种来源取得的收入，包括会计核算中的主营业务收入和其他业务收入。

（2）营业成本，是指纳税人经营主要业务和其他业务发生的实际成本总额，包括会计核算中的主营业务成本和其他业务成本。

（3）税金及附加，是指纳税人发生的除企业所得税和允许抵扣的增值税以外的各项税金及其附加。

（4）期间费用，是指企业在生产经营活动中发生的销售费用、管理费用、研发费用和财务费用，已经计入成本的有关费用除外。

（5）减值损失，是指纳税人计提的各项减值准备所形成的损失。

（6）各类收益，包括其他收益、投资收益、净敞口套期收益、公允价值变动收益、资产处置收益。

（7）营业外收入，是指纳税人发生的与其经营活动无直接关系的各项收入。

（8）营业外支出，是指纳税人发生的与其经营活动无直接关系的各项支出。

2. 应纳税所得额的计算

（1）计算纳税调整额。

① 收入类纳税调整项目。

a. 收入类纳税调整增加的项目：视同销售收入、接受捐赠收入、不符合税收规定的销售折扣和折让、不允许扣除的境外投资损失。

b. 收入类纳税调整减少的项目：权益法核算长期股权投资对初始投资成本调整确认的收益、境外应税所得、不征税收入、免税收入、减计收入、减免税项目所得和抵扣应纳税所得。

c. 收入类纳税调整视情况增减的项目：未按权责发生制原则确认的收入、按权益法核算的长期股权投资持有期间的投资损益、特殊重组和一般重组、公允价值变动净收益、确认为递延收益的政府补助。

不征税收入是指从性质和根源上不属于企业盈利性活动带来的经济利益、不负有纳税义务并不作为应纳税所得额组成部分的收入；免税收入是指属于企业的应税所得但按照税法规定免予征收企业所得税的收入。不征税收入与免税收入见表 5–3。

表 5–3　不征税收入与免税收入

收入类别	具体项目
不征税收入	财政拨款
	依法收取并纳入财政管理的行政事业性收费、政府性基金
	国务院规定的其他不征税收入

续表

收入类别	具体项目
免税收入	国债利息收入
	符合条件的居民企业之间的股息、红利等权益性投资收益
	在中国境内设立机构、场所的非居民企业从居民企业取得与该机构、场所有实际联系的股息、红利等权益性投资收益
	符合条件的非营利组织的收入

② 扣除类纳税调整项目。

a. 扣除类纳税调整增加的项目：工资薪金支出、工会经费支出、职工福利费支出、职工教育经费支出、业务招待费、广告宣传费、捐赠支出、利息支出、住房公积金、罚金、罚款和被没收财物的损失、各类保险基金、统筹基金和经济补偿、与未实现融资收益相关在当期确认的财务费用、与收入无关的支出、不征税收入用于支出所形成的费用及其他调增项目。

b. 扣除类纳税调整减少的项目：视同销售成本、本年扣除的以前年度结转额、未列入当期费用的各类保险基金、统筹基金、加计扣除及其他调减项目。

税前不得扣除项目见表 5–4。

表 5–4　税前不得扣除项目

不得扣除项目	注释
向投资者支付的股息、红利等权益性投资收益款项	
企业所得税税款	
税收滞纳金	
罚金、罚款和被没收财物的损失	不包括纳税人按照经济合同规定支付的违约金、银行罚息、罚款和诉讼费
年度会计利润 12% 以外的公益性捐赠支出	—
赞助支出	指企业发生的与生产经营活动无关的各种非广告性质的支出
未经核实的准备金支出	指不符合国务院财政、税务主管部门规定的各项资产减值准备、风险准备等准备金支出
与取得收入无关的其他支出	企业之间支付的管理费、企业内营业机构之间支付的租金和特许权使用费以及非银行企业内营业机构之间支付的利息，不得扣除

③ 资产类纳税调整项目。

a. 财产损失的纳税调整见表 5–5。

表 5-5 财产损失的纳税调整

项目	税务处理
企业自行计算扣除的资产损失	(1) 企业在正常经营管理活动中因销售、转让、变卖固定资产、生产性生物资产、存货发生的资产损失; (2) 企业各项存货发生的正常损耗; (3) 企业固定资产达到或超过使用年限而正常报废清理的损失; (4) 企业生产性生物资产达到或超过使用年限而正常死亡发生的资产损失; (5) 企业按照有关规定通过证券交易场所、银行间市场买卖债券、股票、基金以及金融衍生产品等发生的损失; (6) 经国家税务总局确认不需经税务机关审批的其他资产损失

注:① 此外的资产损失,属于需经税务机关审批后才能扣除的资产损失;
② 企业发生的资产损失,凡无法准确辨别是否属于自行计算扣除的资产损失,可向税务机关提出审批申请。

b. 固定资产的纳税调整见表 5-6。

表 5-6 固定资产的纳税调整

项目	税务处理
计税基础	外购的固定资产,以购买价款和支付的相关税费以及直接归属于使该资产达到预定用途发生的其他支出为计税基础
	自行建造的固定资产,以竣工结算前发生的支出为计税基础
	融资租入的固定资产,以租赁合同约定的付款总额和承租人在签订租赁合同过程中发生的相关费用为计税基础,租赁合同未约定付款总额的,以该资产的公允价值和承租人在签订租赁合同过程中发生的相关费用为计税基础
	盘盈的固定资产,以同类固定资产的重置完全价值为计税基础
	通过捐赠、投资、非货币性资产交换、债务重组等方式取得的固定资产,以该资产的公允价值和支付的相关税费为计税基础
	改建的固定资产除已足额提取折旧的固定资产和租入的固定资产以外的其他固定资产,以改建过程中发生的改建支出增加计税基础
折旧	固定资产按照直线法计算的折旧,准予扣除。企业应当自固定资产投入使用月份的次月起计算折旧;停止使用的固定资产,应当自停止使用月份的次月起停止计算折旧。 【提示】企业应当根据固定资产的性质和使用情况,合理确定固定资产的使用寿命和预计净残值,一经确定,不得随意变更
不得计提折旧范围	(1) 房屋、建筑物以外未投入使用的固定资产; (2) 以经营租赁方式租入的固定资产; (3) 以融资租赁方式租出的固定资产; (4) 已足额提取折旧仍继续使用的固定资产; (5) 与经营活动无关的固定资产; (6) 单独估价作为固定资产入账的土地

续表

项目	税务处理
最低折旧年限	(1) 房屋、建筑物:20年; (2) 飞机、火车、轮船、机器、机械和其他生产设备:10年; (3) 与生产经营活动有关的器具、工具、家具等:5年; (4) 飞机、火车、轮船以外的运输工具:4年; (5) 电子设备:3年

c. 生产性生物资产的纳税调整见表5-7。

表5-7　生产性生物资产的纳税调整

项目	税务处理
计税基础	外购的生产性生物资产,以购买价款和支付的相关税费为计税基础
	通过捐赠、投资、非货币性资产交换、债务重组等方式取得的生产性生物资产,以该资产的公允价值和支付的相关税费为计税基础
折旧方法	生产性生物资产按照直线法计算的折旧,准予扣除。企业应当自生产性生物资产投入使用月份的次月起计算折旧;停止使用的生产性生物资产,应当自停止使用月份的次月起停止计算折旧。 【提示】企业应当根据生产性生物资产的性质和使用情况,合理确定生产性生物资产的预计净残值,预计净残值一经确定,不得随意变更
最低折旧年限	林木类生产性生物资产:10年; 畜类生产性生物资产:3年

d. 长期待摊费用的纳税调整见表5-8。

表5-8　长期待摊费用的纳税调整

项目	税务处理
已足额提取折旧的固定资产的改建支出	按照固定资产预计尚可使用年限分期摊销
租入固定资产的改建支出	按照合同约定的剩余租赁期限分期摊销
固定资产的大修理支出	按照固定资产预计尚可使用年限分期摊销
其他应当作为长期待摊费用的支出	支出发生月份的次月起,分期摊销,摊销年限不得低于3年

e. 无形资产的纳税调整见表5-9。

表5-9　无形资产的纳税调整

项目	税务处理
计税基础	(1) 外购的无形资产,以购买价款和支付的相关税费以及直接归属于使该资产达到预定用途发生的其他支出为计税基础; (2) 自行开发的无形资产,以开发过程中该资产符合资本化条件后至达到预定用途前发生的支出为计税基础;

续表

项目	税务处理
计税基础	(3) 通过捐赠、投资、非货币性资产交换、债务重组等方式取得的无形资产，以该资产的公允价值和支付的相关税费为计税基础
不得计提摊销费用扣除范围	(1) 自行开发的支出已在计算应纳税所得额时扣除的无形资产； (2) 自创商誉； (3) 与经营活动无关的无形资产； (4) 其他不得计算摊销费用扣除的无形资产
摊销方法	无形资产按照直线法计算的摊销费用，准予扣除。 【提示】外购商誉的支出，在企业整体转让或者清偿时，准予扣除
最低折旧年限	不得低于 10 年

f. 投资转让、处置损益的纳税调整。企业对外投资期间，投资资产的成本在计算应纳税所得额时不得扣除，企业在转让或者处置投资资产时，投资资产的成本，准予扣除。

g. 其他项目的调整。

④ 准备金调整项目。

⑤ 房地产企业预售收入计算的预计利润的调整项目。

⑥ 特别纳税调整所得项目。

（2）计算弥补企业亏损金额。

① 计算境外应税所得弥补境内亏损金额。

② 计算弥补以前年度亏损金额。

（二）适用税率的选择

我国企业所得税实行的是比例税率，具体见表 5–10。

表 5–10 企业所得税税率

种类	税率
基本税率	25%
低税率（非居民企业）	20%（实际征收时适用 10% 的税率）
两档优惠税率	(1) 符合条件的小型微利企业：自 2023 年 1 月 1 日至 2027 年 12 月 31 日，对小型微利企业年应纳税所得额不超过 300 万元的部分，减按 25% 计入应纳税所得额，按 20% 的税率缴纳企业所得税； (2) 国家重点扶持的高新技术企业：减按 15%
10% 的优惠税率	(1) 在中国境内未设立机构、场所，或者虽设立机构、场所但取得的所得与其所设机构、场所没有实际联系的非居民企业来源于中国境内所得，减按 10% 的税率征收企业所得税； (2) 中国居民企业向境外 H 股非居民企业股东派发年度股息时，统一按 10% 的税率代扣代缴企业所得税； (3) 合格境外机构投资者取得来源于中国境内的股息、红利和利息收入，缴纳 10% 的企业所得税

（三）应纳所得税额的计算

企业所得税实行按年计征、分月（季）预缴、年终汇算清缴、多退少补的办法。

1. 平时预缴所得税额的计算

平时预缴有两种方法，即据实预缴或按照上一纳税年度应纳税所得额的平均额预缴。

（1）据实预缴。

$$\text{本月（季）应缴所得税税额} = \text{实际利润累计额} \times \text{税率} - \text{减免所得税税额} - \text{已累计预缴的所得税税额}$$

平时预缴时，实际利润累计额按会计制度核算的利润总额计算，暂不作纳税调整，待会计年度终了再作纳税调整。

税率统一按照《中华人民共和国企业所得税法》规定的25%计算应纳所得税税额。

减免所得税税额是指纳税人当期实际享受的减免所得税额，包括享受减免税优惠过渡期的税收优惠、小型微利企业的税率优惠、高新技术企业的税率优惠及经税务机关审批或备案的其他减免税优惠。

（2）按照上一纳税年度应纳税所得额的平均额预缴。

$$\text{本月（季）应缴所得税税额} = \frac{\text{上一纳税年度应纳税所得额}}{12\text{（或4）}} \times \text{税率}$$

按上一纳税年度应纳税所得额实际数除以12（或4）得出每月（或季）纳税所得额，上一纳税年度所得额中不包括纳税人的境外所得。税率统一按照25%计算。

除按以上两种方法计算预缴所得税外，还可以按税务机关确定的其他方法进行。

2. 汇算清缴年度应纳所得税额

在分月（季）预缴的基础上，实行年终汇算清缴、多退少补的办法。计算公式如下：

$$\text{实际应纳所得税税额} = \text{应纳税所得额} \times \text{税率} - \text{减免所得税税额} - \text{抵免所得税税额} + \text{境外所得应纳所得税税额} - \text{境外所得抵免所得税税额}$$

$$\text{本年应补（退）的所得税税额} = \text{实际应纳所得税税额} - \text{本年累计实际已预缴的所得税税额}$$

应纳税所得额是指在企业会计利润总额的基础上，加减纳税调整额后计算得出的，税率按25%计算。

（1）计算减免所得税税额。减免所得税税额主要有：

① 小型微利企业的减征税额；② 高新技术企业的减征税额；③ 民族自治地方企业的减征税额；④ 过渡期税收优惠的减征税额。

（2）计算抵免所得税税额。抵免所得税额是指纳税人购置并实际使用环境保护、节能节水、安全生产等专用设备的，该专用设备的投资额的10%可以从企业当年的应纳税额中抵免；当年不足抵免的，可以在以后5个纳税年度结转抵免。

（3）计算境外所得应补税额。居民纳税人应就其来源于境内外所得纳税，对来源于境外的所得已在境外缴纳的所得税税额，可以从其当期应纳税额中抵免，具体规定见表 5-11。计算步骤如下：

境外所得应补税额 = 境外所得应纳所得税税额 - 境外所得抵免所得税税额

境外所得应纳所得税税额 =（境外所得换算成含税收入的所得 - 弥补以前年度境外亏损 - 境外免税所得 - 境外所得弥补境内亏损）× 税率

境外所得抵免所得税税额 = 本年可抵免的境外所得税税额 + 本年可抵免以前年度所得税税额

表 5-11 境外所得抵免限额的相关规定

要点	内容
可抵免税额	居民企业从其直接或者间接控制的外国企业分得的来源于中国境外的股息、红利等权益性投资收益，外国企业在境外实际缴纳的所得税税额中属于该项所得负担的部分，可以作为该居民企业的可抵免境外所得税税额，在规定的抵免限额内抵免
抵免方法——限额抵免	纳税人来源于境外的所得，并入当年应税所得计算所得税时，允许从汇总纳税的应纳税额中扣除已经在境外缴纳的所得税税额，但是扣除额不得超过其境外所得依我国税法规定计算的所得税税额
抵免限额——“分国不分项”或“不分国不分项”方法	抵免限额 = 中国境内、境外所得依照我国企业所得税法规定计算的应纳税总额 × 来源于某国（地区）的应纳税所得额 ÷ 中国境内境外应纳税所得总额 从 2017 年 1 月 1 日起，企业可以选择按国（地区）别分别计算，即“分国（地区）不分项”，或者不按国（地区）别汇总计算，即“不分国（地区）不分项”，其来源于境外的应纳税所得额，按照规定的税率，分别计算其可抵免境外所得税税额和抵免限额，方式一经选择，5 年内不得改变。
抵免应用	超过抵免限额的部分，可以在以后 5 个年度内，用每年度抵免限额抵免当年应抵税额后的余额进行抵补

四、企业所得税的纳税申报

1. 征税方式的确定

企业若需要改变征收方式，需要在当年第一季度填列“企业所得税征收方式鉴定表”，报主管税务机关审核。根据纳税人情况分为：查账方式征收、定额征收和核定应税所得率办法征收。征收方式确定后，在一个纳税年度内一般不得变更。

2. 纳税期限的确定

企业所得税实行按年计算，按月或季预缴，年终汇算清缴，多退少补的征收办法。纳税年度一般为公历年度，即公历 1 月 1 日至 12 月 31 日为一个纳税年度；纳税人在一个纳税年度的中间开业，或由于合并、关闭等原因使该纳税年度的实际经营期不足 12 个月的，以其实际经营期为一个纳税年度；纳税人破产清算时，以清算期为一个纳税年度。

纳税人应当在月份或季度终了后 15 日内，向其所在地主管税务机关报送预缴所得税申报表，预缴税款。企业应当自年度终了之日起5个月内，办理汇算清缴，结清应缴应退税款。

企业在年度中间终止经营活动的，应当自实际经营终止之日起60日内，向税务机关办理当期企业所得税汇算清缴。

扣缴义务人每次代扣的税款，应当自代扣之日起7日内缴入国库，并向所在地的税务机关报送扣缴企业所得税报告表。

3. 纳税地点的选择

企业所得税由纳税人向其所在地主管税务机关缴纳。居民企业以企业登记注册地为纳税地点；但登记注册地在境外的，以实际管理机构所在地为纳税地点；居民企业在中国境内设立不具有法人资格的营业机构的，应当汇总计算并缴纳企业所得税。

非居民企业在中国境内设立机构、场所取得的所得以及发生在中国境外但与其所设机构、场所有实际联系的所得，应当以机构、场所所在地为纳税地点；非居民企业在中国境内未设立机构、场所，或者虽设立机构、场所但取得的所得与其所设机构、场所没有实际联系的，以扣缴义务人所在地为纳税地点；非居民企业在中国境内设立两个或者两个以上机构、场所的，经税务机关审核批准，可以选择由其主要机构、场所汇总缴纳企业所得税。

4. 纳税申报表的填写

（1）填报“企业所得税月（季）度预缴纳税申报表”。实行查账征收企业所得税的居民纳税人及在中国境内设立机构的非居民纳税人在月（季）度预缴企业所得税时应填制“企业所得税月（季）度预缴纳税申报表”（A类）；实行核定征收管理办法缴纳企业所得税的纳税人在月（季）度申报缴纳企业所得税时应填制“企业所得税月（季）度预缴纳税申报表”（B类）。

（2）填报企业所得税年度纳税申报表。实行查账征收企业所得税的纳税人在年度汇算清缴时，无论盈利或亏损，都必须在规定的期限内进行纳税申报，填写企业所得税纳税年度申报表及其有关附表。

5. 办理汇算清缴相关手续

（1）报送相关资料。纳税人应在5个月内办理企业所得税年度纳税申报，如实向税务机关报送有关资料和企业所得税年度纳税申报主表及其附表。

（2）税务部门审核确定。主管税务机关受理纳税人年度纳税申报后，应对纳税人年度纳税申报表的逻辑性和有关资料的完整性、准确性进行审核。

6. 开具税收通用缴款书缴纳税款

纳税人在纳税年度内预缴企业所得税税款少于应缴企业所得税税款的，应开具税收通用缴款书，在汇算清缴期内结清应补缴的企业所得税税款；预缴税款超过应纳税款的，主管税务机关应及时按有关规定办理退税，或者经纳税人同意后抵缴其下一年度应缴企业所得税税款。

五、企业所得税涉税风险与管理

（一）分析企业所得税税收风险点

企业需要根据实际情况，结合行业特点，分析企业在生产阶段、销售阶段、储运阶段各环节可能存在的企业所得税税收风险点。

（二）设计企业所得税税收风险管控指标

企业所得税税收风险管控常用的指标有财务指标、税负指标和生产经营指标等，建立适合自己的指标体系。

（三）进行企业所得税税收风险自我评价

通过分析企业各环节企业所得税的税收风险点，计算企业所得税税收风险管控指标，做好税收风险的自我评估，及时应对金税四期工程下税务机关对企业的税务约谈和实地核查工作。

第二部分　职业判断能力训练

一、单项选择题

1. 下列利息收入中，不计入企业所得税应纳税所得额的是（　　）。

A. 企业债券利息收入　　B. 外单位欠款付给的利息收入

C. 购买国库券的利息收入　　D. 银行存款利息收入

2. 某小型微利企业 2025 年应纳税所得额为 30 000 元，其应纳的企业所得税税额为（　　）元。

A. 1 500　　B. 5 400　　C. 750　　D. 3 000

3. 企业缴纳的下列税种，在计算企业所得税应纳税所得额时，不准从收入总额中扣除的是（　　）。

A. 增值税　　B. 消费税

C. 城市维护建设税　　D. 土地增值税

4. 下列项目中，准予在计算企业所得税应纳税所得额时从收入总额中扣除的项目是（　　）。

A. 资本性支出

B. 无形资产开发未形成资产的部分

C. 违法经营的罚款支出

D. 各项税收滞纳金、罚金、罚款支出

5. 在一个纳税年度内，居民企业技术转让所得不超过（　　）万元的部分，免征企业所得税，超过部分，减半征收企业所得税。

A. 5　　B. 10　　C. 20　　D. 500

6. 2019 年 1 月 1 日起，将小型微利企业条件放宽为从事国家非限制和禁止行业，且同时符合年度应纳税所得额不超过（　　）万元，从业人数不超过（　　）人，资产总额不超过（　　）万元。

A. 30，80，3 000　　B. 300，80，1 000

C. 20，100，3 000　　D. 300，300，5 000

7. 某工业生产企业有从业人员 85 人，资产总额 2 800 万元，全年销售额 1 520 万元，成本 600 万元，税金及附加 460 万元，按规定列支各种费用 400 万元。已知上述成本费用中包括新产品开发费 80 万元。该企业当年应纳企业所得税税额为（　　）万元。

A. 15　　B. 19.8　　C. 0　　D. 4

8. 下列各项中，可以不计入企业所得税应纳税所得额的是（　　）。

A. 纳税人按国家统一规定进行清产核资时发生的固定资产评估净增值

B. 企业取得国家财政性补贴收入

C. 纳税人购买国家重点建设债券的利息收入

D. 纳税人接受捐赠的实物资产

9. 根据企业所得税法等有关规定，不得提取折旧的固定资产是（　　）。

A. 以经营租赁方式租出的固定资产

B. 以融资租赁方式租入的固定资产

C. 以经营租赁方式租入的固定资产

D. 季节性停用的机器设备

10. 纳税人通过国内非营利的社会团体、国家机关的公益、救济性捐赠，在年度（　　）12%以内的部分准予扣除。

A. 收入总额　　B. 利润总额

C. 纳税调整后所得　　D. 应纳税所得额

11. 除国务院财政、税务主管部门另有规定外，企业所得税相关法律法规规定：固定资产计算折旧的最低年限（　　）。

A. 房屋、建筑物为 25 年

B. 与生产经营活动有关的器具、工具、家具、电子设备等为 5 年

C. 飞机、火车、轮船、机器、机械和其他生产设备为 10 年

D. 飞机、火车、轮船以外的运输工具为 6 年

12. 企业所得税实行的是比例税率，若小型微利企业 2025 年度应纳税所得额为 50 万元，上一年度所得亏损 42 万元，则本年度该企业应纳所得税税额为（　　）万元。

A. 0.4　　B. 0.2　　C. 1.6　　D. 0.8

13. 缴纳企业所得税，月份或季度终了后要在规定的期限内预缴，年度终了后要在规定的期限内汇算清缴，其预缴、汇算清缴的规定期限分别是（　　）。

A. 7 日、45 日　　B. 15 日、45 日

C. 15 日、4 个月　　D. 15 日、5 个月

14. 企业来源于境外所得，已在境外实际缴纳的所得税税款，在汇总纳税并按规定计算扣除限额时，如果境外实际缴纳的税款超过扣除限额，对超过部分的处理方法是（　　）。

A. 列为当年费用支出

B. 从本年的应纳所得税税额中扣除

C. 用以后年度税额扣除的余额补扣，补扣期限最长不得超过 5 年

D. 从以后年度境外所得中扣除

15. 纳税人在纳税年度内无论盈利或亏损，都应当在年度终了后（　　）内，向其所在地主管税务机关报送年度会计报表和所得税申报表。

A. 15 日　　B. 45 日　　C. 5 个月　　D. 60 日

16. 已知某外商投资生产型企业全年销售净额为 2 000 万元，业务招待费总额为 15 万元，准予税前列支的业务招待费为（　　）万元。

A. 9　　B. 6　　C. 10　　D. 12

17. 某外商投资企业某年实现利润 200 万元，通过境内民政局向灾区捐赠 20 万元，若无其他调整项目，该企业的应纳税所得额为（　　）万元。

A. 180　　B. 176　　C. 200　　D. 220

18. 一个纳税人同时交叉适用两个或两个以上减免税优惠政策的，在执行时应（　　）。

A. 累加执行各项优惠政策　　B. 顺序执行各项优惠政策

C. 由税务机关确定具体政策　　D. 选择其中一项最优惠政策

19. 纳税人计算应税所得额时准予扣除的税金包括（　　）。

A. 增值税、消费税、城市维护建设税、教育费附加、资源税

B. 消费税、城市维护建设税、教育费附加、关税

C. 增值税、消费税、城市维护建设税、教育费附加

D. 消费税、城市维护建设税、教育费附加、企业所得税

20. 企业在计算应纳税所得额时，准予扣除的项目是（　　）。

A. 欠税滞纳金　　B. 修缮职工浴室支出

C. 火灾保险赔款　　D. 逾期还贷罚息支出

21. 企业所得税法规定，纳税人收取包装物押金，从收取之日起，超过 1 年（指 12 个月）仍未返还的，原则上应确认为（　　）之日所属年度的收入，计征企业所得税。

A. 收到　　B. 返还　　C. 期满　　D. 年末

22. 企业进行清算时，应当在（　　），向当地主管税务机关办理所得税申报，并就其清算终了后的清算所得，缴纳企业所得税。

A. 清算终结之日　　B. 办理工商注销登记的同时

C. 办理工商注销登记之前　　D. 办理工商注销登记之后

23. 境内居民企业注册地与实际经营管理地不一致时，其纳税地点按税法规定应该是（　　）。

A. 注册地　　B. 实际经营管理地

C. 由税务机关决定　　D. 由纳税人自行决定

24. 纳税人进行清算时，应当以（　　）作为一个企业所得税的纳税年度计算清算所得。

A. 当年 1 月 1 日至清算开始日期

B. 当年 1 月 1 日至清算结束日期

C. 当年 1 月 1 日至 12 月 31 日

D. 清算期间

二、多项选择题

1. 在下列支出项目中，准予在计算应纳税所得额时从收入总额中直接扣除的有（　　）。

A. 企业缴纳的增值税

B. 转让固定资产发生的费用

C. 以经营租赁方式租入的固定资产发生的租赁费

D. 以融资租赁方式租入的固定资产发生的租赁费

2. 确定企业所得税税前扣除项目时应遵循的原则有（　　）。

A. 确定性原则　　B. 配比原则

C. 权责发生制原则　　D. 收付实现制原则

3. 下列项目中，属于纳税调整增加额的项目有（　　）。

A. 职工教育经费支出超标准　　B. 利息费用支出超标准

C. 公益救济性捐赠超标准　　D. 查补的消费税

4. 下列项目中，属于纳税调整减少额的项目有（　　）。

A. 查补的消费税　　B. 多提的职工福利费

C. 国库券利息收入　　D. 多列的无形资产摊销费

5. 纳税人下列经营业务的收入，可以分期确定并据以计算应纳税所得额的有（　　）。

A. 分期收款方式销售商品

B. 代销方式销售商品

C. 建筑、安装工程持续时间超过一年

D. 为其他企业加工、制造大型机器设备，持续时间超过一年

6. 在计算企业应纳税所得额时，不得从收入总额中扣除的有（　　）。

A. 企业为他人提供贷款担保，因被担保方无力还清贷款，而由该担保企业承担的贷款本息

B. 所得税前依法缴纳的增值税

C. 所得税前依法缴纳的土地增值税

D. 为筹集生产经营所需资金而向金融机构支付的利息费用

7. 企业所得税纳税人以融资租赁方式取得固定资产，其租金支出不得扣除，但可按规定提取折旧费用。符合融资租赁固定资产条件的有（　　　　）。

A. 在租赁期满时，租赁资产的所有权转让给承租方

B. 承租方租赁固定资产的时间在一年以上

C. 租赁期为资产使用年限的大部分（75% 或以上）

D. 租赁期内租赁最低付款额基本等于租赁开始日资产的公允价值

8. 某企业 2025 年 4 月在向其主管税务机关申报的利润表中注明了 2024 年度的会计利润为 60 万元。2025 年 5 月税务机关对该企业进行税务检查，发现和处理以下事项中应调整会计利润的有（　　　　）。

A. 查补的消费税　　　　B. 多提的职工福利费

C. 国库券利息收入　　　　D. 多提的无形资产摊销

9. 企业从事（　　　　）项目的所得，减半征收企业所得税。

A. 中药材的种植

B. 花卉、茶以及其他饮料作物和香料作物的种植

C. 海水养殖、内陆养殖

D. 牲畜、家禽的饲养

10. 下列对接受捐赠的资产的会计处理和税务处理的说法中，正确的有（　　　　）。

A. 按照会计准则，对接受捐赠的资产不确认收入，不计入企业接受捐赠当期的利润总额

B. 按照会计准则，对接受捐赠的资产应确认收入，计入企业接受捐赠当期的利润总额

C. 按照税法规定，企业接受捐赠的资产，应计入当期应纳税所得额，计算缴纳企业所得税

D. 按照税法规定，企业接受捐赠的资产，不计入当期应纳税所得额

11. 下列叙述正确的有（　　　　）。

A. 企业从事国家重点扶持的公共基础设施项目的投资经营所得，自项目取得第一笔生产经营收入所属纳税年度起，第一年至第三年免征企业所得税，第四年至第六年减半征收企业所得税（简称“三免三减半”）

B. 企业从事符合条件的环境保护、节能节水项目的所得，自项目取得第一笔生产经营收入所属纳税年度起，实行“三免三减半”

C. 企业从事以《资源综合利用企业所得税优惠目录（2021 年版）》规定的资源作为主要原材料，生产国家非限制和禁止并符合国家和行业相关标准的产品

取得的收入，减按 90% 计入收入总额

D. 除烟草、房地产、娱乐等国家规定不享受研发费用加计扣除以外的企业从事开发新技术、新产品、新工艺发生的研究开发费用，未形成无形资产的计入当期损益，在按照规定据实扣除的基础上，按照研究开发费用的 100% 加计扣除；形成无形资产的，按照无形资产成本的 200% 摊销

12. 下列各种情形中，应对纳税人采取核定征收企业所得税的有（　　　　）。

A. 能正确核算成本费用支出，收入总额不能准确核算的

B. 收入和费用均不能正确核算的

C. 没有按规定保存有关账簿、凭证资料的

D. 按规定可以不设置账簿的

13. 企业下列收入应计入收入总额计算缴纳所得税的有（　　　　）。

A. 在建工程发生的试运行收入

B. 接受的捐赠收入

C. 外单位欠款收到的利息收入

D. 固定资产盘盈收入

14. 企业发生的借款利息支出，在计算应纳税所得额时，不得从收入额中扣除的有（　　　　）。

A. 筹办期间发生的借款利息支出

B. 在生产、经营期间，向金融机构借款的利息支出

C. 开发无形资产发生的借款利息支出

D. 以融资租赁方式租入固定资产投入使用前发生的借款利息支出

15. 企业发生的下列费用可不受比例限制，计入管理费用扣除的有（　　　　）。

A. 自行研究开发新产品、新技术、新工艺发生的各项费用

B. 资助非关联科研机构研究开发新产品、新技术、新工艺的资助支出

C. 委托其他单位进行科研试制的费用

D. 投资境内符合国家产业政策的技术改造项目所需国产设备购置费

16. 下列准予扣除的项目中，如果当年不足抵扣或当年未抵扣，不得结转以后年度抵扣的有（　　　　）。

A. 技术开发费加扣的 100% 部分

B. 业务招待费用支出

C. 应提未提折旧

D. 创业投资企业采取股权投资方式投资于未上市中小高新技术企业 2 年以上投资额的 70% 部分

17. 按照我国税法规定，企业的下列各项支出中，不准税前扣除的有（　　　　）。

A. 销售白酒给予买方的回扣

B. 赞助支出

C. 逾期还贷支付银行加收的罚息

D. 卖给职工的住房折旧费和维修费

18. 企业发生的下列广告性支出中，准予在所得税前扣除的有（　　）。

A. 啤酒　　B. 黄酒

C. 超过当年销售收入15%的部分　　D. 果酒

19. 下列固定资产不得计提折旧的有（　　）。

A. 季节性停用的机器设备

B. 不需用的机器设备

C. 以融资租赁方式租入的固定资产

D. 以经营租赁方式租入的固定资产

20. 下列所得应缴纳企业所得税的有（　　）。

A. 城市公用事业的生产经营所得　　B. 交通运输企业的营业外收益

C. 企业终了后的清算所得　　D. 来源于境外的所得

21. 下列各项中，不属于企业所得税工资、薪金支出范围的有（　　）。

A. 为雇员年终加薪的支出　　B. 为离休雇员提供待遇的支出

C. 为雇员缴纳社会保险的支出　　D. 为雇员提供的劳动保护费支出

22. 企业发生的下列开支中，需要在缴纳企业所得税时作纳税调整增加处理的有（　　）。

A. 离退休人员增加的工资支出　　B. 无法得到赔偿的境外事故损失

C. 非广告性赞助支出　　D. 违反税法的罚款支出

23. 按照企业所得税法和实施条例规定，固定资产的大修理支出，是指同时符合下列条件的支出，具体有（　　）。

A. 修理支出达到取得固定资产时的计税基础50%以上

B. 修理后固定资产的使用年限延长2年以上

C. 修理支出达到取得固定资产时的计税基础20%以上

D. 固定资产必须是房屋、建筑物

24. 对于企业所得税法规定的税收优惠政策，下面说法正确的有（　　）。

A. 采取缩短折旧年限方法加速折旧的，最低折旧年限不得低于实施条例规定折旧年限的60%

B. 安置残疾人员的企业，支付给残疾职工的工资在计算应纳税所得额时按100%加计扣除

C. 创业投资企业从事国家鼓励的创业投资，可按投资额的70%在股权持有满2年的当年抵免应纳税额

D. 符合条件的非营利组织从事营利性活动取得的收入，可作为免税收入，不并

入应纳税所得额征税

25. 按照企业所得税法和实施条例规定，下列关于企业所得税的表述正确的有（　　）。

A. 企业每一纳税年度的收入总额，减除不征税收入、免税收入、各项扣除以及允许弥补的以前年度亏损后余额，为应纳税所得额

B. 企业的应纳税所得额乘以适用税率，减除依照税法关于税收优惠的规定减免和抵免的税额后的余额，为应纳所得税税额

C. 所有的非居民企业都仅就其来源于中国境内的所得缴纳企业所得税

D. 企业收入总额中包括征税收入、不征税收入、免税收入

三、判断题

（　　）1. 企业所得税的纳税人仅指企业，不包括社会团体。

（　　）2. 利息收入和股息收入一样都表现为全额增加企业所得税的应纳税所得额。

（　　）3. 企业自产产品的广告宣传费均可在企业所得税前列支。

（　　）4. 纳税人对外进行来料加工装配业务节省的材料，如按合同规定留归企业所有的，也应作为收入处理。

（　　）5. 企业取得的所有技术服务收入均可暂免征企业所得税。

（　　）6. 企业销售啤酒、黄酒以外的酒类产品收取的包装物押金，无论是否退回均应计征增值税和消费税，同时也要计征企业所得税。

（　　）7. 企业所得税法也适用于个人独资企业、合伙企业。

（　　）8. 纳税人缴纳的增值税不得在企业所得税前扣除，但按当期缴纳的增值税计算的城市维护建设税和教育费附加，准予在所得税前扣除。

（　　）9. 纳税人在生产、经营期间的借款利息支出作为费用，在计算应纳税所得额时，可以按实际发生数扣除。

（　　）10. 企业发生的年度亏损，可用以后五个盈利年度的利润弥补。

（　　）11. 某内资企业 2025 年应纳税所得额为 50 万元，但上一年度利润表上亏损 48 万元，则当年应缴纳企业所得税 2 000 元。

（　　）12. 确定应纳税所得额时，对企业生产、经营期间，向经中国人民银行批准从事金融业务的非银行金融机构的借款利息支出，可按照实际发生额从税前扣除。

（　　）13. 纳税人来源于境外的所得在境外实际缴纳的所得税税款，准予在汇总纳税时从其应纳税额中扣除；其在境外发生的亏损也可用境内的利润弥补。

（　　）14. 年度终了，某企业填报的利润表反映全年利润总额为 –17 万元，因此，当年不需缴纳企业所得税。

（　　）15. 企业接受其他单位的捐赠物资，不计入应纳税所得额。

（　　）16. 企业所得税法规定，对非居民企业在中国境内取得工程作业和劳务所得应缴纳的所得税，工程价款或者劳务费的支付人为扣缴义务人。

（　　）17. 因债权人缘故确实无法支付的应付款项，应该纳入收入总额，计算缴纳企业所得税。

（　　）18. 企业在计算应纳税所得额时，对于根据生产需要租入固定资产所支付的租赁费可以据实从收入总额中扣除。

（　　）19. 纳税人有应提未提折旧、应计未计费用，导致年度应纳税额减少的，应于下年发现时补扣，相应调减应纳税所得额。

（　　）20. 某纳税人在甲、乙两国的分支机构有盈有亏，但本年在中国境内无盈利；甲、乙两国所得分别为 120 万元、-50 万元，则该纳税人本年的应纳税所得额为 70 万元。

（　　）21. 在计征企业所得税时，非广告性质的赞助费不允许税前扣除，广告宣传费可以在税前正常列支。

（　　）22. 提取坏账准备金的企业，在计算企业所得税应纳税所得额时，实际发生的坏账损失大于已提取的坏账准备金的部分，不能在发生当期直接扣除。

（　　）23. 某企业为另一企业的银行贷款提供担保，其贷款到期未还，由该企业代其支付本息并在税前进行了扣除。

（　　）24. 投资方从联营企业分回利润的已纳税款，可以从投资方应纳所得税税额中全部扣除。

（　　）25. 我国企业所得税法规定，企业缴纳所得税，按年计算，分月或分季预缴。纳税人应于月份或季度终了后 15 天内预缴，年度终了后 3 个月内汇算清缴，多退少补。

（　　）26. 在中国境内设立的外商投资企业，应就来源于我国境内、境外的所得缴纳所得税。

（　　）27. 在中国境内设立机构、场所的外国企业，向其机构支付的与机构、场所有关的管理费用，计算应纳税所得额时准予扣除。

（　　）28. 纳税人以实物和无形资产对外投资，在中途到期转让、收回时，应按转让或收回该项投资与投出时原账面价值的差额计征企业所得税。

（　　）29. 企业销售货物给购买方的折扣，当销售额与折扣额在同一发票上注明的，应按折扣后销售额计征增值税、消费税和企业所得税。

（　　）30. 对于企业收取的包装物押金，凡超过 1 年未返还的，无论合同如何规定，均应确认为期满之日所属年度的收入，计征企业所得税。

（　　）31. 居民企业以企业登记注册地为纳税地点，但登记注册地在境外的，以实际管理机构所在地为纳税地点。

（　　）32. 纳税人取得的保险公司给予的无赔款优待，除有规定用途之外，均应计入应纳税所得额，计征企业所得税。

（　　）33. 某企业上年应税项目所得 30 万元，免税项目亏损 45 万元；本年度应税项目所得 20 万元，免税项目所得 25 万元，则该企业上年和本年均不缴纳企业所得税。

（　　）34. 企业在计算应纳税所得额时，如出现会计制度与税收法规相抵触的情况，应由税务机关根据企业情况核定应纳税所得额。

（　　）35. 企业所得税的减免税优惠，必须由省、自治区、直辖市税务机关作出决定。

（　　）36. 企业所得税应当分国、分项计算企业来源于境外的所得在我国的扣除限额。

（　　）37. 综合利用资源，生产国家非限制和禁止并符合国家和行业相关标准的产品取得的收入，减按 70% 计入收入总额，计算应税所得额。

（　　）38. 企业的成本费用核算和收入总额核算两项中，凡其中一项不合格者，就要采用定额征收企业所得税。

（　　）39. 外国企业在中国境内未设有机构、场所，但有来源于中国境内的所得时，应按我国税法规定缴纳所得税。

（　　）40. 企业在年度中间终止经营活动的，应当自实际经营终止之日起 30 日内，向税务机关办理当期企业所得税汇算清缴。

四、计算题

1. 某市增值税一般纳税人 2025 年购进一批已纳消费税的白酒，勾兑加工成其他酒实现销售，取得不含税销售收入 80 000 万元，购进白酒所支付的价款为 50 000 万元，增值税 6 500 万元，并支付运输部门费用取得货物运输业增值税专用发票，注明运费 1 400 万元，税款 126 万元。另外，该一般纳税人为加工其他酒所发生的其他成本费用共计为 12 000 万元。其他酒消费税税率为 10%，企业所得税税率为 25%。

要求：计算该纳税人 2025 年应缴纳的企业所得税税额。

2. 某国有经营公司 2025 年度取得营业收入总额 4 000 万元，成本、费用和损失共 3 800 万元，其中列支业务招待费 20 万元，广告宣传支出 10 万元。全年缴纳增值税 51.3 万元、消费税 79.7 万元、城市维护建设税和教育费附加 14.3 万元，企业所得税税率为 25%。

要求：计算该公司当年应缴纳的企业所得税税额。

3. 某中型工业企业 2025 年企业会计报表利润为 850 000 元，未作任何调整，依 25% 的税率缴纳企业所得税。该企业 2025 年度的有关账册资料如下：

（1）企业长期借款账户中记载：年初向中国工商银行借款 10 万元，年利率 6%；向其他企业借款 20 万元，年利率 10%，上述借款均用于生产经营，利息支出均已列入财务费用。

（2）全年销售收入 5 000 万元，企业在管理费用中列支业务招待费 25 万元。

（3）8 月份缴纳税收滞纳金 10 000 元，10 月份通过民政部门向灾区捐赠 100 000 元，均在营业外支出中列支。

（4）企业投资收益中有国债利息收入 20 000 元。

要求：简要指出以上操作存在的问题，并计算应补缴的企业所得税税额。

4. 某企业 2025 年度境内总机构的应纳税所得额为 440 万元。其设在 A 国分支机构应税所得 240 万元，其中，生产经营所得 200 万元，该国规定的税率为 40%；利息和特许权使用费所得 40 万元，税率为 20%。设在 B 国分支机构应税所得 120 万元，其中，生产经营所得 80 万元，该国税率为 30%；财产转让所得 40 万元，税率为 10%。假设境外应税所得与我国税法规定计算的应纳税所得额相一致，境外所得均已分别按该国规定的税率缴纳了所得税，“采用不分国不分项”方法。

要求：计算该企业本年度应缴纳的企业所得税税额。

5. 假如某生产企业 2025 年度生产经营情况如下：产品销售收入 500 万元，产品销售成本 300 万元，产品销售费用 40 万元，发生管理费用 35 万元（其中业务招待费 5 万元），当年出租固定资产取得收入 40 万元，购买国家公债取得利息收入 10 万元，准许税前扣除的有关税费 30 万元，经批准向企业职工集资 100 万元，支付年息 15 万元，同期银行贷款利率为 10%，通过县级人民政府向南方遭受雪灾地区捐款 20 万元。

要求：计算该企业 2025 年度应缴纳的企业所得税税额。

6. 某内资企业 2025 年度会计账面利润 80 000 元，自行向其主管税务机关申报的应纳税所得额 80 000 元，申报缴纳所得税 20 000 元（企业所得税税率为 25%）。经某注册会计师年终审查，发现与应纳税所得额有关的业务内容如下：

（1）企业全年实发工资总额 2 116 400 元，按规定的 2%、14% 和 2.5% 的比例分别计算提取并使用了职工工会经费、职工福利费、职工教育经费；

（2）自行申报应纳税所得额中含本年度的国库券利息收入 12 000 元；

（3）营业外支出账户列支税收滞纳金 1 000 元，向其关联企业赞助支出 30 000 元；

（4）管理费用账户中实际列支了全年的与生产经营有关的业务招待费 265 000 元，经核定企业全年的主营业务收入总额为 6 500 万元。

要求：计算该企业本年度应缴纳的企业所得税税额及应补缴的企业所得税税额。

7. 假定某企业为居民企业，该企业 2025 年的经营业务包括：

（1）取得销售收入 2 500 万元；

（2）销售成本 1 100 万元；

（3）发生销售费用 670 万元（其中广告费 450 万元），管理费用 480 万元（其中业务招待费 15 万元），财务费用 60 万元；

（4）销售税金 160 万元（含增值税 120 万元）；

（5）营业外收入 70 万元，营业外支出 50 万元（含通过公益性社会团体向贫困山区捐款 30 万元，支付税收滞纳金 6 万元）；

（6）计入成本、费用中的实发工资总额 150 万元，拨缴职工工会经费 3 万元，支出职工福利费 25.3 万元，职工教育经费 3.7 万元。

要求：计算该企业 2025 年度实际应缴纳的企业所得税税额。

8. 甲企业 2025 年在利润表中反映的利润总额为 300 万元，经某会计师事务所检查，涉及利润表的有关事项如下：

（1）取得国库券利息收入 3 万元，取得国家指定用于设备更新的补贴收入 3.5 万元；

（2）以经营租赁方式租入设备一台，租赁期二年，一次性支付租金 30 万元，已经计入其他业务支出；

（3）6 月，企业用库存商品一批对乙企业投资，双方协议该批商品价格 56.5 万元（含增值税），该批商品账面价值 30 万元；

（4）对外捐赠 5 万元，其中，向希望工程基金会捐赠 4 万元，向灾区直接捐赠 1 万元，均已计入营业外支出；

（5）为投资者及职工支付的商业保险费 0.5 万元。

要求：计算该企业 2025 年度应缴纳的企业所得税税额。

9. 某家电制造企业在 2025 年年终所得税申报中填报信息：产品销售收入 3 000 万元，产品销售成本 2 000 万元，产品销售税金 100 万元，期间费用 898 万元，应纳税所得额 2 万元（已按 20% 的税率计算缴纳所得税 0.4 万元）。经某会计师事务所审查该企业 2025 年有关业务处理如下：

（1）本年度大修设备预提修理费 30 万元计入预提费用，实际发生修理支出 15 万元；

（2）年初自制设备一台价值 20 万元已计入当期成本，该设备年折旧率 2%；

（3）本年收回 2024 年已确认的坏账 12 万元，已调整增加坏账准备金；

（4）广告费 84 万元，全部计入销售费用；

（5）外购一项专利权支付 200 万元，本年计入费用 40 万元；

（6）收到保险公司无赔款优待款 2 万元，计入其他应付款；

（7）发生尚未完工的工程借款利息 4 万元，计入财务费用；

（8）本年税前弥补 2024 年发生的尚未弥补完的亏损 5 万元。

要求：计算该企业 2025 年汇算清缴应补缴的企业所得税税额。

10. 某公司 2025 年资产总额 800 万元，从业人员 50 人，所得税实行按年计算，分季预缴，四个季度的累计计税所得额分别为 20 万元、70 万元、120 万元和 180 万元。

年终汇算清缴时，需调整事项如下：

（1）实付工资总额 600 万元，实际支出职工福利费 84 万元，拨付工会经费 12 万元，实际支出职工教育经费 15 万元；

（2）在财务费用中有支付本期债券集资的利息 1 万元，当期企业共募集资金 10 万元，期限半年，银行同期年利息率 5.41%；

（3）逾期包装物押金收入 1 万元不再退还，直接冲减了包装物成本；

（4）因排污不当，被环保部门罚款 2 万元，已计入营业外支出。

要求：根据上述资料，计算该公司 2025 年各季度预缴和全年应纳的企业所得税税额，以及年终汇算清缴实际入库的企业所得税税额。

11. 某运输企业 2025 年资产总额 700 万元，从业人员 15 人，年度营业收入为 100 万元，各项成本支出为 95 万元，全年发生亏损 9 万元。经主管税务机关核查，该企业支出项目不能准确核算，需要采用核定应税所得率征收方式计算所得税。主管税务机关核定该企业的应税所得率为 10%。

要求：计算该企业年度应纳企业所得税税额。

第三部分　职业实践能力训练

一、任务目标

1. 能够按季度计算企业所得税的预缴税额；

2. 能够进行年度企业所得税应税所得额的纳税调整，会计算企业所得税年度应纳所得税税额；

3. 能够正确填写企业所得税月（季）度预缴纳税申报表；

4. 能够正确填写企业所得税年度纳税申报表，会办理企业所得税年度汇算清缴工作。

二、任务描述

1. 根据东海电器制造有限公司提供的第四季度收支资料，计算该企业第四季度应预缴的企业所得税税额；

2. 根据会计师事务所的审计意见进行纳税调整，计算东海电器制造有限公司 2025 年应补缴的企业所得税税额；

3. 按照分季据实预缴的办法填写第四季度企业所得税预缴纳税申报表；

4. 根据会计师事务所的审计情况，填写企业所得税纳税申报表及其相关附表。

三、操作准备

1. 学习《中华人民共和国企业所得税法》《中华人民共和国企业所得税法实施条例》和其他企业所得税相关法律法规；

2. 在税务实训室进行，准备企业基本情况、各类收支业务等资料；

3. 准备中华人民共和国企业所得税月（季）度预缴纳税申报表（A 类）、企业所得税年度纳税申报表附表、企业所得税年度纳税申报表（A 类）。

四、实训材料

1. 企业基本情况：

企业名称：东海电器制造有限公司

企业统一社会信用代码：310200501673834834

企业机构代码：785209447

企业地址：东海市滨河路 234 号

法人代表：陈洪富

注册资本：5 000 万元

企业类型：有限责任公司

经营范围：电器制造、销售

企业开户银行及账号：工商银行东海市滨河支行 8522671260890859431

财务负责人：刘春

办税员：郑日照

东海电器制造有限公司为增值税一般纳税人，2025 年度有员工 480 人，月工资薪金为 2 500 元，企业所得税实行按月计算，分季据实预缴办法。

2. 假设 2025 年度企业经营资料如下：

（1）2025 年收入汇总表见表 5–12。

表 5–12　2025 年收入汇总表　　单位：万元

项目	第一季度	第二季度	第三季度	第四季度	总计
1. 主营业务收入小计	1 925	1 700	2 000	2 100	7 725
销售货物收入	1 925	1 700	2 000	2 100	7 725
2. 其他业务收入小计	20	40	40	60	160
(1) 材料销售收入	20	30	20	30	100
(2) 提供运输服务收入		10	20	30	60
3. 投资收益小计	15	15	20	15	65
4. 营业外收入小计			10	40	50
(1) 处置固定资产净收益				20	20
(2) 出售无形资产收益			10	20	30
总计	1 960	1 755	2 070	2 215	8 000

（2）2025 年成本费用汇总表见表 5–13。

表 5–13　2025 年成本费用汇总表　　单位：万元

项目	第一季度	第二季度	第三季度	第四季度	总计
1. 主营业务成本小计	1 225	1 030	1 330	1 365	4 950
销售货物成本	1 225	1 030	1 330	1 365	4 950
2. 其他业务成本小计	15	20	20	35	90
(1) 材料销售成本	15	15	10	20	60
(2) 提供运输服务成本		5	10	15	30
3. 营业外支出小计			20	50	70
(1) 固定资产盘亏				11	11
(2) 罚款支出			20	19	39

续表

项目	第一季度	第二季度	第三季度	第四季度	总计
(3) 捐赠支出				20	20
4. 期间费用小计	700	690	690	740	2 820
(1) 销售费用	300	290	290	320	1 200
(2) 管理费用	395	395	395	415	1 600
(3) 财务费用	5	5	5	5	20
总计	1 940	1 740	2 060	2 190	7 930

（3）2025 年流转税费汇总表，不考虑财政性规费（教育费附加除外），见表 5-14。

表 5-14　2025 年流转税费汇总表　　单位：万元

项目	第一季度	第二季度	第三季度	第四季度	总计
1. 增值税	75.00	60.5	64.00	73.22	272.72
2. 城市维护建设税	5.25	4.24	4.48	5.13	19.10
3. 教育费附加	2.25	1.81	1.92	2.20	8.18
总计	82.50	66.55	70.40	80.55	300.00

（4）2025 年 1—3 季度企业会计利润额及已缴的所得税汇总表见表 5-15。

表 5-15　2025 年 1—3 季度企业会计利润额及已缴的所得税汇总表　　单位：万元

项目	第一季度	第二季度	第三季度	第四季度	合计
1. 会计利润额	12.50	8.95	3.60		
2. 已缴企业所得税	3.125	2.237 5	0.90		

3. 假设经聘请的会计师事务所审计，发现有关税收问题如下：

（1）扣除的成本费用中包括全年的工资费用，职工福利费 203 万元、职工工会经费 30 万元和职工教育经费 37 万元，该企业已成立工会组织，拨缴工会经费有上交的专用收据。

（2）企业全年提取无形资产减值准备金 1.38 万元。

（3）收入总额 8 000 万元中含国债利息收入 7 万元，金融债券利息收入 20 万元，从被投资的未上市的国有企业分回的税后股息 38 万元（被投资企业的企业所得税税率 15%）。

（4）当年 1 月，该企业向其他企业借款 200 万元，借款期限为 1 年，年利率为 8%，同期银行贷款利率为 6%。企业所支付的借款利息费用共计 16 万元，全部计入了财务费用。

（5）企业全年发生的业务招待费 45 万元，广告费和业务宣传费 1 190 万元，全都作了扣除。

（6）去年 12 月，该企业通过当地政府机关向贫困山区捐赠家电产品一批，成本价 20 万元，市场销售价格 23 万元，企业核算时按成本价值直接冲减了库存商品，按市场销售价格计算的增值税销项税额 2.99 万元与成本价合计 22.99 万元记入“营业外支出”账户。

（7）“营业外支出”账户中还列支缴纳的税款滞纳金 3 万元，银行借款超期罚息 6 万元，给购买方的折扣 12 万元，意外事故净损失 8 万元，非广告性赞助 10 万元，全都如实作了扣除。

（8）“管理费用”账户中含有新技术的研究费用为 30 万元。

4. 企业所得税月（季）度预缴纳税申报表见表 5–16，企业所得税年度纳税申报主表见表 5–17，企业所得税年度纳税申报主表的相关附表见表 5–18 — 表 5–27。

表 5–16　企业所得税月（季）度预缴纳税申报表

中华人民共和国企业所得税月(季)度预缴纳税申报表(A 类)

A200000　　　　税款所属期间：　年　月　日至　　年　月　日

纳税人识别号(统一社会信用代码)：□□□□□□□□□□□□□□□□□□□□

纳税人名称：　　　　　　　　　　　　　　　　　　　　金额单位：人民币元(列至角分)

优惠及附报事项有关信息									
项目	一季度		二季度		三季度		四季度		季度平均值
	季初	季末	季初	季末	季初	季末	季初	季末	
从业人数									
资产总额(万元)									
国家限制或禁止行业	□是　□否				小型微利企业				□是　□否
	附报事项名称								金额或选项
事项 1	(填写特定事项名称)								
事项 2	(填写特定事项名称)								
	预缴税款计算								本年累计
1	营业收入								
2	营业成本								
3	利润总额								
4	加：特定业务计算的应纳税所得额								
5	减：不征税收入								
6	减：资产加速折旧、摊销(扣除)调减额(填写 A201020)								
7	减：免税收入、减计收入、加计扣除(7.1+7.2+…)								

续表

<table>
<tr><th></th><th colspan="2">预缴税款计算</th><th>本年累计</th></tr>
<tr><td>7.1</td><td colspan="2">（填写优惠事项名称）</td><td></td></tr>
<tr><td>7.2</td><td colspan="2">（填写优惠事项名称）</td><td></td></tr>
<tr><td>8</td><td colspan="2">减：所得减免（8.1+8.2+…）</td><td></td></tr>
<tr><td>8.1</td><td colspan="2">（填写优惠事项名称）</td><td></td></tr>
<tr><td>8.2</td><td colspan="2">（填写优惠事项名称）</td><td></td></tr>
<tr><td>9</td><td colspan="2">减：弥补以前年度亏损</td><td></td></tr>
<tr><td>10</td><td colspan="2">实际利润额（3+4−5−6−7−8−9）\ 按照上一纳税年度应纳税所得额平均额确定的应纳税所得额</td><td></td></tr>
<tr><td>11</td><td colspan="2">税率（25%）</td><td></td></tr>
<tr><td>12</td><td colspan="2">应纳所得税额（10×11）</td><td></td></tr>
<tr><td>13</td><td colspan="2">减：减免所得税额（13.1+13.2+…）</td><td></td></tr>
<tr><td>13.1</td><td colspan="2">（填写优惠事项名称）</td><td></td></tr>
<tr><td>13.2</td><td colspan="2">（填写优惠事项名称）</td><td></td></tr>
<tr><td>14</td><td colspan="2">减：本年实际已缴纳所得税额</td><td></td></tr>
<tr><td>15</td><td colspan="2">减：特定业务预缴（征）所得税额</td><td></td></tr>
<tr><td>16</td><td colspan="2">本期应补（退）所得税额（12−13−14−15）\ 税务机关确定的本期应纳所得税额</td><td></td></tr>
<tr><th colspan="4">汇总纳税企业总分机构税款计算</th></tr>
<tr><td>17</td><td rowspan="4">总机构</td><td>总机构本期分摊应补（退）所得税额（18+19+20）</td><td></td></tr>
<tr><td>18</td><td>其中：总机构分摊应补（退）所得税额（16×总机构分摊比例____%）</td><td></td></tr>
<tr><td>19</td><td>财政集中分配应补（退）所得税额（16×财政集中分配比例____%）</td><td></td></tr>
<tr><td>20</td><td>总机构具有主体生产经营职能的部门分摊所得税额（16×全部分支机构分摊比例____%×总机构具有主体生产经营职能部门分摊比例____%）</td><td></td></tr>
<tr><td>21</td><td rowspan="2">分支机构</td><td>分支机构本期分摊比例</td><td></td></tr>
<tr><td>22</td><td>分支机构本期分摊应补（退）所得税额</td><td></td></tr>
<tr><th colspan="4">实际缴纳企业所得税计算</th></tr>
<tr><td>23</td><td colspan="2">减：民族自治地区企业所得税地方分享部分：□免征□减征：减征幅度____%）｜本年累计应减免金额[（12−13−15）×40%×减征幅度]</td><td></td></tr>
<tr><td>24</td><td colspan="2">实际应补（退）所得税额</td><td></td></tr>
</table>

谨声明：本纳税申报表是根据国家税收法律法规及相关规定填报的，是真实的、可靠的、完整的。

纳税人（签章）：　　年　月　日

经办人： 经办人身份证号： 代理机构签章： 代理机构统一社会信用代码：	受理人： 受理税务机关（章）： 受理日期：　　年　月　日

国家税务总局监制

表 5-17　企业所得税年度纳税申报主表

A100000　　企业所得税年度纳税申报主表　　单位：元

行次	类别	项目	金额
		一、营业收入（填写 A101010\101020\103000）	
2		减：营业成本（填写 A102010\102020\103000）	
3		减：税金及附加	
4		减：销售费用（填写 A104000）	
5		减：管理费用（填写 A104000）	
6		减：研发费用（填写 A104000）	
7		减：财务费用（填写 A104000）	
8		加：其他收益	
9	利润总额计算	加：投资收益（损失以'-'号填列）	
10		加：净敞口套期收益（损失以'-'号填列）	
11		加：公允价值变动收益（损失以'-'号填列）	
12		加：信用减值损失（损失以'-'号填列）	
13		加：资产减值损失（损失以'-'号填列）	
14		加：资产处置收益（损失以'-'号填列）	
15		二、营业利润（亏损以'-'号填列）	
16		加：营业外收入（填写 A101010\101020\103000）	
17		减：营业外支出（填写 A102010\102020\103000）	
18		三、利润总额（15+16-17）	
19		减：境外所得（填写 A108010）	
20		加：纳税调整增加额（填写 A105000）	
21		减：纳税调整减少额（填写 A105000）	
22		减：免税、减计收入及加计扣除（22.1+22.2+…）	
22.1		（填写优惠事项名称）	
22.2	应纳税所得额计算	（填写优惠事项名称）	
23		加：境外应税所得抵减境内亏损（填写 A108000）	
24		四、纳税调整后所得（18-19+20-21-22+23）	
25		减：所得减免（填写 A107020）	
26		减：弥补以前年度亏损（填写 A106000）	
27		减：抵扣应纳税所得额（填写 A107030）	
28		五、应纳税所得额（24-25-26-27）	

续表

行次	类别	项目	金额
29	应纳税额计算	税率(25%)	
30		六、应纳所得税额(28×29)	
31		减:减免所得税额(31.1+31.2+⋯)	
31.1		(填写优惠事项名称)	
31.2		(填写优惠事项名称)	
32		减:抵免所得税额(填写 A107050)	
33		七、应纳税额(30-31-32)	
34		加:境外所得应纳所得税额(填写 A108000)	
35		减:境外所得抵免所得税额(填写 A108000)	
36		八、实际应纳所得税额(33+34-35)	
37	实际应补(退)税额计算	减:本年累计预缴所得税额	
38		九、本年应补(退)所得税额(36-37)	
39		其中:总机构分摊本年应补(退)所得税额(填写 A109000)	
40		财政集中分配本年应补(退)所得税额(填写 A109000)	
41		总机构主体生产经营部门分摊本年应补(退)所得税额(填写 A109000)	
42		减:民族自治地区企业所得税地方分享部分:(免征 减征:减征幅度____%)	
43		减:稽查查补(退)所得税额	
44		减:特别纳税调整补(退)所得税额	
45		十、本年实际应补(退)所得税额(38-42-43-44)	

表 5-18 一般企业收入明细表(A101010) 单位:元

行次	项目	金额
1	一、营业收入(2+9)	
2	(一)主营业务收入(3+5+6+7+8)	
3	1. 销售商品收入	
4	其中:非货币性资产交换收入	
5	2. 提供劳务收入	
6	3. 建造合同收入	
7	4. 让渡资产使用权收入	

续表

行次	项目	金额
8	5. 其他	
9	(二) 其他业务收入(10+12+13+14+15)	
10	1. 销售材料收入	
11	其中:非货币性资产交换收入	
12	2. 出租固定资产收入	
13	3. 出租无形资产收入	
14	4. 出租包装物和商品收入	
15	5. 其他	
16	二、营业外收入(17+18+19+20+21+22+23+24+25+26)	
17	(一) 非流动资产处置利得	
18	(二) 非货币性资产交换利得	
19	(三) 债务重组利得	
20	(四) 政府补助利得	
21	(五) 盘盈利得	
22	(六) 捐赠利得	
23	(七) 罚没利得	
24	(八) 确实无法偿付的应付款项	
25	(九) 汇兑收益	
26	(十) 其他	

表 5-19　一般企业成本支出明细表（A102010）　单位：元

行次	项目	金额
1	一、营业成本(2+9)	
2	(一) 主营业务成本(3+5+6+7+8)	
3	1. 销售商品成本	
4	其中:非货币性资产交换成本	
5	2. 提供劳务成本	
6	3. 建造合同成本	
7	4. 让渡资产使用权成本	
8	5. 其他	
9	(二) 其他业务成本(10+12+13+14+15)	

续表

行次	项目	金额
10	1. 销售材料成本	
11	其中:非货币性资产交换成本	
12	2. 出租固定资产成本	
13	3. 出租无形资产成本	
14	4. 包装物出租成本	
15	5. 其他	
16	二、营业外支出(17＋18＋19＋20＋21＋22＋23＋24＋25＋26)	
17	(一)非流动资产处置损失	
18	(二)非货币性资产交换损失	
19	(三)债务重组损失	
20	(四)非常损失	
21	(五)捐赠支出	
22	(六)赞助支出	
23	(七)罚没支出	
24	(八)坏账损失	
25	(九)无法收回的债券股权投资损失	
26	(十)其他	

表 5-20 期间费用明细表(A104000) 单位：元

行次	项目	销售费用	其中:境外支付	管理费用	其中:境外支付	财务费用	其中:境外支付
		1	2	3	4	5	6
1	一、职工薪酬		*		*	*	*
2	二、劳务费					*	*
3	三、咨询顾问费					*	*
4	四、业务招待费		*		*	*	*
5	五、广告费和业务宣传费		*		*	*	*
6	六、佣金和手续费						
7	七、资产折旧摊销费		*		*	*	*

续表

行次	项目	销售费用	其中：境外支付	管理费用	其中：境外支付	财务费用	其中：境外支付
		1	2	3	4	5	6
8	八、财产损耗、盘亏及毁损损失		*		*	*	*
9	九、办公费		*		*	*	*
10	十、董事会费		*		*	*	*
11	十一、租赁费					*	*
12	十二、诉讼费		*		*	*	*
13	十三、差旅费		*		*	*	*
14	十四、保险费		*		*	*	*
15	十五、运输、仓储费					*	*
16	十六、修理费					*	*
17	十七、包装费		*		*	*	*
18	十八、技术转让费					*	*
19	十九、研究费用					*	*
20	二十、各项税费		*		*	*	*
21	二十一、利息收支	*	*	*	*		
22	二十二、汇兑差额	*	*	*	*		
23	二十三、现金折扣	*	*	*	*		*
24	二十四、党组织工作经费						
25	二十五、其他						
26	合计(1+2+3+…+25)						

表 5–21　纳税调整项目明细表（A105000）　单位：元

行次	项目	账载金额	税收金额	调增金额	调减金额
		1	2	3	4
1	一、收入类调整项目(2+3+4+5+6+7+8+10+11)	*	*		
2	(一)视同销售收入(填写 A105010)	*			*
3	(二)未按权责发生制原则确认的收入(填写 A105020)				

续表

行次	项目	账载金额	税收金额	调增金额	调减金额
		1	2	3	4
4	（三）投资收益（填写 A105030）				
5	（四）按权益法核算长期股权投资对初始投资成本调整确认收益	*	*	*	
6	（五）交易性金融资产初始投资调整	*	*		*
7	（六）公允价值变动净损益		*		
8	（七）不征税收入	*	*		
9	其中：专项用途财政性资金（填写 A105040）	*	*		
10	（八）销售折扣、折让和退回				
11	（九）其他				
12	二、扣除类调整项目（13＋14＋15＋16＋17＋18＋19＋20＋21＋22＋23＋24＋26＋27＋28＋29＋30）	*	*		
13	（一）视同销售成本（填写 A105010）	*		*	
14	（二）职工薪酬（填写 A105050）				
15	（三）业务招待费支出				*
16	（四）广告费和业务宣传费支出（填写 A105060）	*	*		
17	（五）捐赠支出（填写 A105070）				*
18	（六）利息支出				
19	（七）罚金、罚款和被没收财物的损失		*		*
20	（八）税收滞纳金、加收利息		*		*
21	（九）赞助支出		*		*
22	（十）与未实现融资收益相关在当期确认的财务费用				
23	（十一）佣金和手续费支出（保险企业填写 A105060）				*
24	（十二）不征税收入用于支出所形成的费用	*	*		*
25	其中：专项用途财政性资金用于支出所形成的费用（填写 A105040）	*	*		*
26	（十三）跨期扣除项目				
27	（十四）与取得收入无关的支出		*		*

续表

行次	项目	账载金额	税收金额	调增金额	调减金额
		1	2	3	4
28	(十五)境外所得分摊的共同支出	*	*		*
29	(十六)党组织工作经费				
30	(十七)其他				
31	三、资产类调整项目(32+33+34+35)	*	*		
32	(一)资产折旧、摊销(填写A105080)				
33	(二)资产减值准备金		*		
34	(三)资产损失(填写A105090)				
35	(四)其他				
36	四、特殊事项调整项目(37+38+39+40+41+42+43)	*	*		
37	(一)企业重组及递延纳税事项(填写A105100)				
38	(二)政策性搬迁(填写A105110)	*	*		
39	(三)特殊行业准备金(39.1+39.2+39.4+39.5+39.6+39.7)	*	*		
39.1	1. 保险公司保险保障基金				
39.2	2. 保险公司准备金				
39.3	其中:已发生未报案未决赔款准备金				
39.4	3. 证券行业准备金				
39.5	4. 期货行业准备金				
39.6	5. 中小企业融资(信用)担保机构准备金				
39.7	6. 金融企业、小额贷款公司准备金(填写A105120)	*	*		
40	(四)按房地产开发企业特定业务计算的纳税调整额(填写A105010)	*			
41	(五)有限合伙企业法人合伙方应得的应纳税所得额	*			
42	(六)发行永续债利息支出				
43	(七)其他	*	*		
44	五、特别纳税调整应税所得	*	*		
45	六、其他	*	*		
46	合计(1+12+31+36+44+45)	*	*		

表 5-22 视同销售和房地产开发企业特定业务纳税调整明细表（A105010） 单位：元

行次	项目	税收金额	纳税调整金额
		1	2
1	一、视同销售（营业）收入（2+3+…+10）		
2	（一）非货币性资产交换视同销售收入		
3	（二）用于市场推广或销售视同销售收入		
4	（三）用于交际应酬视同销售收入		
5	（四）用于职工奖励或福利视同销售收入		
6	（五）用于股息分配视同销售收入		
7	（六）用于对外捐赠视同销售收入		
8	（七）用于对外投资项目视同销售收入		
9	（八）提供劳务视同销售收入		
10	（九）其他		
11	二、视同销售（营业）成本（12+13+…+20）		
12	（一）非货币性资产交换视同销售成本		
13	（二）用于市场推广或销售视同销售成本		
14	（三）用于交际应酬视同销售成本		
15	（四）用于职工奖励或福利视同销售成本		
16	（五）用于股息分配视同销售成本		
17	（六）用于对外捐赠视同销售成本		
18	（七）用于对外投资项目视同销售成本		
19	（八）提供劳务视同销售成本		
20	（九）其他		
21	三、房地产开发企业特定业务计算的纳税调整额（22－26）		
22	（一）房地产企业销售未完工开发产品特定业务计算的纳税调整额（24－25）		
23	1. 销售未完工产品的收入		*
24	2. 销售未完工产品预计毛利额		
25	3. 实际发生的营业税金及附加、土地增值税		
26	（二）房地产企业销售的未完工产品转完工产品特定业务计算的纳税调整额（28－29）		
27	1. 销售未完工产品转完工产品确认的销售收入		*
28	2. 转回的销售未完工产品预计毛利额		
29	3. 转回实际发生的税金及附加、土地增值税		

表 5-23　职工薪酬支出及纳税调整明细表（A105050）　单位：元

行次	项目	账载金额	实际发生额	税收规定扣除率	以前年度累计结转扣除额	税收金额	纳税调整金额	累计结转以后年度扣除额
		1	2	3	4	5	6（1–5）	7（1+4–5）
1	一、工资薪金支出				*			*
2	其中:股权激励				*			*
3	二、职工福利费支出				*			*
4	三、职工教育经费支出							
5	其中:按税收规定比例扣除的职工教育经费							
6	按税收规定全额扣除的职工培训费用				*			*
7	四、工会经费支出				*			*
8	五、各类基本社会保障性缴款				*			*
9	六、住房公积金			*	*			*
10	七、补充养老保险				*			*
11	八、补充医疗保险				*			*
12	九、其他			*				*
13	合计(1+3+4+7+8+9+10+11+12)			*				

表 5-24　广告费和业务宣传费等跨年度纳税调整明细表（A105060）　单位：元

行次	项目	广告费和业务宣传费	保险企业手续费及佣金支出
		1	2
1	一、本年支出		
2	减:不允许扣除的支出		
3	二、本年符合条件的支出(1−2)		
4	三、本年计算扣除限额的基数		
5	乘:税收规定扣除率		
6	四、本企业计算的扣除限额(4×5)		
7	五、本年结转以后年度扣除额(3>6,本行 =3−6；3≤6,本行 =0)		

续表

行次	项目	广告费和业务宣传费	保险企业手续费及佣金支出
		1	2
8	加：以前年度累计结转扣除额		
9	减：本年扣除的以前年度结转额[3>6，本行=0；3≤6，本行=8与(6-3)孰小值]		
10	六、按照分摊协议归集至其他关联方的金额(10≤3与6孰小值)		
11	按照分摊协议从其他关联方归集至本企业的金额		
12	七、本年支出纳税调整金额(3>6，本行=2+3-6+10-11；3≤6，本行=2+10-11-9)		
13	八、累计结转以后年度扣除额(7+8-9)		

表 5-25 捐赠支出及纳税调整明细表（A105070） 单位：元

行次	项目	账载金额	以前年度结转可扣除的捐赠额	按税收规定计算的扣除限额	税收金额	纳税调增金额	纳税调减金额	可结转以后年度扣除的捐赠额
		1	2	3	4	5	6	7
1	一、非公益性捐赠		*	*	*		*	*
2	二、限额扣除的公益性捐赠(3+4+5+6)							
3	前三年度（ 年）	*		*	*	*		*
4	前二年度（ 年）	*		*	*	*		
5	前一年度（ 年）	*		*	*	*		
6	本年（ 年）		*				*	
7	三、全额扣除的公益性捐赠		*	*		*	*	*
8	1.		*	*		*	*	*
9	2.		*	*		*	*	*
10	3.		*	*		*	*	*
11	合计(1+2+7)							
附列资料	2020年度至本年发生的公益性扶贫捐赠合计金额		*	*		*	*	*

表 5-26　研发费用加计扣除优惠明细表（A107012）　　金额单位：元

行次	项目	金额(数量)
1	本年可享受研发费用加计扣除项目数量	
2	一、自主研发、合作研发、集中研发(3+7+16+19+23+34)	
3	(一) 人员人工费用(4+5+6)	
4	1. 直接从事研发活动人员工资薪金	
5	2. 直接从事研发活动人员五险一金	
6	3. 外聘研发人员的劳务费用	
7	(二) 直接投入费用(8+9+10+11+12+13+14+15)	
8	1. 研发活动直接消耗材料费用	
9	2. 研发活动直接消耗燃料费用	
10	3. 研发活动直接消耗动力费用	
11	4. 用于中间试验和产品试制的模具、工艺装备开发及制造费	
12	5. 用于不构成固定资产的样品、样机及一般测试手段购置费	
13	6. 用于试制产品的检验费	
14	7. 用于研发活动的仪器、设备的运行维护、调整、检验、维修等费用	
15	8. 通过经营租赁方式租入的用于研发活动的仪器、设备租赁费	
16	(三) 折旧费用(17+18)	
17	1. 用于研发活动的仪器的折旧费	
18	2. 用于研发活动的设备的折旧费	
19	(四) 无形资产摊销(20+21+22)	
20	1. 用于研发活动的软件的摊销费用	
21	2. 用于研发活动的专利权的摊销费用	
22	3. 用于研发活动的非专利技术(包括许可证、专有技术、设计和计算方法等)的摊销费用	
23	(五) 新产品设计费等(24+25+26+27)	
24	1. 新产品设计费	
25	2. 新工艺规程制定费	
26	3. 新药研制的临床试验费	
27	4. 勘探开发技术的现场试验费	

续表

行次	项目	金额（数量）
28	（六）其他相关费用（29+30+31+32+33）	
29	1. 技术图书资料费、资料翻译费、专家咨询费、高新科技研发保险费	
30	2. 研发成果的检索、分析、评议、论证、鉴定、评审、评估、验收费用	
31	3. 知识产权的申请费、注册费、代理费	
32	4. 职工福利费、补充养老保险费、补充医疗保险费	
33	5. 差旅费、会议费	
34	（七）经限额调整后的其他相关费用	
35	二、委托研发（36+37+39）	
36	（一）委托境内机构或个人进行研发活动所发生的费用	
37	（二）委托境外机构进行研发活动发生的费用	
38	其中：允许加计扣除的委托境外机构进行研发活动发生的费用	
39	（三）委托境外个人进行研发活动发生的费用	
40	三、年度研发费用小计（2+36×80%+38）	
41	（一）本年费用化金额	
42	（二）本年资本化金额	
43	四、本年形成无形资产摊销额	
44	五、以前年度形成无形资产本年摊销额	
45	六、允许扣除的研发费用合计（41+43+44）	
46	减：特殊收入部分	
47	七、允许扣除的研发费用抵减特殊收入后的金额（45−46）	
48	减：当年销售研发活动直接形成产品（包括组成部分）对应的材料部分	
49	减：以前年度销售研发活动直接形成产品（包括组成部分）对应材料部分结转金额	
50	八、加计扣除比例及计算方法	
51	九、本年研发费用加计扣除总额（47−48−49）×50	
52	十、销售研发活动直接形成产品（包括组成部分）对应材料部分结转以后年度扣减金额（47−48−49≥0，本行＝0；47−48−49<0，本行＝47−48−49的绝对值）	

表 5-27　符合条件的居民企业之间的股息、红利等权益性投资收益优惠明细表（A107011）

单位：元

行次	被投资企业	被投资企业统一社会信用代码（纳税人识别号）	投资性质	投资成本	投资比例	被投资企业利润分配确认金额		被投资企业清算确认金额			撤回或减少投资确认金额						合计
						被投资企业做出利润分配或转股决定时间	依决定归属于本公司的股息、红利等权益性投资收益金额	分得的被投资企业清算剩余资产	被清算企业累计未分配利润和累计盈余公积应享有部分	应确认的股息所得	从被投资企业撤回或减少投资取得的资产	减少投资比例	收回初始投资成本	取得资产中超过收回初始投资成本部分	撤回或减少投资应享有被投资企业累计未分配利润和累计盈余公积	应确认的股息所得	
	1	2	3	4	5	6	7	8	9	10（8与9孰小）	11	12	13（4×12）	14（11−13）	15	16（14与15孰小值）	17（7+10+16）
1																	
2																	
3																	
4																	
5																	
6																	
7																	
8	合计																
9	其中：直接投资或非H股票投资																
10	股票投资—沪港通H股																
11	股票投资—深港通H股																
12	创新企业CDR																
13	永续债																

第四部分　职业拓展能力训练

1. 通过改变固定资产折旧对企业所得税影响的纳税筹划

胜利汽车制造厂于 2024 年 12 月购入一台大型电子设备并投入使用，价值 1 000 万元，从 2025 年 1 月 1 日起计提折旧，预计净残值为 5%，企业所得税税率为 25%，请回答以下问题：

（1）假设折旧年限可以选择 3 年、5 年，采用平均年限法计提折旧，试分析两种方案对企业所得税的不同影响

（2）假定折旧年限均为 3 年，折旧方法可采用平均年限法、双倍余额递减法和年数总和法，试分析三种方案对企业所得税的不同影响。

2. 利用不征税收入进行企业所得税的纳税筹划

2021 年 3 月，滨海东方电子开发有限公司为了进行重大科技项目研究，需要购置一台设备，购置成本为 480 万元。由于资金不足，经过申请，滨海市财政部门于 2021 年 5 月拨付补助款 210 万元。设备于 2021 年 6 月投入使用，预计使用寿命 5 年，采用直线法折旧，不考虑残值。假定 2025 年 6 月该公司出售了该设备，售价为 80 万元。

会计处理如下所示。

（1）2021 年 5 月收到拨款，确认政府补助：

借：银行存款	2 100 000	
贷：递延收益		2 100 000

（2）2021 年购置设备：

借：固定资产	4 800 000	
贷：银行存款		4 800 000

（3）自 2021 年 7 月起，按月计提折旧，并分摊递延收益：

借：管理费用	80 000	
贷：累计折旧		80 000
借：递延收益	35 000	
贷：营业外收入		35 000

（4）2025 年 6 月，出售设备：

借：固定资产清理	960 000	
累计折旧	3 840 000	
贷：固定资产		4 800 000

（5）转销递延收益：

借：递延收益　　420 000

　　贷：营业外收入　　420 000

试分析滨海东方电子开发有限公司2021年、2023年、2025年应调减的应纳税所得额。

项目六

个人所得税智慧化申报与管理

第一部分　知识点回顾

一、个人所得税纳税人和征税范围的确定

1. 个人所得税的纳税义务人和扣缴义务人

个人所得税的纳税人为符合税法规定的个人，按照住所和居住时间两个标准划分为居民个人和非居民个人，具体见表 6–1。

表 6–1　个人所得税的纳税人

纳税人	判定标准	征收范围
居民个人	① 在中国境内有住所的个人； ② 在中国境内无住所，累计居住满 183 天的个人	来源于中国境内和境外的全部所得纳税
非居民个人	① 在中国境内无住所且不居住的个人； ② 在中国境内无住所且累计居住不满 183 天的个人	仅就其来源于中国境内的所得在我国纳税

注：① "住所"，是指因户籍、家庭、经济利益关系而在中国境内习惯性住所。

② "居住累计满 183 天"，是指一个纳税年度（即公历 1 月 1 日起至 12 月 31 日止，下同）内在中国境内居住累计满 183 天。

中国境内无住所人员，工资、薪金所得征税规定见表 6–2。

表 6–2　中国境内无住所人员，工资、薪金所得征税规定

居住时间	纳税人性质	境内所得		境外所得	
		境内支付	境外支付	境内支付	境外支付
90 天以内	非居民	√	免税	×	×
90 天 ~183 天	非居民	√	√	×	×
居住满 183 天的年度连续不满 6 年的（在中国境内居住累计满 183 天的任一年度中有一次离境超过 30 天的，其在中国境内居住累计满 183 天的年度的连续年限重新起算）	居民	√	√	√	免税

续表

居住时间	纳税人性质	境内所得		境外所得	
		境内支付	境外支付	境内支付	境外支付
居住满 183 天的年度连续满 6 年且在 6 年内未发生单次离境超过 30 天情形的，从第 7 年开始	居民	√	√	√	√

注："√"代表属于征税范围，要征税；"×"代表不属于征税范围，不征税。

提示

我国按照住所和居住时间标准，划分居民纳税人和非居民纳税人，这两个标准是并列关系，有其一即构成居民纳税人。

我国个人所得税实行代扣代缴和个人申报纳税相结合的征收管理制度，凡支付应纳税所得的单位和个人，都是个人所得税的扣缴义务人。扣缴义务人在向纳税人支付各项应纳税所得（经营所得除外）时，必须履行代（预）扣代（预）缴税款的义务。

2. 个人所得税征税对象

（1）征税对象的形式和范围。

① 个人所得的形式包括现金、实物、有价证券和其他形式的经济利益。

② 居民个人应就来源于中国境内和境外的全部所得征税；非居民个人则只就来源于中国境内的所得部分征税，境外所得部分不属于我国征税范围。

（2）所得来源的确定。

① 工资、薪金所得，以纳税人任职、受雇的公司、企业、事业单位、机关、团体、部队、学校等单位的所在地作为所得来源地。

② 经营所得，以生产、经营活动实现地作为所得来源地。

③ 劳务报酬所得，以纳税人实际提供劳务的地点作为所得来源地。

④ 不动产转让所得，以不动产坐落地为所得来源地；动产转让所得，以实现转让的地点为所得来源地。

⑤ 财产租赁所得，以被租赁财产的使用地作为所得来源地。

⑥ 利息、股息、红利所得，以支付利息、股息、红利的企业、机构、组织的所在地作为所得来源地。

⑦ 特许权使用费所得，以特许权的使用地作为所得来源地。

（3）个人所得税的税目。税目即征税对象的具体化，对纳税人的不同所得要区分不同应税项目，以便正确计算应纳税额，我国现行的个人所得税税目共有 9 个细项，具体见表 6–3。

表 6-3 个人所得税税目

应税所得项目		注意事项
综合所得	工资、薪金所得	注意结合免税工薪项目： 下列项目不予征收个人所得税：独生子女补贴、执行公务员工资制度未纳入基本工资总额的补贴、津贴差额和家属成员的副食品补贴；托儿补助费；差旅费津贴、误餐补助
	劳务报酬所得	指个人独立从事非雇佣的各种劳务所得，共 29 项，如：设计、讲学、翻译、审稿、演出等
	稿酬所得	个人作品以图书、报刊形式出版、发表取得的所得
	特许权使用费所得	个人提供专利权等特许权的使用权取得的所得
经营所得		个体工商户、个人独资企业、合伙企业从事生产、经营活动取得的所得； 个人承包、承租、转包、转租以及从事其他生产、经营活动取得的所得
利息、股息、红利所得		国债和国家发行的金融债券利息免税； 个人储蓄存款利息暂免征收个人所得税
财产租赁所得		个人取得的财产转租收入，属于“财产租赁所得”的征税范围
财产转让所得		目前股票转让所得暂不征收个人所得税
偶然所得		得奖、中奖、中彩等所得

注意：居民个人取得的前面第一项至第四项所得（简称“综合所得”），按纳税年度合并计算个人所得税；非居民个人取得的综合所得，按月或者按次分项计算个人所得税。纳税人取得前面第五项至第九项所得，分项计算个人所得税。

3. 个人所得税税率

个人所得税依照所得项目的不同，分别确定了超额累进税率和比例税率，具体见表 6-4。

表 6-4 个人所得税税率及税目

税率	适用的税目
七级超额累进税率	综合所得
五级超额累进税率	经营所得
比例税率 20%（4 个税目）	① 利息、股息、红利所得；② 财产租赁所得；③ 财产转让所得；④ 偶然所得

4. 个人所得税的税收优惠

个人所得税的税收优惠政策分为免税项目、减税项目和暂免征税项目，具体见表 6-5。

表 6-5　个人所得税的税收优惠

优惠措施	具体内容
免税项目	① 省级人民政府、国务院部委和中国人民解放军军以上单位，以及外国组织、国际组织颁发的科学、教育、技术、文化、卫生、体育、环境保护等方面的奖金； ② 国债和国家发行的金融债券利息； ③ 按照国务院规定发给的政府特殊津贴、院士津贴、资深院士津贴和国务院规定免纳个人所得税的补贴、津贴； ④ 福利费、抚恤金、救济金； ⑤ 保险赔款； ⑥ 军人的转业费、复员费、退役金； ⑦ 按照国家统一规定发给干部、职工的安家费、退职费、基本养老金或者退休费、离休费、离休生活补助费； ⑧ 依照我国有关法律规定应予免税的各国驻华使馆、领事馆的外交代表、领事官员和其他人员的所得； ⑨ 中国政府参加的国际公约、签订的协议中规定免税的所得； ⑩ 国务院规定的其他免税所得，由国务院报全国人民代表大会常务委员会备案
减税项目	有下列情形之一的，经批准可以减征个人所得税： ① 残疾、孤老人员和烈属的所得； ② 因自然灾害遭受重大损失的
暂免征税项目	① 外籍个人以非现金形式或实报实销形式取得的住房补贴、伙食补贴、搬迁费、洗衣费； ② 外籍个人按合理标准取得的境内、境外出差补贴； ③ 外籍个人取得的语言训练费、子女教育费等，经当地税务机关审核批准为合理的部分； ④ 外籍个人从外商投资企业取得的股息、红利所得； ⑤ 个人举报、协查各种违法、犯罪行为而获得的奖金； ⑥ 个人办理代扣代缴税款手续，按规定取得的扣缴手续费； ⑦ 个人转让自用达 5 年以上，并且是唯一的家庭生活用房取得的所得； ⑧ 对个人购买福利彩票、体育彩票，一次中奖收入在 1 万元以下的（含 1 万元）暂免征收个人所得税，超过 1 万元的全额征收个人所得税； ⑨ 达到离、退休年龄，但确因工作需要，适当延长离、退休年龄的高级专家（指享受国家发放的政府特殊津贴的专家、学者），其在延长离、退休期间的工资、薪金所得，视同离、退休工资，免征个人所得税； ⑩ 个人转让上市公司股票的所得； ⑪ 企业和个人按规定比例提取并缴付的住房公积金、医疗保险金、基本养老保险金和失业保险基金（简称“三险一金”），免征个人所得税；个人领取“三险一金”免征个人所得税；按规定比例缴付的“三险一金”存入银行个人账户所取得的利息收入，免征个人所得税； ⑫ 对乡镇以上政府或县以上政府主管部门批准成立的见义勇为基金会或者类似组织，奖励见义勇为者的奖金或奖品，经主管税务机关批准，免征个人所得税； ⑬ 从 2015 年 9 月 8 日起，对个人投资应从上市公司取得的股息红利所得，按持股期限长短，其红利所得分别减按 0~100% 计入应纳税所得额； ⑭ 自 2008 年 10 月 9 日起，对储蓄存款利息所得暂免征收个人所得税

二、个人所得税税款计算

1. 个人所得税计税依据的确定

个人所得税的计税依据为个人取得的各项应税收入减去规定扣除项目或金额后的余额，即应纳税所得额。具体扣除办法等信息见表 6-6、表 6-7。

表 6-6　各税目收入扣除办法与标准

应税项目		扣除办法	扣除标准
综合所得	工资、薪金所得	定额扣除	月扣除 5 000 元或每年扣 60 000 元
	劳务报酬所得、特许权使用费所得	定率扣除办法	以每次收入减除 20%
	稿酬所得	定率扣除办法	在每次收入减除 20% 后再减按 70% 计算
财产租赁所得		定额与定率相结合扣除办法	每次收入≤4 000 元：定额扣 800 元 每次收入 >4 000 元：定率减除 20%
财产转让所得		会计核算办法扣除	转让财产的收入额减除财产原值和合理费用
经营所得		会计核算办法扣除	以每一纳税年度的收入总额减除成本、费用以及损失
利息、股息、红利所得、偶然所得		无费用扣除	以每次收入为应纳税所得额

表 6-7　综合所得中专项扣除、专项附加扣除及依法确定的其他扣除

扣除项目		扣除办法
专项扣除		按国家规定的范围和标准缴纳的基本养老保险、基本医疗保险、失业保险等社会保险费和住房公积金等，即“三险一金”
专项附加扣除	婴幼儿照护	对象：照护 3 岁以下婴幼儿子女的相关支出； 标准：每名婴幼儿每月 2 000 元标准定额扣除； 办法：父母各按 50% 扣除，也可以选择一方 100% 扣除，监护人不是父母的，也可按上述规定扣除
	子女教育	对象：子女年满 3 岁至小学入学前的学前教育和学历教育的相关支出； 标准：每个子女每月 2 000 元的定额扣除； 办法：父母各按 50% 扣除，也可以选择一方 100% 扣除
	继续教育	对象：本人在中国境内接受学历（学位）继续教育和专业技能职业资格培训支出； 标准：学历（学位）教育，每月 400 元，同一学历（学位）继续教育的扣除期限最长不超过 48 个月；职业资格教育每年 3 600 元定额扣除；同一年度内，两种继续教育可叠加扣除，最高 8 400 元 办法：本人接受本科及以下学历（学位）继续教育的，可以由其父母按照子女教育支出扣除，也可本人按继续教育扣除

续表

扣除项目		扣除办法
专项附加扣除	大病医疗	对象：一个年度内本人负担医疗超过15 000元的医药费支出； 标准：每年80 000元标准限额据实扣除； 办法：本人年度汇算清缴时扣除，可以选择由本人或者其配偶扣除，未成年子女发生的医药费用支出可以选择由其父母一方扣除
	住房贷款利息	对象：本人或配偶购买首套住房的贷款利息支出； 标准：每月1 000元标准定额扣除，扣除期限最长不超过240个月； 办法：夫妻双方约定由其中一方扣除；夫妻婚前分别购买的首套住房，可选择一套每月按1 000元扣除，也可双方分别按每月500元扣除
	住房租金	对象：本人或配偶在主要工作城市没有住房而发生的租房支出； 标准：直辖市、省会城市、计划单列市每月1 500元；市辖区户籍超过100万的城市每月1 100元；其他城市每月800元标准定额扣除； 办法：夫妻在同一城市的，只能由一方扣除；不在同一城市分别租房的，可以分别扣除
	赡养老人	对象：赡养60岁及以上父母及其他法定赡养人的支出； 标准：每月3 000元标准定额扣除； 办法：独生子女的，全额扣除；非独生子女的，兄弟姐妹约定分摊，一方每月最高不超过1 500元
依法确定的其他扣除		个人缴付符合国家规定的企业年金、职业年金，个人购买符合国家规定的商业健康保险、税收递延型商业养老保险的支出，以及国务院规定可以扣除的其他项目

2. 个人公益性捐赠支出的扣除

（1）基本规定——限额扣除法。对个人将其所得通过中国境内非营利的社会团体、国家机关向教育、公益事业和遭受严重自然灾害地区、贫困地区的公益、救济性捐赠，捐赠额未超过应纳税所得额30%的部分，准予从其应纳税所得额中扣除。但是，纳税义务人未通过中国境内的社会团体、国家机关而直接向受益人的捐赠，不得扣除。

（2）列举项目——全部扣除法。个人通过非营利的社会团体和国家机关进行的下列公益救济性捐赠支出，在计算缴纳个人所得税时，准予在税前的所得额中全额扣除：

① 向红十字事业的捐赠；

② 向农村义务教育的捐赠；

③ 向公益性青少年活动场所（其中包括新建）的捐赠。

3. 个人所得税应纳税额的计算

各税目应纳税额的计算见表6-8。

表 6-8 各税目应纳税额的计算

应税项目		税率	应纳税额计算
综合所得	平时预缴	七级超额累进税率	① 本期应预扣预缴税额 =(累计预扣预缴应纳税所得额 × 预扣率 - 速算扣除数)- 累计减免税额 - 累计已预扣预缴税额 ② 累计预扣预缴应纳税所得额 = 累计收入 - 累计免税收入 - 累计减除费用 - 累计专项扣除 - 累计专项附加扣除 - 累计依法确定的其他扣除
		比例税率	① 劳务报酬所得应预扣预缴税额 = 预扣预缴应纳税所得额 × 预扣率 - 速算扣除数 ② 稿酬所得、特许权使用费所得应预扣预缴税额 = 预扣预缴应纳税所得额 ×20% ③ 劳务报酬所得、稿酬所得、特许权使用费所得每次收入不超过 4 000 元的,减除费用按 800 元计算;每次收入 4 000 元以上的,减除费用按 20% 计算,稿酬所得的收入额减按 70% 计算 ④ 劳务报酬所得适用 20%~40% 的超额累进预扣率;稿酬所得、特许权使用费所得适用 20% 的比例预扣率
	年度汇算清缴	七级超额累进税率	① 全年应纳税所得额 = 全年收入额 - 费用扣除标准(60 000 元)- 专项扣除 - 专项附加扣除 - 依法确定的其他扣除 ② 全年应纳税额 =∑(各级距应纳税所得额 × 该级距的适用税率) 或 全年应纳税额 = 应纳税所得额 × 适用税率 - 速算扣除数 ③ 汇算清缴补缴(应退)税额 = 全年应纳税额 - 累计已纳税额
财产租赁所得		20% 的比例税率(居民住房租赁按 10%)	① 每次(月)收入≤4 000 元的: 应纳税额 =[每次(月)收入 - 准予扣除项目 - 修缮费用(800 元为限)- 800]×20%(或 10%) ② 每次(月)收入 >4 000 元的: 应纳税额 =[每次(月)收入 - 准予扣除项目 - 修缮费用(800 元为限)]×(1-20%)×20%(或 10%) 注意:个人出租房屋的个人所得税应税收入不含增值税,计算房屋出租所得可扣除的税费不包括本次出租缴纳的增值税
财产转让所得		20% 的比例税率	应纳税额 =(每次收入额 - 财产原值 - 合理税费)×20% 注意:个人转让房屋的个人所得税应税收入不含增值税,其取得房屋时所支付价款中包含的增值税计入财产原值,计算转让所得时可扣除的税费不包括本次转让缴纳的增值税
利息、股息、红利所得;偶然所得;其他所得		20% 的比例税率	应纳税额 = 收入 ×20% 注意:① 2008 年 10 月 9 日起,储蓄存款利息暂免征个人所得税;② 个人取得上市公司的股息所得,按持股期限长短,其红利所得分别减按 25%~100% 计入应纳税所得额
经营所得		五级超额累进税率	应纳税额 =(全年收入总额 - 成本费用及损失)× 适用税率 - 速算扣除数

三、个人所得税纳税申报

1. 个人所得税的扣缴申报

扣缴申报是指按照税法规定负有扣缴税款义务的单位或者个人，在向个人支付应纳税所得额时，应计算应纳税额，并从其所得中扣除，同时向税务机关报送扣缴个人所得税报告表。

个人所得税的扣缴义务人为支付个人应纳税所得的企业（公司）、事业单位、机关单位、社团组织、军队、驻华机构、个体户等单位或者个人。

税务机关应根据扣缴义务人所扣缴的税款，付给 2% 的手续费，由扣缴义务人用于代扣代缴费用开支和奖励代扣代缴工作做得较好的办税人员。

扣缴义务人每月所扣的税款，应当在次月 15 日内缴入国库，并向主管税务机关报送相关报表及税务机关要求报送的其他有关资料。

2. 个人所得税的自行申报

自行申报纳税是指由纳税人自行在税法规定的纳税期限内，向税务机关申报取得的应税所得项目和数额，如实填写个人所得税纳税申报表，并按照税法规定计算应纳税额，据此缴纳个人所得税的一种方法。相关内容如表 6–9 — 表 6–11 所示。

表 6–9　个人所得税自行申报和汇算清缴的范围

类型	具体范围
自行办理纳税申报的范围	① 取得综合所得需要办理汇算清缴； ② 取得应税所得没有扣缴义务人； ③ 取得应税所得，扣缴义务人未扣缴税款； ④ 取得境外所得； ⑤ 因移居境外注销中国户籍； ⑥ 非居民个人在中国境内从两处或者两处以上取得工资、薪金所得； ⑦ 国务院规定的其他情形
居民综合所得需要办理汇算清缴的范围	① 在两处或者两处以上取得综合所得，且综合所得年收入额减去专项扣除的余额超过 6 万元； ② 取得劳务报酬所得、稿酬所得、特许权使用费所得中一项或者多项所得，且综合所得年收入额减去专项扣除的余额超过 6 万元； ③ 纳税年度内预缴税额低于应纳税额，需补税且超过规定金额的； ④ 纳税人申请退税

表 6–10　个人所得税自行申报纳税地点

自行申报情形	申报地点
境内综合所得	① 在中国境内有任职、受雇单位的，向任职、受雇单位所在地税务机关申报。 ② 在中国境内有两处或者两处以上任职、受雇单位的，选择并固定向其中一处单位所在地税务机关申报。

续表

自行申报情形	申报地点
境内综合所得	③ 在中国境内无任职、受雇单位，年所得项目中无经营所得的，向户籍所在地主管税务机关申报
经营所得	实际经营所在地税务机关
从中国境外取得所得的或个人独资、合伙企业投资者兴办两个及以上企业的	① 从中国境外取得所得的，向中国境内户籍所在地主管税务机关申报。在中国境内有户籍，但户籍所在地与中国境内经常居住地不一致的，选择并固定向其中一地主管税务机关申报。在中国境内没有户籍的，向中国境内经常居住地主管税务机关申报。 ② 个人独资、合伙企业投资者兴办两个或两个以上企业的，区分不同情形确定纳税申报地点：兴办的企业全部是个人独资性质的，分别向各企业的实际经营管理所在地主管税务机关申报；兴办的企业中含有合伙性质的，向经常居住地主管税务机关申报；兴办的企业中含有合伙性质，个人投资者经常居住地与其兴办企业的经营管理所在地不一致的，选择并固定向其参与兴办的某一合伙企业的经营管理所在地主管税务机关申报

表 6-11　个人所得税自行申报期限

纳税人	具体内容
居民综合所得	按年计算个人所得税，有扣缴义务人的，由扣缴义务人按月或者按次预扣预缴税款；需要办理汇算清缴的，取得所得的次年 3 月 1 日至 6 月 30 日内办理汇算清缴
经营所得	分月预缴的，在每月终了后 15 日内办理纳税申报；分季预缴的，在每个季度终了后 15 日内办理纳税申报。纳税年度终了后 3 个月内进行汇算清缴
应税所得没有扣缴义务人的	应当在取得所得的次月 15 日内向税务机关报送纳税申报表，并缴纳税款
扣缴义务人未扣缴税款的	纳税人应当在取得所得的次年 6 月 30 日前，缴纳税款；税务机关通知限期缴纳的，纳税人应当按照期限缴纳税款
境外所得	应当在取得所得的次年 3 月 1 日至 6 月 30 日内申报纳税
其他情形	在取得所得的次月 15 日内向主管税务机关办理纳税申报

四、个人所得税涉税风险与管理

（1）分析个人所得税税收风险点。需要根据单位的实际情况，分析单位预扣预缴个人所得税相关环节可能存在的税收风险点。

（2）进行个人所得税税收风险自我评价。定期检查单位的工资发放表信息，劳务费支出明细账，利润分配账户，业务宣传费、广告费、业务招待费等明细账户的扣缴情况是否正确，进行自我评价，以应对税务机关对单位的税务约谈和实地核查工作。

第二部分　职业判断能力训练

一、单项选择题

1. 张某月工资 5 000 元，2025 年 12 月从中国境内取得年终奖 48 000 元，张某 12 月份应预缴个人所得税（　　）元。

A. 475　　B. 7 075

C. 4 590　　D. 4 695

2. 下列关于个人独资企业和合伙企业投资者个人所得税的计税规定的表达中，正确的说法是（　　）。

A. 投资者向其从业人员支付的工资不允许在税前扣除

B. 企业生产和投资者及其家庭生活共用的固定资产，难以划分的，全部视为投资者及其家庭的生活用品，所提折旧不允许税前扣除

C. 企业每一纳税年度发生的广告费和业务宣传费不超过当年销售收入 2% 的部分，可据实扣除；超过部分可无限期向以后年度结转

D. 企业计提的各种准备金可以在税前扣除

3. 李作家在一个网站上连载某小说半年，前三个月每月得到稿酬 3 000 元，后 3 个月每月得到稿酬 5 000 元。李作家所获稿酬应预缴个人所得税（　　）元。

A. 2 688　　B. 2 604

C. 3 840　　D. 3 720

4. 下列所得中，应作为综合所得的是（　　）。

A. 财产租赁所得　　B. 利息、股息、红利所得

C. 劳务报酬所得　　D. 偶然所得

5. 某演员参加营业性演出，一次获得表演收入 50 000 元，应预缴个人所得税（　　）元。

A. 8 000　　B. 10 000

C. 12 000　　D. 13 000

6. 下列各项所得，在计算应纳税所得额时不允许扣除任何费用的是（　　）。

A. 偶然所得　　B. 稿酬所得

C. 特许权使用费所得　　D. 财产转让所得

7. 现行政策规定，转让自用（　　）年以上，并且是家庭唯一居住用房所取得的所得，暂免征个人所得税。

A. 1　　B. 3　　C. 5　　D. 10

8. 某公司从个人手中购买一项非专利技术的使用权，合同约定应支付使用费 50 000 元（含税），应预扣预缴个人所得税税额为（　　）元。

A. 8 000　　B. 9 000
C. 10 000　　D. 12 000

9. 扣缴义务人每月所扣缴的税款，应当于次月（　　）内缴入国库。

A. 5 日　　B. 7 日
C. 15 日　　D. 1 个月

10. 某人 2025 年取得特许权使用费两次，一次收入为 2 000 元，另一次收入为 5 000 元，则其预缴个人所得税税额为（　　）元。

A. 1 040　　B. 1 020
C. 1 000　　D. 800

11. 个体工商户与企业联营而分得的利润，应按（　　）征收个人所得税。

A. 经营所得　　B. 利息、股息、红利所得
C. 财产转让所得　　D. 财产租赁所得

12. 在中国境内无住所，但在一个纳税年度内在中国境内累计居住不超过 90 日的个人（　　）。

A. 就其境内工作期间，境内单位个人、雇主支付或境内机构负担的部分征税
B. 就其境内工作期间，来源于中国境内外的全部所得征税
C. 免予征收个人所得税
D. 仅就其来源于境外的收入征税

13. 居民王某 2025 年 5 月出租自有居住用房，租期一年，每月租金收入为 2 940 元，计算其 5 月份应纳的个人所得税税额为（　　）元（不考虑房产税等其他税费）。

A. 200.00　　B. 214.00
C. 419.60　　D. 209.80

14. 某人 2023 年 2 月 10 日来华工作，2024 年 3 月 17 日离华，2024 年 4 月 14 日又来华，2024 年 9 月 26 日离华，2024 年 10 月 9 日又来华，2025 年 5 月离华回国。则该纳税人（　　）。

A. 2023 年度为居民纳税义务人，2024 年度为非居民纳税义务人
B. 2024 年度为居民纳税义务人，2023 年度为非居民纳税义务人
C. 2023 年度、2024 年度均为非居民纳税义务人
D. 2023 年度、2024 年度均为居民纳税义务人

15. 对于劳务报酬所得预缴个人所得税，若同一事项连续取得收入的，其收入“次”数的确定方法是（　　）。

A. 以取得收入时为一次
B. 以一个月内取得的收入为一次
C. 以一个季度内取得的收入为一次
D. 以事项完成后取得的所有收入合并为一次

16. 自行申报缴纳个人所得税的个体工商户，应向（　　）主管税务机关申报。

A. 收入来源地　　B. 实际经营所在地

C. 税务机关指定地　　D. 个人户籍所在地

17. 综合所得年度汇算清缴的居民纳税人应在（　　）到主管税务机关办理汇算清缴工作。

A. 取得所得的次年 6 个月内

B. 取得所得的次年 3 月 1 日至 6 月 30 日内

C. 取得所得的次年 3 个月内

D. 取得所得的次年 15 日内

18. 继续教育专项附加扣除中，纳税人接受技能人员职业资格继续教育、专业技术人员职业资格继续教育支出，在取得相关证书的年度，按照每年（　　）元定额扣除。

A. 14 400　　B. 3 600

C. 4 800　　D. 9 600

19. 下列应税项目中，不适用代扣代缴方式的是（　　）。

A. 工资、薪金所得　　B. 稿酬所得

C. 个体户生产、经营所得　　D. 劳务报酬所得

20. 下列各项中，不应按特许权使用费所得征收个人所得税的是（　　）。

A. 专利权　　B. 著作权

C. 稿酬　　D. 非专利技术

21. 个人所得税法规定，自行申报纳税时在中国境内两处或两处以上取得应纳税所得的，其纳税地点的选择是（　　）。

A. 收入来源地　　B. 税务局指定地点

C. 纳税人户籍所在地　　D. 纳税人选择并固定一地申报纳税

二、多项选择题

1. 下列各项所得，在计算应纳税所得额时不允许扣除任何费用的有（　　）。

A. 偶然所得　　B. 利息、股息和红利所得

C. 特许权使用费所得　　D. 财产转让所得

2. 下列所得中，属于免征个人所得税的项目有（　　）。

A. 离退休干部工资　　B. 储蓄存款利息

C. 保险赔款　　D. 贫困家庭救济金

3. 下列项目中，在计（预）征个人所得税时，允许从总收入中扣除 800 元的有（　　）。

A. 稿费 3 800 元

B. 在商场有奖销售中获奖 1 000 元

C. 提供咨询服务一次取得收入 2 000 元

D. 房租收入每月 1 000 元

4. 应计入个人所得税的工资、薪金所得包括（　　　　）。

A. 年终加薪　　B. 年终奖金

C. 职务工资　　D. 交通费补贴

5. 下列各项所得，应征个人所得税的有（　　　　）。

A. 保险赔款

B. 国家民政部门支付给个人的生活困难补助费

C. 劳务报酬所得

D. 稿酬所得

6. 住房租金专项附加扣除是指纳税人本人及配偶在纳税人的主要工作城市没有住房，而在主要工作城市租赁住房发生的租金支出，可以按照（　　　　）标准定额扣除住房租金。

A. 承租的住房位于直辖市、省会城市、计划单列市以及国务院确定的其他城市，扣除标准为每月 1 500 元

B. 承租的住房位于其他城市的，市辖区户籍人口超过 100 万的，扣除标准为每月 1 100 元

C. 承租的住房位于其他城市的，市辖区户籍人口不超过 100 万（含）的，扣除标准为每月 800 元

D. 承租的住房位于地（市）级城市的，扣除标准为每月 900 元

7. 下列关于继续教育专项附加扣除的说法中，正确的有（　　　　）。

A. 纳税人接受学历（学位）教育期间按照每月 400 元定额扣除

B. 纳税人接受职业资格继续教育，在取得相关证书的年度按照每年 3 600 元定额扣除

C. 纳税人接受学历教育期间按照每月 1 000 元定额扣除

D. 纳税人接受职业资格继续教育，在取得相关证书的年度按照每年 3 600 元（每月 300 元）定额扣除

8. 居民个人取得综合所得，需要办理汇算清缴的情况有（　　　　）。

A. 在两处或者两处以上取得综合所得，且综合所得年收入额减去专项扣除的余额超过 6 万元

B. 取得劳务报酬所得、稿酬所得、特许权使用费所得中一项或者多项所得，且综合所得年收入额减去专项扣除的余额超过 6 万元

C. 纳税年度内预缴税额低于应纳税额，需补税且超过规定金额的

D. 纳税人申请退税

9. 个体独资企业和合伙企业的投资者在计算个人所得税应税所得额时，不允许扣除

的项目有（　　　　）。

A. 投资者个人工资支出　　　　B. 财产保险支出

C. 赞助支出　　　　D. 分配给投资者的股利

10. 下列项目中，以一个月为一次计算（预缴）个人所得税的有（　　　　）。

A. 财产租赁所得

B. 在杂志上连载六期的小说稿酬

C. 分月取得的财产转让所得

D. 某乐手每天在饭店演奏的所得

11. 退休干部老王2025年5月取得的下列所得中，需缴纳个人所得税的有（　　　　）。

A. 退休工资1 100元

B. 咨询费5 000元

C. 股票红利600元

D. 受聘私营企业顾问费3 000元

12. 下列情况中，属于居民纳税义务人的有（　　　　）。

A. 在中国境内有住所

B. 中国公民，2024年全年在美国留学

C. 2024.2.1—2025.3.31在我国境内居住

D. 2024.1.1—2024.12.3在我国境内居住

13. 下列个人所得，在计算（预缴）个人所得税时，可以减除费用的有（　　　　）。

A. 股息、利息、红利所得

B. 劳务报酬所得

C. 偶然所得

D. 工资、薪金所得

14. 下列纳税人中，应按“综合所得”项目征税的有（　　　　）。

A. 经营所得　　　　B. 年终加薪

C. 稿酬所得　　　　D. 劳务报酬所得

15. 下列项目中，直接以每次收入额为应纳税所得额计算缴纳个人所得税的有（　　　　）。

A. 稿酬所得

B. 利息、股息、红利所得

C. 偶然所得

D. 特许权使用费所得

16. 个人取得的下列所得，免征个人所得税的有（　　　　）。

A. 按国家统一规定发给的津贴

B. 个人转让自用8年的家庭唯一生活用房的所得

C. 本单位发给的先进个人奖金

D. 离退休人员工资

17. 下列个人所得中，适用20%比例税率的有（　　　　）。

A. 工资、薪金所得

B. 劳务报酬所得

C. 偶然所得

D. 财产转让所得

18. 下列属于稿酬所得项目的有（　　　　）。

A. 将译文在学术刊物上发表取得的所得

B. 集体编写并正式出版的教材取得的报酬

C. 受托翻译论文的报酬

D. 在报纸上发表文章的报酬

19. 下列所得适用超额累进税率的有（　　　　）。

A. 工资、薪金所得

B. 经营所得

C. 财产租赁所得

D. 财产转让所得

20. 下列各项所得中，应当缴纳个人所得税的有（　　　　）。

A. 个人的贷款利息

B. 个人取得的企业债券利息

C. 个人取得的国库券利息

D. 个人取得的股息

21. 应当自行办理纳税申报个人所得税的纳税义务人有（　　　　）。

A. 取得综合所得需要办理汇算清缴的

B. 取得应纳税所得没有扣缴义务人的

C. 非居民个人在中国境内从两处或者两处以上取得工资、薪金所得的

D. 取得应纳税所得，扣缴义务人未按规定扣缴税款的

三、判断题

（　　）1. 个人所得税中，"境内居住满183天"是指在中国境内居住满183天。在计算居住天数时，按照在中国境内停留的时间计算。

（　　）2. 动产转让所得，以实现转让的地点为所得来源地。

（　　）3. "工资、薪金所得"不包括劳动分红。

（　　）4. 财产租赁所得，以一个月的收入为一次计征个人所得税。

（　　）5. 中国境内企业董事、高层管理人员，在境外履行职务时，境内所得免予

征税。

(　　) 6. 某个人独资企业采用核定征收办法计算个人所得税。2025 年自报经营亏损，因而不用缴纳个人所得税。

(　　) 7. 个人将其应税所得，全部用于公益救济性捐赠，将不承担缴纳个人所得税义务。

(　　) 8. 个人独资企业与其他企业联营而分得的利润，免征个人所得税。

(　　) 9. 扣缴义务人应扣未扣纳税人个人所得税税款的，应由扣缴义务人缴纳应扣未扣的税款、滞纳金及罚款。

(　　) 10. 某外籍人员自 2024 年 2 月 1 日起在中国境内工作，2025 年回国参加一个项目的策划，离境时间为 4 月 15 日至 6 月 15 日，则 2025 年他仍然是我国个人所得税法规定的居民纳税人。

(　　) 11. 个人独资企业和合伙企业生产经营所得在计算缴纳个人所得税时，投资者个人的工资不得作为企业的成本或费用在税前列支。

(　　) 12. 某科技人员获得省政府颁发的科技发明奖 4 万元，他用其中的 2 万元通过希望工程支援了灾区一所小学，但 2 万元超过了奖金的 30%，所以超过的部分应缴纳个人所得税。

(　　) 13. 某演员应邀拍电视片获得酬金 3 万元，组织者应预扣预缴 4 800 元的个人所得税。

(　　) 14. 个人从单位取得的年终加薪、劳动分红，应视同股息、红利征税。

(　　) 15. 本单位兼职的翻译人员的收入属于劳务报酬所得。

(　　) 16. 根据非居民纳税人的定义，非居民纳税人可能是外籍个人、华侨或港、澳、台同胞，也可能是中国公民。

(　　) 17. 凡向个人支付应纳税所得的单位和个人，不论是向本单位人员支付，还是向其他人员支付，均应在支付时代（预）扣代（预）缴其应纳的个人所得税。

(　　) 18. 对于居民纳税人而言，如果既有境内所得，又有境外所得，应将境内外所得合并计算应纳税额，在我国缴纳个人所得税。

(　　) 19. 个人领取的原提存的住房公积金、医疗保险金、基本养老保险金，免征个人所得税。

(　　) 20. 两个或两个以上个人共同取得同一项所得的，应先就其全部收入减除费用计算征收个人所得税，然后将其税后所得在各纳税人之间分配。

(　　) 21. 对个人独资企业和合伙企业的生产、经营所得，按查账征税法征收的，投资者及其家庭发生的生活费用允许在税前扣除。

(　　) 22. 个人所得用于各种公益救济性捐赠，均按捐赠额在纳税人申报的应纳税所得额 30% 以内的部分从应纳税所得额中扣除。

(　　) 23. 专项附加扣除，包括子女教育、继续教育、大病医疗、住房贷款利息或者住房租金、赡养老人、婴幼儿照护等支出。

（ ）24. 专项扣除，包括居民个人按照国家规定的范围和标准缴纳的基本养老保险、基本医疗保险、失业保险等社会保险费和住房公积金等，即“三险一金”。

（ ）25. 个人取得应纳税所得，没有扣缴义务人的或者扣缴义务人未按规定扣缴税款的，均应自行申报缴纳个人所得税。

（ ）26. 在中国境内有两处或者两处以上任职、受雇单位的个人，应选择并固定向其中一处单位所在地主管税务机关申报个人所得税。

四、计算题

1. 某中国公民 2025 年 1 月份从其工作单位取得月工资 6 500 元（已扣除“三险一金”）；将一项专利技术提供给 A 企业，取得特许权使用费收入 20 000 元。

要求：计算该公民 2025 年 1 月份应预缴的个人所得税税额。

2. 某中国公民甲在 2025 年 2 月有以下几笔收入：

（1）取得每月工资收入 9 000 元（已扣除“三险一金”）；

（2）取得稿酬收入 20 000 元；

（3）为外单位设计广告，取得报酬 25 000 元。

假定甲有一个小孩在读高中。

要求：计算甲 2 月份各项收入应预缴的个人所得税税额。

3. 某企业实行年薪制，每月基本工资 5 000 元，2025 年年终该企业经理领取绩效收入 80 000 元。

要求：计算该经理全年应缴的个人所得税税额。

4. 某中国公民于 2025 年 4 月份获得稿酬收入 20 000 元，他拿出其中的 10 000 元捐赠给遭受洪涝灾害的地区（通过民政局）。

要求：计算该公民应预缴的个人所得税税额。

5. 某中国公民甲在一外商投资企业工作，该企业每月支付其工资 10 000 元；另外，甲的派遣单位每月支付其工资 6 000 元。

甲所在的外商投资企业每月代扣甲的个人所得税 =（10 000 − 5 000）× 10% − 210 = 290（元）

派遣单位每月代扣税额 =（6 000 − 5 000）× 3% = 30（元）

甲认为，雇佣单位、派遣单位已分别代扣代缴税款，自己无须申报纳税。

要求：

（1）请验算雇佣单位、派遣单位每月所扣税额是否正确，并计算甲全年共应纳多少个人所得税。

（2）请思考甲的想法正确吗？为什么？

6. 某歌星 2025 年 1 月参加一场演出，取得出场费 80 000 元，按规定将收入的 10% 上交其单位，并通过民政局将此出场费中的 20 000 元捐赠给灾区，又将其中的 3 000 元直接捐赠给一个生活有困难的亲友。

要求：计算该歌星应预缴的个人所得税税额。

7. 高级工程师王某2025年1月的工资收入为8 000元，在1月还另有三笔收入：一是一次性取得建筑工程设计费40 000元，从中拿出10 000元通过民政局向灾区捐赠；二是取得投资股利5 000元；三是取得省人民政府颁发的科技奖20 000元。

要求：计算王某1月份应预缴的个人所得税税额。

8. 徐女士2025年1月1日起将其位于市区的一套公寓住房按市价出租，每月收取租金4 200元。1月因卫生间漏水发生修缮费用1 500元，已取得合法有效的支出凭证。

要求：

（1）计算徐女士因此事于2025年1月、2月应缴纳的个人所得税税额。

（2）为什么1 500元的修缮费用要拆为800元和700元分两期扣除？

第三部分 职业实践能力训练

一、任务目标

1. 能够辨别纳税人李奕应纳个人所得税的项目；

2. 能够分别确认各应税项目的应纳税所得额；

3. 能够正确计算各应税项目平时预缴的个人所得税税额和办理年终综合所得的汇算清缴工作；

4. 能够站在企业角度为李奕预扣预缴个人所得税，并正确填写扣缴个人所得税报告表；

5. 能够站在李奕的角度，判断其是否需要自行申报个人所得税；

6. 如需要自行申报个人所得税，能够准确判断李奕应该填写哪类申报表，并正确填写。

二、任务描述

1. 根据资料，计算李奕全年应缴纳个人所得税税额；

2. 站在企业角度，填写12月份的“个人所得税扣缴申报表”；

3. 帮助李奕对综合所得填写“个人所得税年度自行纳税申报表”；

4. 判断李奕是否需要补缴个人所得税，并对综合所得办理个人所得税年度汇算清缴工作。

三、操作准备

1. 学习《中华人民共和国个人所得税法》《中华人民共和国个人所得税法实施条例》《中华人民共和国税收征收管理法》《中华人民共和国税收征收管理法实施细则》等个人所得税相关法律法规；

2. 在税务实训室进行，准备纳税人个人信息，以及各类收支情况明细资料；

3. 准备个人所得税扣缴申报表、个人所得税年度自行纳税申报表、税收缴款通知书。

四、实训材料

1. 基本信息：

企业名称：东海电器制造有限公司

企业统一社会信用代码：310200501673834834

企业机构代码：785209447

企业税务登记证号：310106786309447

企业地址：东海市滨河路 234 号

法人代表：陈洪富

注册资本：5 000 万元

企业类型：有限责任公司

经营范围：电器制造、销售

企业开户银行及账号：工商银行东海市滨河支行 8522671260890859431

财务负责人：刘春

办税员：郑日照

东海电器制造有限公司有员工 1 000 人，有关信息省略。

李奕是东海电器制造有限公司的经理，身份证号码：210201197901010010。

2. 假设李奕 2025 年度收入明细如下：

（1）每月取得工资 14 500 元，企业按工资总额的 2% 扣缴医疗保险、8% 扣缴养老保险、10% 扣缴住房公积金。12 月份取得全年奖金 24 000 元。

（2）7 月 1 日，将私有住房出租半年，每月取得租金收入 2 800 元（符合市场价格水平），当年 7 月发生出租房装修费用 2 000 元，按规定缴纳了个人所得税。

（3）3 月份在 A 公司进行讲学，取得酬金 20 000 元，A 公司并未预扣预缴应纳的个人所得税。

（4）4 月份出版一本专著，取得稿酬 40 000 元。出版社已按规定预扣预缴了个人所得税。

（5）5 月份为 B 公司进行营销筹划，取得报酬 35 000 元，该公司已为李奕预扣预缴了个人所得税。

（6）7 月份购买体育彩票获奖 25 000 元，按规定缴纳了个人所得税。

（7）10 月 9 日，存入的一年期存款 50 000 元到期，存款利率 2.5%。

另外，李奕有一个小孩在读大学，父母均已在 60 岁以上，且自己为独生儿子。

3. 个人所得税扣缴申报表见表 6-12，个人所得税年度自行纳税申报表（A 表）见表 6-13，中华人民共和国税收通用缴款书见表 6-14。

表 6-12　个人所得税扣缴申报表

税款所属期：　　年　月　日至　　年　月　日

扣缴义务人名称：

扣缴义务人纳税人识别号（统一社会信用代码）：□□□□□□□□□□□□□□□□□□□□　　金额单位：人民币元（列至角分）

							本月（次）情况														累计情况												税款计算							
							收入额计算				专项扣除				其他扣除									累计专项附加扣除																
序号	姓名	身份证件类型	身份证件号码	纳税人识别号	是否为非居民个人	所得项目	收入	费用	免税收入	减除费用	基本养老保险费	基本医疗保险费	失业保险费	住房公积金	年金	商业健康保险	税延养老保险	财产原值	允许扣除的税费	其他	累计收入额	累计减除费用	累计专项扣除	子女教育	继续教育	住房贷款利息	住房租金	赡养老人	3岁以下婴幼儿照护	累计其他扣除	减按计税比例	准予扣除的捐赠额	应纳税所得额	税率/预扣率	速算扣除数	应纳税额	减免税额	已缴税额	应补/退税额	备注
1	2	3	4	5	6	7	8	9	10	11	12	13	14	15	16	17	18	19	20	21	22	23	24	25	26	27	28	29	30	31	32	33	34	35	36	37	38	39	40	41
合计																																								

谨声明：本表是根据国家税收法律法规及相关规定填报的，是真实的、可靠的、完整的。

扣缴义务人（签章）：　　年　月　日

经办人签字： 经办人身份证件号码： 代理机构签章： 代理机构统一社会信用代码：	受理人： 受理税务机关（章）： 受理日期：　　年　月　日

表 6-13 个人所得税年度自行纳税申报表（A 表）

（仅取得境内综合所得年度汇算适用）

税款所属期： 年 月 日至 年 月 日

纳税人姓名：

纳税人识别号：□□□□□□□□□□□□□□□□□□□□□□□□□-□□ 金额单位：人民币元（列至角分）

基本情况					
手机号码		电子邮箱		邮政编码	□□□□□□
联系地址	______省（区、市）______市______区（县）______街道（乡、镇）______				

纳税地点（单选）		
1. 有任职受雇单位的，需选本项并填写“任职受雇单位信息”：		□任职受雇单位所在地
任职受雇单位信息	名称	
	纳税人识别号	□□□□□□□□□□□□□□□□□□□□□□□□□
2. 没有任职受雇单位的，可以从本栏次选择一地：		□户籍所在地 □经常居住地 □主要收入来源地
户籍所在地 / 经常居住地 / 主要收入来源地		___省（区、市）___市___区（县）___街道（乡、镇）______

申报类型（单选）	
□首次申报	□更正申报

综合所得个人所得税计算		
项目	行次	金额
一、收入合计（第 1 行 = 第 2 行 + 第 3 行 + 第 4 行 + 第 5 行）	1	
（一）工资、薪金	2	
（二）劳务报酬	3	
（三）稿酬	4	
（四）特许权使用费	5	
二、费用合计［第 6 行 =（第 3 行 + 第 4 行 + 第 5 行）× 20%］	6	
三、免税收入合计（第 7 行 = 第 8 行 + 第 9 行）	7	
（一）稿酬所得免税部分［第 8 行 = 第 4 行 ×（1-20%）× 30%］	8	
（二）其他免税收入（附报《个人所得税减免税事项报告表》）	9	
四、减除费用	10	
五、专项扣除合计（第 11 行 = 第 12 行 + 第 13 行 + 第 14 行 + 第 15 行）	11	
（一）基本养老保险费	12	
（二）基本医疗保险费	13	
（三）失业保险费	14	
（四）住房公积金	15	

续表

综合所得个人所得税计算		
项目	行次	金额
六、专项附加扣除合计(附报《个人所得税专项附加扣除信息表》)(第 16 行 = 第 17 行 + 第 18 行 + 第 19 行 + 第 20 行 + 第 21 行 + 第 22 行 + 第 23 行)	16	
(一) 子女教育	17	
(二) 继续教育	18	
(三) 大病医疗	19	
(四) 住房贷款利息	20	
(五) 住房租金	21	
(六) 赡养老人	22	
(七) 3 岁以下婴幼儿照护	23	
七、其他扣除合计(第 24 行 = 第 25 行 + 第 26 行 + 第 27 行 + 第 28 行 + 第 29 行 + 第 30 行)	24	
(一) 年金	25	
(二) 商业健康保险(附报《商业健康保险税前扣除情况明细表》)	26	
(三) 税延养老保险(附报《个人税收递延型商业养老保险税前扣除情况明细表》)	27	
(四) 允许扣除的税费	28	
(五) 个人养老金	29	
(六) 其他	30	
八、准予扣除的捐赠额(附报《个人所得税公益慈善事业捐赠扣除明细表》)	31	
九、应纳税所得额(第 32 行 = 第 1 行 - 第 6 行 - 第 7 行 - 第 10 行 - 第 11 行 - 第 16 行 - 第 24 行 - 第 31 行)	32	
十、税率(%)	33	
十一、速算扣除数	34	
十二、应纳税额(第 35 行 = 第 32 行 × 第 33 行 - 第 34 行)	35	
全年一次性奖金个人所得税计算 (无住所居民个人预判为非居民个人取得的数月奖金,选择按全年一次性奖金计税的填写本部分)		
一、全年一次性奖金收入	36	
二、准予扣除的捐赠额(附报《个人所得税公益慈善事业捐赠扣除明细表》)	37	
三、税率(%)	38	
四、速算扣除数	39	
五、应纳税额[第 40 行 =(第 36 行 - 第 37 行) × 第 38 行 - 第 39 行]	40	

续表

税额调整			
一、综合所得收入调整额（需在“备注”栏说明调整具体原因、计算方式等）		41	
二、应纳税额调整额		42	
应补 / 退个人所得税计算			
一、应纳税额合计（第 43 行 = 第 35 行 + 第 40 行 + 第 42 行）		43	
二、减免税额（附报《个人所得税减免税事项报告表》）		44	
三、已缴税额		45	
四、应补 / 退税额（第 46 行 = 第 43 行 − 第 44 行 − 第 45 行）		46	
无住所个人附报信息			
纳税年度内在中国境内居住天数		已在中国境内居住年数	
退税申请 （应补 / 退税额小于 0 的填写本部分）			
□申请退税（需填写“开户银行名称”“开户银行省份”“银行账号”） □放弃退税			
开户银行名称		开户银行省份	
银行账号			
备注			
谨声明：本表是根据国家税收法律法规及相关规定填报的，本人对填报内容（附带资料）的真实性、可靠性、完整性负责。 纳税人签字： 年 月 日			
经办人签字： 经办人身份证件类型： 经办人身份证件号码： 代理机构签章： 代理机构统一社会信用代码：		受理人： 受理税务机关（章）： 受理日期： 年 月 日	

国家税务总局监制

表 6–14　中华人民共和国税收通用缴款书

中华人民共和国
税收通用缴款书

地
NO.

隶属关系：
注册类型：　　　　填发日期：　　年　　月　　日　　征收机关：

<table>
<tr><td rowspan="4">缴款单位（人）</td><td>代　码</td><td></td><td rowspan="3">预算科目</td><td>编　码</td><td colspan="2"></td></tr>
<tr><td>全　称</td><td></td><td>名　称</td><td colspan="2"></td></tr>
<tr><td>开户银行</td><td></td><td>级　次</td><td colspan="2"></td></tr>
<tr><td>账　号</td><td></td><td colspan="2">收款国库</td><td colspan="2"></td></tr>
<tr><td colspan="3">税款所属时期　　年　月　日</td><td colspan="2">税款限缴日期</td><td colspan="2">年　月　日</td></tr>
<tr><td>品目名称</td><td>课税数量</td><td>计税金额或销售收入</td><td>税率或单位税额</td><td>已缴或扣除额</td><td colspan="2">实缴金额</td></tr>
<tr><td></td><td></td><td></td><td></td><td></td><td colspan="2"></td></tr>
<tr><td></td><td></td><td></td><td></td><td></td><td colspan="2"></td></tr>
<tr><td></td><td></td><td></td><td></td><td></td><td colspan="2"></td></tr>
<tr><td></td><td></td><td></td><td></td><td></td><td colspan="2"></td></tr>
<tr><td></td><td></td><td></td><td></td><td></td><td colspan="2"></td></tr>
<tr><td>金额合计</td><td colspan="6">（大写）</td></tr>
<tr><td>缴款单位（人）
（盖章）
经办人（章）</td><td>税务机关
（盖章）
填票人（章）</td><td colspan="3">上列款项已收妥并划转收款单位账户
国库（银行）盖章　　年　月　日</td><td colspan="2">备注</td></tr>
</table>

逾期不缴按税法规定加收滞纳金

第一联：国库（银行）收款盖章后退缴款单位（人）作完税凭证

第四部分　职业拓展能力训练

1. 王某是知名学者，2025 年 1 月，他与一家企业签约，双方约定由王某给该企业的高层人员培训，并签订劳务合同。合同写明：“乙方（王某）为甲方进行培训，甲方向乙方支付培训费 8 万元人民币，往返交通费、住宿费、伙食费等一概由乙方自负。”王某一共发生往返交通费 5 000 元，住宿费和伙食费 2 000 元。

要求：计算王某应缴个人所得税税额。你可以通过纳税筹划为王某少交税吗？

2. 某单位经营状况一直不是很好，所以，按低标准缴纳公积金、医疗保险和养老保险。2025 年，单位经营状况有了很大改善，并且决定为几个骨干员工增加工资。

你对此有何建议（从税收负担的角度来分析）？

项目七

其他税费智慧化申报与管理

第一部分　知识点回顾

一、基础知识

1. 城市维护建设税

城市维护建设税（简称“城建税”）是国家对缴纳增值税和消费税（简称“二税”）的单位和个人就其实际缴纳的“二税”税额为计税依据而征收的一种税。

2. 印花税

印花税是对经济活动和经济交往中书立、使用应税凭证、进行证券交易的单位和个人征收的一种税。

3. 车船税

车船税是指在中华人民共和国境内的车辆、船舶的所有人或者管理人按照《中华人民共和国车船税法》应缴纳的一种税。

4. 房产税

房产税是以城市、县城、建制镇和工矿区的房产为征税对象，按照房产的计税价格或房产租金收入向房产所有人或经营人征收的一种税。

5. 契税

契税是以所有权发生转移变动的不动产为征税对象，向产权承受人征收的一种财产税。

6. 城镇土地使用税

城镇土地使用税是对城市、县城、建制镇和工矿区范围内使用土地的单位和个人，按其实际占用的土地面积分等定额征收的一种税。

7. 土地增值税

土地增值税是对转让国有土地使用权、地上建筑物及其附着物（简称“转让房地产”）并取得收入的单位和个人，就其转让房地产所取得的增值额征收的一种税。

8. 资源税

资源税是对在我国领域及我国管辖的其他海域从事应税资源开采的单位和个人征收

的一种税。

9. 教育费附加

教育费附加是对缴纳增值税、消费税的纳税人，就其实际缴纳的税额为计算依据征收的一种附加费。教育费附加是为加快地方教育事业，扩大地方教育经费的资金而征收的一项专用基金。

10. 水利建设基金

水利建设基金是按规定向国家机关、社会团体、企事业单位和在职职工征收的，用于防洪保安、重点水利工程建设的资金。水利建设基金主要用于关系国民经济和社会发展全局的大江大河重点工程的维护和建设，以及城市防洪及中小河流、湖泊的治理、维护和建设。

11. 残疾人就业保障金

残疾人就业保障金是指在实施分散按比例安排残疾人就业的地区，凡安排残疾人达不到省、自治区、直辖市人民政府规定比例的机关、团体、企业事业单位和城乡集体经济组织，根据地方有关法规的规定，按照年度差额人数和上年度本地区职工年平均工资计算缴纳用于残疾人就业的专项资金。

二、其他税费应纳税额的计算

（一）城建税应纳税额的计算

城建税以缴纳增值税和消费税的单位和个人为纳税义务人。也就是说，一般情况下，企业只要缴纳了这两种税（简称“二税”），就必须要缴纳城建税。具体计算公式如下：

应纳税额 =（实际缴纳增值税税额 + 实际缴纳消费税税额）× 适用比例

（二）印花税应纳税额的计算

按照计税依据不同，印花税的计算方法有以下几种：

合同及产权转移书据类，以凭证所载金额作为计税依据；营业账簿中记载资金的账簿，以“实收资本”与“资本公积”两项的合计金额为其计税依据；证券交易以成交金额为计税依据。具体计算公式如下：

（1）实行比例税率的凭证，印花税应纳税额的计算公式为：

应纳税额 = 应税凭证计税金额 × 比例税率

（2）营业账簿中记载资金的账簿，印花税应纳税额的计算公式为：

应纳税额 =（实收资本 + 资本公积）× 0.25‰

（3）证券交易，印花税应纳税额的计税公式为：

应纳税额 = 成交金额 × 1‰

证券交易印花税仅对出让方征收、不对受让方征收。

（三）车船税应纳税额的计算

按照计税依据不同，车船税的计算方法有以下几种：

乘用车、商用客车、摩托车以“辆”为计税依据；商用货车、专用作业车、轮式专用机械车、挂车按“整备质量每吨”为计税依据；机动船舶、拖船、非机动驳船按“净吨位每吨”为计税依据；游艇以艇身长度为计税依据。对应地，具体计算公式如下：

乘用车、商用客车、摩托车应纳税额 = 车辆数 × 适用单位税额

商用货车、专用作业车、轮式专用机械车应纳税额 = 整备质量吨位 × 适用单位税额

挂车应纳税额 = 整备质量吨位 × 适用单位税额 × 50%

机动船舶应纳税额 = 净吨位 × 适用单位税额

拖船、非机动驳船应纳税额 = 净吨位 × 适用单位税额 × 50%

游艇应纳税额 = 艇身长度 × 适用单位税额

新购置的车船自购置使用当月起按月计算。

（四）房产税应纳税额的计算

房产税的征收方式分为从价计征和从租计征两种，其计税依据、税率和应纳税额的计算也有所不同，具体见表 7–1。

表 7–1 房产税计税依据、税率和应纳税额的计算

计税方法	计税依据	税率	税额计算公式
从价计征	房产余值	1.2%	全年应纳税额 = 应税房产原值 ×（1 – 扣除比例）× 1.2%
从租计征	房屋租金	12%（或 4%）	全年应纳税额 = 租金收入 × 12%（或 4%）

房产税计算时的特殊规定：

（1）以劳务或其他形式为报酬抵付房租收入的，应根据当地同类房产的租金水平，确定一个标准租金额从租计征。

（2）以房产投资联营，投资者参与投资利润分红、共担风险的，以房产余值作为计税依据计征房产税。

（3）以房产投资收取固定收入、不承担经营风险的，视同出租，以不含增值税的租金收入为计税依据计征房产税。

（4）对融资租赁的房屋，以房屋余值为计税依据计征房产税。

（五）契税应纳税额的计算

契税是唯一从需求方进行调节的税种，以转移土地、房屋权属的不含增值税价格作为计税依据，具体见表 7–2。

表 7–2 契税的计税依据和税额的计算

要点	具体内容
计税依据	以成交价格计税：国有土地使用权出让、土地使用权出售、房屋买卖
	征收机关参照市场价格核定：土地使用权赠与和房屋赠与
	以差价计税：土地使用权互换和房屋互换
	以补交的出让费用或土地收益计税：以划拨方式取得土地使用权的，经批准转让时
税额计算	应纳税额 = 计税依据 × 适用税率

（六）城镇土地使用税应纳税额的计算

1. 计税依据的确定

城镇土地使用税的计税依据为纳税人实际占用的土地面积，具体规定如下：

（1）凡由省级人民政府确定的单位组织测定土地面积的，以测定的土地面积为准。

（2）尚未组织测定，但纳税人持有政府部门核发的土地使用证书的，以证书确定的土地面积为准。

（3）尚未核发土地使用证书的，应由纳税人据实申报土地面积并据以纳税，待核发土地使用证书后再作调整。

2. 应纳税额的计算

城镇土地使用税采用定额税率，即采用有幅度的差别税额，且每个幅度税额的差距为 20 倍。计算公式如下：

年度应纳税额 = 应税土地实际占用面积 × 适用单位税额

月（或季、半年）度应纳税额 = 年度应纳税额 ÷12（或 4、2）

（七）土地增值税应纳税额的计算

土地增值税的计税依据是纳税人转让房地产所取得的增值额，计算公式如下：

增值额 = 转让房地产取得的收入（即应税收入）– 扣除项目金额

应税收入是指纳税人转让房地产的全部价款及有关的经济收益，包括货币收入、实物收入和其他收入。转让房地产取得的应税收入为不含增值税收入。

土地增值税计税依据中的扣除项目如表 7–3 所示，土地增值税应纳税额的计算如表 7–4 所示。

表 7–3　土地增值税计税依据中的扣除项目

转让项目	扣除项目名称	扣除项目内容
新建房地产项目转让	取得土地使用权所支付的金额	地价款、出让金及按国家规定缴纳的有关费用
	房地产开发成本	包括土地征用及拆迁补偿费、前期工程费、建筑安装工程费、基础设施费、公共配套设施费、开发间接费用等
	房地产开发费用	指与房地产开发项目有关的销售费用、管理费用和财务费用。该项目不按实际发生额扣除，而是按税法规定标准计算扣除
	与转让房地产有关的税金	转让房地产时缴纳的城建税、印花税、教育费附加。涉及的增值税进项税额，允许在销项税额中计算抵扣的，不计入扣除项目，不允许在销项税额中计算抵扣的，可以计入扣除项目
	其他扣除项目	对房地产企业可加计扣除：加计扣除费用 =（取得土地使用权所支付的金额＋房地产开发成本金额）× 20%
旧房及建筑物转让	① 房屋及建筑物的评估价格：评估价格 = 重置成本价 × 成新度折扣率 ② 取得土地使用权所支付的地价款和缴纳的有关费用 ③ 转让环节缴纳的税金（城建税、印花税、教育费附加）	

续表

转让项目	扣除项目名称	扣除项目内容
土地使用权转让	① 取得土地使用权所支付的地价款和缴纳的有关费用 ② 转让环节缴纳的税金(城建税、印花税、教育费附加)	

表 7-4 土地增值税应纳税额的计算

要点	具体内容
应纳税额的计算	土地增值税应纳税额计算步骤如下: 第一步,计算增值额。增值额 = 转让收入 − 扣除项目金额 第二步,计算增值率。增值率 = 增值额 ÷ 扣除项目金额 ×100% 第三步,确定适用税率和速算扣除系数。 第四步,计算应纳税额。应纳税额 = 增值额 × 适用税率 − 扣除项目金额 × 速算扣除系数

(八)资源税应纳税额的计算

资源税的计税依据和应纳税额的计算如表 7-5 所示。

表 7-5 资源税的计税依据和应纳税额的计算

要点	具体内容
计税依据	计税销售额的确定:销售额为纳税人销售应税产品向购买方收取的全部价款和价外费用,但不包括收取的增值税销项税额和取得增值税发票的运杂费用
	课税数量的确定:① 凡直接对外销售的,以实际销售数量为课税数量;② 凡产品自用的,以移送自用数量为课税数量;③ 不能准确提供应税产品销售数量的,以应税产品的产量或者主管税务机关确定的折算比换算成的数量为计征资源税的销售数量
应纳税额的计算	实行从价计征的,其应纳税额计算公式如下: 应纳税额 = 计税销售额 × 适用税率 实行从量计征的,其应纳税额计算公式如下: 应纳税额 = 课税数量 × 定额税率

(九)教育费附加的计算

教育费附加计算公式为:

应缴纳的教育费附加 = 纳税人实际缴纳的增值税、消费税税额 × 教育费附加率

(十)水利建设基金的计算

面向企事业单位和个体经营者征收的水利建设基金计算公式为:

水利建设基金 = 销售收入或营业收入 × 征收比例

或者:水利建设基金 = 增值税、消费税实际缴纳金额 × 征收比例

（十一）残疾人就业保障基金的计算

残疾人就业保障基金计算公式为：

应缴纳的全年残疾人就业保障基金 =（上年本企业在职职工总人数 × 所在地政府规定安排比例 – 上年本企业在职残疾职工人数）× 本企业职工上年度平均工资总额

三、其他税费的纳税申报

（一）城市维护建设税的申报

1. 纳税环节的确定

城建税的纳税环节实际就是纳税人缴纳“二税”的环节，纳税人只要发生“二税”的纳税义务，就要在同样的环节分别计算缴纳城建税。

2. 纳税地点的选择

城建税以纳税人实际缴纳的增值税、消费税为计税依据，分别与“二税”同时缴纳。所以，纳税人缴纳“二税”地点就是该纳税人缴纳城建税的地点。但下列情况其纳税地点为：

（1）代扣代缴、代收代缴“二税”的单位和个人，同时也是城建税的代扣代缴、代收代缴义务人，其城建税的纳税地点在代扣代收地。

（2）跨省开采的油田，下属生产单位与核算单位不在一个省内的，其生产的原油，在油井所在地缴纳增值税，其应纳税额由核算单位按照各油井的产量和规定税率，计算汇拨各油井缴纳。所以，各油井应纳的城建税，应由核算单位计算，随同增值税一并汇拨油井所在地，由油井在缴纳增值税的同时一并缴纳城建税。

（3）对流动经营等无固定纳税地点的单位和个人，应随同“二税”在经营地按适用税率缴纳。

3. 计税期间的确定

城建税的计税期间与“二税”的计税期间一致，分别为 10 日、15 日、1 个月或者一个季度。具体由税务机关根据纳税人应纳税额的大小分别核定；不能按期纳税的，可以按次纳税。

（二）印花税的申报

1. 纳税方法的选择

印花税可以采用粘贴印花税票或者由税务机关依法开具其他完税凭证的方式缴纳。印花税票粘贴在应税凭证上的，由纳税人在每枚税票的骑缝处盖戳注销或者画销。印花税票由国务院税务主管部门监制。

2. 纳税环节的确定

印花税应当在书立应税凭证或完成证券交易环节纳税。具体是指合同、产权转移书据签订时、账簿启用时和证券交易时。如果合同是在国外签订，并且不便在国外贴花的，应在将合同带入境时办理贴花纳税手续。

3. 纳税地点的选择

印花税一般实行就地纳税。纳税人为单位的，应当向其机构所在地的主管税务机关申报缴纳印花税；纳税人为个人的，应当向应税凭证书立地或者纳税人居住地的主管税务机关申报缴纳印花税。不动产产权发生转移的，纳税人应当向不动产所在地的主管税务机关申报缴纳印花税。证券交易印花税由扣缴义务人向其机构所在地的主管税务机关申报解缴税款以及银行结算的利息。

（三）车船税的申报

1. 纳税期限的确定

车船税的纳税义务发生时间为车船管理部门核发的车船登记证书或者行驶证书所记载日期的当月。纳税人未按照规定到车船管理部门办理应税车船登记手续的，以车船购置发票开具时间的当月作为车船税的纳税义务发生时间。对未办理车船登记手续且无法提供车船购置发票的，由主管地方税务机关核定纳税义务发生时间。

车船税由纳税人在购买机动车交通事故责任强制保险的同时缴纳，按年计征，具体申报纳税期限由省、自治区、直辖市人民政府确定。

2. 纳税地点的选择

车船税由从事机动车交通事故责任强制保险业务的保险机构在销售机动车交通事故责任强制保险时代收代缴。纳税地点为车船的登记地或者车船税扣缴义务人所在地；依法不需要办理登记的车船，车船税的纳税地点为车船的所有人或者管理人所在地。

（四）房产税的申报

1. 纳税义务发生时间的确定

（1）纳税人将原有房产用于生产经营，自生产经营之月起纳税。

（2）纳税人自建新房用于生产经营，自建成之次月起纳税。

（3）纳税人委托施工企业建造房产，自办理验收手续之次月起纳税。

（4）纳税人购置新建商品房，自房屋交付使用之次月起纳税。

（5）纳税人购置存量房产，自办理产权转移、变更登记手续，房地产权属登记机关签发房屋产权证书之次月起纳税。

（6）纳税人出租、出借房产，自交付出租、出借房产之次月起纳税。

（7）房地产开发企业自用、出租、出借本企业建造的商品房，自房屋使用或交付之次月起纳税。

2. 纳税期限的确定

房产税实行按年计征，分期缴纳的征收方法，具体期限由省、自治区、直辖市人民政府确定。

3. 纳税地点的选择

房产税在房产所在地缴纳。房产不在同一地方的纳税人，应按房产的坐落地点分别向房产所在地的税务机关纳税。

（五）契税的申报

1. 纳税义务发生时间

契税的纳税义务发生时间是纳税人签订土地、房屋权属转移合同的当天，或者纳税人取得其他具有土地、房屋权属转移合同性质凭证的当天。

2. 纳税期限

纳税人应当在依法办理土地、房屋权属登记手续前，向土地、房屋所在地的税收征收机关办理纳税申报，并缴纳税款。

3. 纳税地点

契税实行属地征收管理，纳税人发生契税纳税义务时，应向土地、房屋所在地的税务征收机关申报纳税。

（六）城镇土地使用税的申报

1. 纳税义务发生时间的确定

（1）纳税人购置新建商品房，自房屋交付使用之次月起纳税。

（2）纳税人购置存量房，自办理房屋权属转移、变更登记手续，房地产权属登记机关签发房屋权属证书之次月起纳税。

（3）纳税人出租、出借房产，自交付出租、出借房产之次月起纳税。

（4）以出让或转让方式有偿取得土地使用权的，应由受让方从合同约定交付土地时间的次月起纳税；合同未约定交付时间的，由受让方从合同签订的次月起纳税。

（5）纳税人新征用的耕地，自批准征用之日起满 1 年时开始纳税。

（6）纳税人新征用的非耕地，自批准征用次月起纳税。

2. 纳税期限的确定

城镇土地使用税实行按年计算、分期缴纳的征收办法，一般按月、季或半年征收一次，具体纳税期限由省、自治区直辖市人民政府确定。

3. 纳税地点和征收机构的选择

城镇土地使用税在土地所在地缴纳。

纳税人使用的土地不属于同一省、自治区、直辖市管辖的，由纳税人分别向所在地的税务机关纳税；在同一省、自治区、直辖市管辖范围内，纳税人跨地区使用的土地，其纳税地点由各省、自治区、直辖市税务机关确定。城镇土地使用税由土地所在地的税务机关征收，其收入纳入地方财政预算管理。

（七）土地增值税的申报

1. 纳税期限

土地增值税的纳税人应在转让房地产合同签订后的 7 日内，到房地产所在地主管税务机关办理纳税申报，并向税务机关提交房屋及建筑物产权证、土地使用权证书、土地转让与房产买卖合同、房地产评估报告及其他与转让房地产有关的资料。

2. 纳税地点

土地增值税的纳税地点确定，根据纳税人性质不同有以下两种情况：

（1）法人纳税人。转让的房地产坐落地与其机构所在地一致的，以办理税务登记的原管辖税务机关为纳税地点；转让的房地产坐落地与其机构所在地或经营所在地不一致的，以房地产坐落地所管辖的税务机关为纳税地点。

（2）自然人纳税人。转让的房地产坐落地与其居住所在地一致的，以住所所在地税务机关为纳税地点；转让的房地产坐落地与其居住所在地或经营所在地不一致的，以办理过户手续所在地税务机关为纳税地点。

（八）资源税的申报

资源税的纳税义务发生时间、纳税期限和纳税地点如表 7-6 所示。

表 7-6 资源税征收管理

项目	具体内容
纳税义务发生时间	自产销售： 分期收款的,为销售合同规定的收款日期的当天； 预收货款的,为发出应税产品的当天； 其他方式的,为收讫销售款或者取得索取销售款凭据的当天
	自产自用:为移送使用应税产品的当天
	代扣代缴:为支付货款的当天
纳税期限	① 资源税按月或者按季申报缴纳;不能按固定期限计算缴纳的,可以按次申报缴纳。 ② 纳税人以按月或者按季缴纳的,应当自月度或者季度终了之日起 15 日内,向税务机关办理纳税申报并缴纳税款;按次申报缴纳的,应当自纳税义务发生之日起 15 日内,向税务机关办理纳税申报并缴纳税款
纳税地点	① 应税产品的开采或者生产所在地。 ② 跨省开采且其下属生产单位与核算单位不在同一省、自治区、直辖市的,一律在开采地或者生产地纳税,其应纳税款由独立核算的单位按照开采地或者生产地的销售量(额)及适用税率计算划拨

（九）教育费附加的申报

教育费附加与增值税、消费税的申报表整合填报。

（十）水利建设基金的申报

水利建设基金一般按月申报，与增值税、消费税、城市维护建设税和教育费附加一起进行申报，即每月 15 日前申报上月应缴纳的水利建设基金。

（十一）残疾人就业保障基金的申报

各类用人单位要如实填报“单位基本情况表”。已安排残疾人的用人单位，还必须填报“单位残疾职工名册”，并提交残疾职工的残疾人证复印件、与残疾职工签订的劳动合同、社会基本保险缴纳情况等相关资料。用人单位填写的申报表连同相关资料，应报送或挂号邮寄区残疾人就业服务所。

四、纳税申报表的填写

自 2021 年 8 月 1 日起，城建税和教育费附加与增值税、消费税申报表整合，在增值税、消费税的申报表中申报，不再单独填写《城市维护建设税纳税申报表》。自 2021 年 6 月 1 日起，纳税人申报缴纳城镇土地使用税、房产税、车船税、印花税、耕地占用税、资源税、土地增值税、契税、环境保护税、烟叶税中一个或多个税种时，统一使用《财产和行为税纳税申报表》并如实填写。

五、其他税费的缴纳

纳税人按规定期限缴纳城建税、印花税、车船税、房产税、契税、城镇土地使用税、土地增值税、资源税和财政规费后，取得相应的完税凭证。

第二部分　职业判断能力训练

一、单项选择题

1. 下列纳税人中，应缴纳城市维护建设税的是（　　）。

A. 印花税的纳税人　　B. 车船使用税的纳税人

C. 消费税的纳税人　　D. 个人所得税的纳税人

2. 市区某纳税人当月应纳增值税 2 万元，减免 1 万元，补交上月未缴的增值税 0.5 万元，滞纳金 0.1 万元。本月应缴纳城市维护建设税（　　）万元。

A. 0.14　　B. 0.182　　C. 0.105　　D. 0.154

3. 设在县城的 B 企业按税法规定代收代缴设在市区的 A 企业的消费税，下列处理正确的是（　　）。

A. 由 B 企业按 5% 的税率代收代缴城市维护建设税

B. 由 A 企业按 5% 的税率回所在地缴纳

C. 由 B 企业按 7% 的税率代收代缴城市维护建设税

D. 由 A 企业按 7% 的税率自行缴纳城市维护建设税

4. 某乡镇企业（地处农村）三月份应缴纳增值税 8 万元，则该乡镇企业当月应纳城市维护建设税为（　　）元。

A. 200　　B. 400　　C. 600　　D. 800

5. 下列对城市维护建设税的表述中，不正确的是（　　）。

A. 城市维护建设税是一种附加税

B. 城市维护建设税的税款专门用于城市的公用事业和公用设施的维护建设

C. 外商投资企业和外国企业也要缴纳城市维护建设税

D. 海关对进口产品代征增值税、消费税、城市维护建设税

6. 下列关于城市维护建设税适用税率的说法中，正确的是（　　）。

A. 纳税人所在地为工矿区的，税率为5%

B. 代扣代缴的城市维护建设税以委托方所在地适用税率为准

C. 代扣代缴的城市维护建设税以受托方所在地适用税率为准

D. 流动摊贩以居住地的适用税率为准

7. 某市一企业2025年6月被查补增值税50 000元、消费税20 000元、所得税30 000元，被加收滞纳金2 000元，被处罚8 000元。该企业应补缴城建税和教育费附加共计（　　）元。

A. 5 000　　B. 7 000　　C. 8 000　　D. 10 000

8. 下列与应税合同有关的印花税纳税人是（　　）。

A. 合同当事人　　B. 合同担保人

C. 合同鉴定人　　D. 合同证人

9. 适用1‰税率的印花税应税凭证的是（　　）合同。

A. 承揽　　B. 货输　　C. 买卖　　D. 仓储

10. 对于应税凭证较少或同一凭证缴纳税款次数较少的纳税人，使用的纳税办法是（　　）。

A. 自行贴花　　B. 汇贴纳税　　C. 汇缴纳税　　D. 委托代征

11. 下列凭证中，免纳印花税的是（　　）。

A. 企业签订的加工合同

B. 企业与银行签订的贴息贷款合同

C. 企业与某公司签订的房屋租赁合同

D. 军事物资运输凭证

12. 甲、乙双方签订房屋租赁合同一份，订明租赁期为三个月，月租金为200元，甲、乙各自应贴印花税票为（　　）元。

A. 0.20　　B. 0.60　　C. 1　　D. 5

13. 按《中华人民共和国印花税法》规定，以下合同中印花税计税依据正确的是（　　）。

A. 国内货物联运在起运地统一结算收取的全程运费

B. 国内货物联运分程结算运费的为全程运费之和

C. 以货换货交易行为中，为发出货物的价格

D. 以货换货交易行为中，为交换货物价格的差额

14. A、B两方签订一份运输保管合同，合同上注明的费用为60万元，其中运输费为50万元，仓储保管费为10万元（分别注明）。该合同双方各应缴纳的印花税税额为（　　）万元。

A. 0.03　　B. 0.06　　C. 0.025　　D. 0.09

15. 某家具厂以价值 10 万元的家具，与木材厂交换价值 12 万元的优质木材，双方签订了易货合同，则双方共交印花税为（　　）元。

A. 30　　B. 36　　C. 66　　D. 132

16. 下列项目中，按整备质量吨位为计税依据征收车船税的是（　　）。

A. 非机动车、船　　B. 载货汽车

C. 机动船　　D. 非机动船

17. 某个体运输户拥有运输卡车 5 辆，其中：有 3 辆车的每辆净吨位为 5 吨，有 2 辆车的净吨位为每辆 15 吨。还有机动车挂车 2 辆，每车的净吨位为 2 吨。载货汽车单位税额为 28 元，该个体户每年应纳车船税是（　　）元。

A. 1 800　　B. 1 912　　C. 1 960　　D. 1 316

18. 下列车辆中，应纳车船税的有（　　）。

A. 用于农业生产的拖拉机

B. 军队、武警专用的车船

C. 人民法院、人民检察院领取警用牌照的车辆

D. 行政事业单位自用车辆

19. 下列车辆中，应纳车船税的是（　　）。

A. 税务局的办公用车

B. 企业新购置的内部行驶的运货车

C. 符合国家有关规定的残疾人机动轮椅车

D. 电动自行车

20. 跨省、自治区、直辖市使用的车船，其车船税纳税地点为（　　）。

A. 车辆所在地　　B. 车船的登记地

C. 纳税人经营所在地　　D. 领取车船牌照地

21. 纳税人新购置的车辆，其车船税的纳税义务发生时间为（　　）。

A. 购置使用的当月起　　B. 购置使用的次月起

C. 购置使用的当年起　　D. 购置使用的次年起

22. 以房产投资入股收取固定收入时，房产税的缴纳办法是（　　）。

A. 按投资方按房产余值和 1.2% 的税率计征

B. 按投资方按收取的不含增值税的固定收入和 12% 的税率计征

C. 按接受投资方房产余值和 1.2% 的税率计征

D. 待房产转让时再缴纳

23. 下列各项中，符合房产税纳税义务发生时间规定的是（　　）。

A. 用于生产经营的原有房产，从生产经营之月起

B. 用于生产经营的自行新建房产，从建成之月起

C. 委托施工企业建设的房产，从办理验收手续之月起

D. 用于生产经营的自行新建房产，从生产经营之月起

24. 下列房屋不征房产税的是（　　）。

A. 经营租赁的房屋

B. 融资租赁的房屋

C. 企业因大修停用7个月的厂房

D. 企业因大修停用5个月的厂房

25. 某企业有房产1 000平方米，房产原值1 000万元。2025年7月1日该企业将其中的300平方米的房产出租，月租金2.1万元（含增值税），已知省政府规定的减除比例为30%，该企业2025年应纳房产税为（　　）万元。

A. 14.4　　B. 20.28　　C. 22.26　　D. 8.58

26. 下列各项中，应当征收房产税的是（　　）。

A. 行政机关所属的招待所使用的房产

B. 自收自支事业单位向职工出租的单位自有房屋

C. 施工期间施工企业在基建工地搭建的临时办公用房

D. 邮政部门坐落在城市、县城、建制镇、工矿区以外的房产

27. 下列各项中，符合房产税纳税义务人规定的是（　　）。

A. 产权属于集体的由承典人缴纳

B. 房屋产权出典的由出典人缴纳

C. 产权纠纷未解决的由代管人或使用人缴纳

D. 产权属于国家所有的不缴纳

28. 纳税人经营用房的房产税计税依据是（　　）。

A. 房屋原值　　B. 房屋净值

C. 房屋计税余值　　D. 房屋现值

29. 下列房产中，不应缴纳房产税的是（　　）。

A. 外国企业的厂房

B. 中外合资企业的仓库

C. 房地产公司开发未售出但出借的商品房

D. 房地产公司开发未售出的商品房

30. 契税的纳税人是（　　）。

A. 出典人　　B. 赠与人　　C. 出卖人　　D. 承受人

31. 下列各项中，应缴纳契税的是（　　）。

A. 承包者获得农村集体土地承包经营权

B. 企业受让土地使用权

C. 企业将厂房抵押给银行

D. 个人承租居民住宅

32. 下列属于契税纳税义务人的是（　　）。

A. 土地、房屋抵债的抵债方　　B. 房屋赠予中的受赠方

C. 房屋赠予中的赠与方　　D. 土地、房屋投资的投资方

33. 某省一体育器材公司于2025年6月向本省某运动员奖励住宅一套，市场价格240万元（不含增值税），该运动员随后以210万元（不含增值税）的价格将奖励住宅出售，当地契税适用税率为3%。该运动员应缴纳的契税为（　　）万元。

A. 7.2　　B. 6.3　　C. 13.5　　D. 0

34. 下列各项中，契税计税依据可由征收机关核定的是（　　）。

A. 土地使用权出售　　B. 国有土地使用权出让

C. 土地使用权赠予　　D. 以划拨方式取得土地使用权

35. 下列情况中，应缴纳城镇土地使用税的是（　　）。

A. 外籍人员用地　　B. 军队营房用地

C. 军队食堂用地　　D. 军品仓库用地

36. 城镇土地使用税的税率采用（　　）。

A. 有幅度差别的比例税率　　B. 有幅度差别的定额税率

C. 全国统一定额　　D. 税务机关确定的定额

37. 下列情况中，不缴纳城镇土地使用税的是（　　）。

A. 区妇联开办对外营业的理发店用地

B. 校办工厂用地

C. 出版社用地

D. 市政府街道绿化地带

38. 城镇土地使用税的计税依据是（　　）。

A. 纳税人实际拥有的土地面积　　B. 纳税人实际使用的土地面积

C. 纳税人实际占用的土地面积　　D. 税务机关认定的土地面积

39. 企业自办的（　　），其用地能与企业其他用地明确区分的，免征城镇土地使用税。

A. 食堂　　B. 托儿所

C. 老干部活动中心　　D. 销售展厅

40. 新征用耕地应缴纳的城镇土地使用税，其纳税义务发生时间是（　　）。

A. 自批准征用之日起满3个月

B. 自批准征用之日起满6个月

C. 自批准征用之日起满1年

D. 自批准征用之日起满2年

41. 下列各项中，应当缴纳土地增值税的是（　　）。

A. 继承房地产　　B. 以房地产作抵押向银行贷款

C. 出售房屋　　D. 出租房屋

42. 我国现行土地增值税实行的税率属于（　　）。

A. 比例税率　　B. 超额累进税率

C. 定额税率　　D. 超率累进税率

43. 房地产开发费用中的利息支出，如果能按转让房地产项目分摊并提供金融机构证明，就允许据实扣除，且其他开发费用限额扣除的比例为（　　）以内。

A. 3%　　B. 5%　　C. 7%　　D. 10%

44. 下列各项中，按税法规定可以免征或不征土地增值税的是（　　）。

A. 国家机关转让自用的房产

B. 税务机关拍卖欠税单位的房产

C. 对国有企业进行评估增值的房产

D. 投资于房地产开发企业的房地产项目

45. 房地产开发企业在确定土地增值税的扣除项目时，不允许单独扣除的税费是（　　）。

A. 增值税、印花税

B. 房产税、城市维护建设税

C. 城市维护建设税、教育费附加

D. 印花税、城市维护建设税

46. 下列各项中，不属于资源税征税范围的是（　　）。

A. 与原油同时开采的天然气

B. 煤矿安全生产需要抽采的煤层气

C. 开采的天然原油

D. 生产的海盐原盐

47. 某矿山 7 月份开采非金属矿 3 万吨（税率为 5%），销售了 2 万吨，每吨 2 000 元，自用（非生产用）0.5 万吨，该矿山 7 月份应缴纳的资源税税额为（　　）万元。

A. 250　　B. 240　　C. 160　　D. 40

48. 某油田 3 月份生产原油 5 000 吨，当月销售 3 000 吨，每吨售价 800 元，加热、修井自用 100 吨，已知该油田原油适用的资源税税率为 5%，该油田 3 月份应缴纳的资源税税额为（　　）元。

A. 120 000　　B. 200 000　　C. 124 000　　D. 4 000

49. 纳税人开采应税矿产品销售的，其资源税的征税依据为（　　）。

A. 开采数量　　B. 实际产量

C. 计划产量　　D. 销售金额

50. 某纳税人本期以自产液体盐 50 000 吨对外销售，取得销售收入 100 万元。资源税税率为 5%，该纳税人本期应缴纳（　　）万元资源税。

A. 3　　B. 6　　C. 2　　D. 5

二、多项选择题

1. 下列各项中，属于城市维护建设税计税依据的有（　　）。

A. 实纳“二税”税额

B. 纳税人滞纳“二税”而加收的滞纳金

C. 纳税人偷逃“二税”被处的罚款

D. 纳税人偷逃“二税”被查补的税款

2. 城市维护建设税税率为地区差别比例税率，其地区确定可以采用（　　）。

A. 纳税人所在地的税率

B. 缴纳“二税”所在地的适用税率

C. 受托方代征代扣“二税”的，委托方所在地的适用税率

D. 经营地的适用税率

3. 城市维护建设税的适用税率有（　　）。

A. 7%　　B. 5%　　C. 3%　　D. 1%

4. 下列情况中，属于城市维护建设税纳税人的有（　　）。

A. 外商投资企业　　B. 外国企业

C. 事业单位　　D. 个体工商户

5. 城市维护建设税的税收减免规定有（　　）。

A. 随“二税”的减免而减免

B. 随“二税”的退库而退库

C. 按减免“二税”后实际缴纳的税额计征

D. 个别缴纳城市维护建设税有困难的，由税务机关批准给予减免

6. 下列各项中，符合城市维护建设税纳税地点规定的有（　　）。

A. 取得输油收入的管道局，为管道局所在地

B. 流动经营无固定地点的单位，为单位注册地

C. 流动经营无固定地点的个人，为居住所在地

D. 代征代扣“二税”的单位和个人，为代征代扣地

7. 下列各项中，应当征收印花税的项目有（　　）。

A. 产品加工合同　　B. 法律咨询合同

C. 技术开发合同　　D. 出版印刷合同

8. 下列各项中，应当征收印花税的项目有（　　）。

A. 分包或转包合同　　B. 会计咨询合同

C. 财政贴息贷款合同　　D. 未列明金额的购销合同

9. 采用自行贴花缴纳印花税的，纳税人应（　　）。

A. 自行申报应税行为

B. 自行计算应纳税额

C. 自行购买印花税票

D. 自行一次贴足印花税票并注销

10. 某建筑公司与一单位签订建筑承包合同，总承包额 800 万元，工期 12 个月，该建筑公司所持合同应纳印花税的正确处理为（ ）。

A. 适用 0.3‰比例税率 B. 应纳税额 2 400 元

C. 可以采用汇贴方法缴纳 D. 完工时缴纳

11. 营业账簿分为记载资金的账簿和其他账簿。记载资金的账簿，印花税的计税依据是（ ）两项的合计数。

A. 实收资本 B. 注册资本 C. 资本公积 D. 全部资产

12. 下列凭证中，免征印花税的有（ ）。

A. 已纳印花税凭证的副本或抄本

B. 财产所有人将财产赠给政府、社会福利单位、学校所立的书据

C. 国家指定的收购部门与农民书立的农副产品收购合同

D. 外国政府向我国政府提供优惠贷款所立的合同

13. 下列车辆中，应当缴纳车船税的有（ ）。

A. 行驶在公路上的摩托车 B. 捕捞、养殖渔船

C. 非机动驳船 D. 企业用车

14. 车船税的纳税义务人包括（ ）。

A. 行政机关 B. 中外各类企业

C. 我国境内的居民 D. 外籍个人

15. 下列各项中，应征收房产税的有（ ）。

A. 城市居民出租的房产 B. 城市居民投资联营的房产

C. 城市居民所有的自有住房 D. 城市居民拥有的营业用房

16. 按照《中华人民共和国房产税暂行条例》的规定，下列表述正确的有（ ）。

A. 事业单位对外出租经营的房屋免征房产税

B. 房屋大修停工 3 个月以上的房产免征房产税

C. 地下人防设施的房屋暂不征收房产税

D. 企业办的各类学校、托儿所、幼儿园自用的房产免征房产税

17. 下列项目中，符合房产税计税依据规定的有（ ）。

A. 对以房产投资联营且共担风险的，以房产余值为计税依据

B. 对融资租赁房屋的，以房产的余值为计税依据

C. 企业将原按余值缴纳房产税的房产出租，以不含增值税的租金收入为计税依据

D. 国家机关将房产出租，以不含增值税的租金收入为计税依据

18. 下列各项中，关于房产税的免税规定表述正确的有（　　）。

A. 对高校后勤实体免征房产税

B. 对非营利性医疗机构的房产免征房产税

C. 房管部门向居民出租的公有住房免征房产税

D. 应税房产大修停用 3 个月以上的，在大修期间可免征房产税

19. 下列情况中，应征房产税的有（　　）。

A. 高等院校教学用房

B. 高等院校出租用房

C. 区政府举办的对外经营的招待所

D. 区政府办公用房

20. 房产税的税率有（　　）。

A. 12%　　B. 1.2%　　C. 4%　　D. 3%

21. 下列以成交价格为依据计算契税的有（　　）。

A. 土地使用权赠与　　B. 土地使用权出让

C. 土地使用权交换　　D. 土地使用权转让

22. 下列各项中，可以享受契税免税优惠的有（　　）。

A. 城镇职工自己购买商品住房

B. 政府机关承受房屋用于办公

C. 遭受自然灾害后重新购买住房

D. 军事单位承受房屋用于军事设施

23. 下列各项中，应当征收契税的有（　　）。

A. 以房产抵债　　B. 将房产赠与他人

C. 以房产作投资　　D. 子女继承父母房产

24. 下列各项中，免征或不征契税的有（　　）。

A. 国家出让国有土地使用权

B. 受赠人接受他人赠与的房屋

C. 法定继承人继承土地、房屋权属

D. 承受荒山土地使用权用于林业生产

25. 居民甲将其拥有的一处房产卖给居民乙，双方签订房屋权属转移合同并按规定办理了房屋产权过户手续。下列关于契税和印花税的表述中，正确的有（　　）。

A. 作为交易的双方，居民甲和居民乙均同时负有印花税和契税的纳税义务

B. 契税的计税依据为房屋权属转移合同中确定的不含增值税的房产成交价格

C. 契税纳税人应在该房产的所在地缴纳契税，印花税的纳税人应在签订合同时就地纳税

D. 契税纳税人的纳税义务在房屋权属转移合同的当天发生，印花税纳税人的纳

税义务在房屋权属转移合同签订时发生

26. 下列项目中，属于《中华人民共和国城镇土地使用税暂行条例》中规定的免税项目有（　　）。

A. 公园附设照相馆、饭馆用地

B. 学校的教学楼、食堂用地

C. 免税单位无偿使用纳税单位的土地

D. 果园用地

27. 下列各项中，可以免缴城镇土地使用税的有（　　）。

A. 财政拨付事业经费单位的食堂用地

B. 名胜古迹场所设立的照相馆用地

C. 公园内设立的影剧院用地

D. 市政街道、广场、绿化带等公共用地

28. 纳税人实际占用的土地面积是城镇土地使用税的计税依据，其具体内容包括（　　）。

A. 省、自治区、直辖市人民政府确定的单位组织测定的面积

B. 政府部门核发的土地使用证书确认的面积

C. 纳税人申报的面积

D. 税务机关确认的面积

29. 城镇土地使用税的征收范围，是国家所有和集体所有的（　　）土地。

A. 城市　　B. 省城

C. 工矿区和建制镇　　D. 农村

30. 城镇土地使用税的纳税义务发生时间有（　　）。

A. 购置新建商品房，自房屋交付使用之次月起计征

B. 出租、出借房产，自交付出租、出借房产之月起计征

C. 对于新征用的耕地自批准之日起满一年时开始缴纳

D. 属非耕地的，自批准征用当月起纳税

31. 下列各项中，属于土地增值税纳税人的有（　　）。

A. 建造房屋的施工单位

B. 出售房产的中外合资房地产公司

C. 转让国有土地使用权的事业单位

D. 房地产管理的物业公司

32. 计算土地增值税税额时可以扣除的项目包括（　　）。

A. 取得土地使用权所支付的金额

B. 建筑安装工程费

C. 公共配套设施费

D. 转让房地产有关的税金

33. 根据《中华人民共和国城镇土地使用税暂行条例》规定，下列地区中，开征城镇土地使用税的有（　　）。

A. 城市　　B. 县城建制镇

C. 农村　　D. 工矿区

34. 房地产开发公司支付的下列相关税费，可列入加计 20% 扣除范围的有（　　）。

A. 支付建筑人员的工资福利费

B. 占用耕地缴纳的耕地占用税

C. 销售过程中发生的销售费用

D. 开发小区内的道路建设费用

35. 下列各项中，符合土地增值税优惠规定的有（　　）。

A. 纳税人建造普通标准住宅出售，增值额未超过扣除项目金额 20% 的，减半征收土地增值税

B. 纳税人建造普通标准住宅出售，增值额未超过扣除项目金额 20% 的，免征土地增值税

C. 纳税人建造普通标准住宅出售，增值额超过扣除项目金额 20% 的，应对其超过部分的增值额按规定征收土地增值税

D. 纳税人建造普通标准住宅出售，增值额超过扣除项目金额 20% 的，应就其全部增值额按规定征收土地增值税

36. 下列单位和个人的生产经营行为中，应缴纳资源税的有（　　）。

A. 冶金企业进口矿石

B. 个体经营者开采煤矿

C. 军事单位开采石油

D. 中外合作开采石油（2011 年 11 月 1 日后签订合作协议）

37. 下列各项中，关于资源税纳税义务发生时间的表述正确的有（　　）。

A. 采用分期收款结算方式销售应税产品的，为发出应税产品的当天

B. 采用预收货款结算方式销售应税产品的，为收到预收款的当天

C. 自产自用应税产品的，为移送使用应税产品的当天

D. 扣缴义务人代扣代缴税款的，为支付首笔货款的当天

38. 下列各项中，应征资源税的有（　　）。

A. 开采的大理石　　B. 进口的原油

C. 开采的煤矿瓦斯　　D. 生产用于出口的卤水

39. 下列各项中，属于资源税纳税义务人的有（　　）。

A. 进口盐的外贸企业

B. 开采原煤的私营企业

C. 生产盐的外商投资企业

D. 中外合作开采石油的企业（2011 年 11 月 1 日后签订合作协议）

三、判断题

（　　）1. 城市维护建设税的征税范围不包括农村。

（　　）2. 凡负有缴纳“二税”义务的单位和个人都是城市维护建设税的纳税义务人。

（　　）3. 流动经营等无固定纳税地点单位，在经营地缴纳“二税”的，其城市维护建设税的缴纳按经营地适用税率。

（　　）4. 减免增值税的同时也减免了城市维护建设税。

（　　）5. 出口货物，退还增值税也应同时退还城市维护建设税。

（　　）6. 依照税法，除另有规定者外，对出口商品退还增值税、消费税的，不退还已缴纳的城市维护建设税。

（　　）7. 纳税人在被查补“二税”和被处理罚款时，不再对其偷漏的城市维护建设税进行补税和罚款。

（　　）8. 根据《中华人民共和国印花税法》的规定，财产所有人将财产赠与政府、社会团体、社会福利单位、学校及其他事业单位所立的书据免纳印花税。

（　　）9. 对应税凭证，凡由两方或两方以上当事人共同书立的，其当事人各方都是印花税的纳税人，应各就其所持凭证的计税金额履行纳税义务。

（　　）10. 印花税的税率有两种形式，即比例税率和定额税率。加工承揽合同适用比例税率，税率为 0.5‰，营业账簿适用定额税率，税额为每件 5 元。

（　　）11. 加工承揽合同中，如由受托方提供原材料和辅助材料金额的，可将辅助材料金额剔除后计征印花税。

（　　）12. 某施工单位将自己承包建设项目中的安装工程部分，又转包给了其他单位，其转包部分在总承包合同中已缴过印花税，因此不必再次贴花纳税。

（　　）13. 技术合同中的技术咨询合同，不包括一般的法律、会计、审计等方面的咨询合同，其所立合同不贴印花税。

（　　）14. 对于融资租赁合同，按其合同所载租赁总额万分之零点五计税贴花。

（　　）15. 纳税人以电子形式签订的各类应税凭证不属于印花税列举凭证，不征收印花税。

（　　）16. 由扣缴义务人代收代缴机动车车船税的，纳税人应当在购买机动车交通事故责任强制保险的同时缴纳车船税。

（　　）17. 已办理退税的被盗抢车船，失而复得的，纳税人应当从公安机关出具相关证明的当月起计算缴纳车船税。

（　　）18. 车船税以车船购置发票开具时间的次月作为纳税义务发生时间。

（　　）19. 车辆的具体适用税额由省、自治区、直辖市人民政府在规定的税额幅度内确定。

（　　）20. 融资租赁的房屋，以该房产的余值计算房产税。

（　　）21. 应税房产停用半年以上的，经纳税人申请，税务机关审核，在大修期间免征房产税。

（　　）22. 个人所有的房产，除出租外，一律免征房产税。

（　　）23. 所有拥有房屋产权的单位和个人，都是房产税的纳税人。

（　　）24. 某单位出租一房屋，每月收取租金 6 000 元（不含增值税），半年缴纳一次房产税，每年缴纳税金 8 640 元。

（　　）25. 对于以房产投资联营，投资者参与投资利润分红，共担风险的，由出租方按租金收入计缴房产税。

（　　）26. 甲企业以价值 300 万元的办公用房与乙企业互换一处厂房，并向乙企业支付差价款 100 万元，在这次互换中，乙企业不需要缴纳契税，应由甲企业缴纳。

（　　）27. 企业破产清算期间，对债权人承受破产企业土地、房屋权属的，应当征收契税。

（　　）28. 土地、房屋权属变动中的各种形式，如典当、继承、出租或者抵押等，均属于契税的征税范围。

（　　）29. 买房拆料不征收契税。

（　　）30. 因不可抗力灭失住房而重新购买住房的免征契税。

（　　）31. 城镇土地使用税的征收范围是城市、县城、建制镇、工矿区范围的国家所有的土地。

（　　）32. 纳税单位无偿使用免税单位的土地免征城镇土地使用税；免税单位无偿使用纳税单位的土地照章征收城镇土地使用税。

（　　）33. 经省、自治区、直辖市人民政府批准，经济发达地区城镇土地使用税税额标准可以适当提高，但提高额不得超过暂行条例规定最高税额的 30%。

（　　）34. 土地使用权未确定或权属纠纷未解决的，由所有人缴纳城镇土地使用税。

（　　）35. 在城镇土地使用税征收范围内，利用林场土地兴建度假村等休闲娱乐场所的，其经营、办公和生活用地，应按规定征收城镇土地使用税。

（　　）36. 某工业企业利用一块闲置土地的使用权换取某房地产公司的新建商品房，作为本单位职工的居民用房，由于没有取得收入，所以该企业不需要缴纳土地增值税。

（　　）37. 在计算土地增值税时，对从事房地产开发的纳税人销售使用过的旧房及建筑物，仍可按取得土地使用权所支付的金额和房地产开发成本金额之和的 20% 加计扣除。

（　　）38. 某单位向政府有关部门缴纳土地出让金取得土地使用权时，不需要缴纳土地增值税。

（　　）39. 土地增值税使用超率累进税率，累进依据为增值额占转让收入的比例。

（　　）40. 纳税人建造普通标准住宅出售，增值额未超过扣除项目金额 20% 的，免征土地增值税。

（　　）41. 资源税是对在中国境内开采、生产以及进口的矿产品和盐的单位和个人征收。

（　　）42. 独立矿山、联合企业及其他收购单位收购的未税矿产品，一律按税务机关核定的应税产品税率标准，依据收购的金额代扣代缴资源税。

（　　）43. 纳税人以外购液体盐加工固体盐，其加工固体盐所耗用液体盐的已纳资源税税款准予抵扣。

（　　）44. 销售有色金属的贸易公司既是增值税纳税人又是资源税纳税人。

（　　）45. 资源税纳税人以 1 个月为一期纳税的，自月度终了之日起 15 日内申报纳税。

四、计算题

1. 某城市一卷烟厂委托某县城一卷烟厂加工一批雪茄烟，委托方提供原材料 40 000 元，支付加工费 5 000 元（不含增值税），雪茄烟消费税税率为 36%，这批雪茄烟无同类产品市场价格。

要求：计算受托方代收代缴消费税时应代收代缴的城市维护建设税税额。

2. 位于市区的某内资生产企业为增值税一般纳税人，经营内销与出口业务。2025 年 6 月份实际缴纳增值税税额为 40 万元，出口货物免抵税额 5 万元。另外，进口货物缴纳增值税税额为 17 万元、消费税税额为 30 万元。

要求：计算该企业 6 月份应缴纳的城市维护建设税税额。

3. 假定某交通运输企业 2025 年 12 月签订以下合同：

（1）与某银行签订融资租赁合同购置新车 15 辆，合同载明租赁期限为 3 年，每年支付租金 100 万元；

（2）与某客户签订货物运输合同，合同载明货物价值 500 万元，运输费用 65 万元（含装卸费 5 万元，货物保险费 10 万元）；

（3）与某运输企业签订租赁合同，合同载明将本企业闲置的总价值 300 万元的 10 辆货车出租，每辆车月租金 4 000 元，租期未定；

（4）与某保险公司签订保险合同，合同载明为本企业的 50 辆车投保第三方责任险，每辆车每年支付保险费 4 000 元。

要求：计算该企业当月应缴纳的印花税税额为多少？

4. 某企业 2025 年 10—12 月有关资料如下：

（1）实收资本比 2024 年增加 100 万元；

（2）与银行签订一年期借款合同，借款金额 300 万元，年利率 5%；

（3）与甲公司签订以货换货合同，本企业的货物价值350万元，甲公司的货物价值450万元；

（4）与乙公司签订受托加工合同，乙公司提供价值80万元的原材料，本企业提供价值15万元的辅助材料并加收加工费20万元；

（5）与丙公司签订转让技术合同，转让收入由丙公司按2026—2029年实现利润的30%支付；

（6）与货运公司签订运输合同，载明运输费用8万元（其中含装卸费0.5万元）；

（7）与铁路部门签订运输合同，载明运输费及保管费共计20万元。

要求：逐项计算该企业2025年10—12月应缴纳的印花税。

5. 某高新技术企业于2025年5月开业，注册资金220万元，当年发生经营活动如下：

（1）领受工商营业执照、房屋产权证、土地使用证各一份；

（2）建账时共设8个账簿，其中资金账簿中记载实收资本220万元；

（3）签订购销合同4份，共记载金额280万元；

（4）签订借款合同1份，记载金额50万元，当年取得利息0.8万元；

（5）与广告公司签订广告制作合同1份，分别记载加工费3万元，广告公司提供的原材料7万元；

（6）签订技术服务合同1份，记载金额60万元；

（7）签订租赁合同1份，记载租赁费金额50万元；

（8）签订转让专有技术使用权合同1份，记载金额150万元。

要求：按下列顺序回答问题，每问均需计算共计金额。

（1）计算领受权利许可证照应缴纳的印花税；

（2）计算设置账簿应缴纳的印花税；

（3）计算签订购销合同应缴纳的印花税；

（4）计算签订借款合同应缴纳的印花税；

（5）计算签订广告制作合同应缴纳的印花税；

（6）计算签订技术服务合同应缴纳的印花税；

（7）计算签订租赁合同应缴纳的印花税；

（8）计算签订专有技术使用权转让合同应缴纳的印花税。

6. 某企业拥有整备质量为5吨位的商用货车2辆，2025年3月购置2.0升的面包车2辆。当地政府规定商用货车整备质量每吨税额为60元，2.0升的面包车每辆税额420元。

要求：计算该企业该年度应纳车船税税额。

7. 某货运公司2025年拥有载货汽车25辆、挂车20辆，整备质量吨位均为20吨，3辆四门六座客货两用车，整备质量吨位为3吨，2.0升小轿车2辆。该公司所在省规定载货汽车纳税额每吨30元，2.0升载客汽车年纳额每辆660元。

要求：计算 2025 年该企业该年度应纳车船税税额。

8. 某企业拥有的房产原值 2 500 万元，2025 年 7 月，将其中一幢闲置库房对外出租，每年取得租金 12.6 万元（含增值税，采用简易计税办法）。经核定可按 30% 扣除损耗。

要求：计算该企业 2025 年应缴纳的房产税税额。

9. 居民乙因拖欠居民甲 180 万元款项无力偿还，2025 年 6 月经当地有关部门调解，以房产抵偿该笔债务，居民甲因此取得该房产的产权并支付给居民乙差价款 21 万元（含增值税，采用简易计税办法）。假定当地省政府规定的契税税率为 3%。

要求：计算居民甲、居民乙各自应缴纳的契税税额。

10. 2025 年 6 月，居民甲某有四套住房，将其中一套价值 1 200 万元的别墅折价给乙某抵偿了 1 000 万元的债务；用市场价值 700 万元的两套两室住房与丙某交换了一套四室住房，另取得丙某赠送价值 12 万元的小轿车一辆；将第四套市场价值 150 万元的公寓房折成股份投入本人独资经营的企业。四套住房均已达到免征增值税的标准，当地确定的契税税率为 3%。

要求：计算甲、乙、丙应缴纳的契税税额。

11. 某公司与政府机关共同使用一栋共有土地使用权的建筑物。该建筑物占用土地面积 2 000 平方米，建筑物面积 10 000 平方米（公司与机关的占用比例为 4：1），该公司所在市城镇土地使用税单位税额为每平方米 5 元。

要求：计算该公司应缴纳的城镇土地使用税税额。

12. 甲企业（国有企业）生产经营用地分布于 ABC 三个地域，A 的土地使用权属于甲企业，面积 10 000 平方米，其中幼儿园占地 1 000 平方米，厂区绿化占地 2 000 平方米；B 的土地使用权属于甲企业与乙企业共同拥有，面积 5 000 平方米，实际使用面积各半；C 的面积 3 000 平方米，甲企业一直使用但土地使用权未确定。假设 ABC 的城镇土地使用税单位税额为每平方米 5 元。

要求：计算甲企业全年应缴纳的城镇土地使用税税额。

13. 2025 年 6 月某房地产开发公司销售其新建商品房一幢，取得销售收入 1.526 亿元（含增值税），已知该公司支付与商品房相关的土地使用权费及开发成本合计为 4 800 万元；该公司没有按房地产项目计算分摊银行借款利息；该商品房所在地的省政府规定计征土地增值税时房地产开发费用扣除比例为 10%；缴纳了增值税 1 260 万元，城市维护建设税、教育费附加等 126 万元。

要求：计算该公司销售该商品房应缴纳的土地增值税税额。

14. 位于县城的某内资原煤生产企业为增值税一般纳税人，2025 年 5 月发生以下业务：

（1）开采原煤 10 000 吨。采取分期收款方式销售原煤 9 000 吨，每吨不含增值税单价 500 元，购销合同约定，本月应收取 1/3 的价款，但实际只收取不含税价款 120 万元。

另支付运费取得增值税专用发票，注明运费 6 万元，税款 0.54 万元。

（2）为职工宿舍供暖，使用本月开采的原煤 200 吨；另将本月开采的原煤 500 吨无偿赠送给某位有长期业务往来的客户。

（3）销售开采原煤过程中因安全生产需要抽采的煤层气 125 000 立方米，取得不含税销售额 25 万元。

（假设该煤矿所在地原煤的资源税税率为 5%，煤层气资源税税率为 2%。）

要求：计算该企业当月应缴纳的资源税税额。

第三部分　职业实践能力训练

一、任务目标

1. 能够按期计算城市维护建设税、印花税、车船税、房产税、契税、城镇土地使用税、土地增值税和财政规费；

2. 能够正确填报财产和行为税纳税申报表；

3. 能够按期缴纳财产和行为税税款。

二、任务描述

1. 根据珠江集团有限责任公司提供的有关资料，计算该公司 2025 年下半年应纳的车船税、房产税和城镇土地使用税。

2. 根据珠江集团有限责任公司提供的有关资料，计算该公司 2025 年 7 月份应缴纳的城市维护建设税、印花税、契税、土地增值税和财政规费。

3. 根据上述资料填报 2025 年 7 月份或下半年该公司的财产和行为税纳税申报表。

三、操作准备

1. 学习《中华人民共和国城市维护建设税法》《中华人民共和国印花税法》《中华人民共和国车船税法》《中华人民共和国房产税暂行条例》《中华人民共和国契税法》《中华人民共和国城镇土地使用税暂行条例》《中华人民共和国土地增值税暂行条例》及上述税费的其他相关法律法规；

2. 在纳税模拟实训室进行，准备企业基本情况、各类收支业务等资料；

3. 准备财产和行为税纳税申报表。

四、实训材料

（一）企业基本信息

企业名称：珠江集团有限责任公司

企业性质：国有企业

企业法定代表人：胡敬力

企业办税员：彭雪香

企业地址及电话：珠江市天河路 68 号 45875215

开户银行及账号：中国工商银行珠江分理处 1907845952189755626

纳税人识别号：430214526545759759

（二）实训资料

该公司是一家综合性经营公司，房产税、城镇土地使用税、车船税实行每半年预缴一次，按年度征收的方式计算、缴纳。上述税款除印花税外其他税种全部于次月 10 日缴纳，印花税于业务发生时计算、缴纳。2025 年 7 月份发生下列经济业务：

1. 2 日，公司为扩大规模增加注册资本 500 万元。

2. 3 日，出售房屋 1 幢，取得收入 3 150 万元（含增值税），依据简易计税办法缴纳了增值税、城市维护建设税和教育费附加。该房于 10 年前购入，当时购入成本为 2 100 万元。

3. 5 日，向中国工商银行申请 3 年期的借款，签订合同取得借款金额 1 000 万元，年利率为 8%。

4. 8 日，将自有价值 800 万元的房屋换为价值 900 万元的房屋，支付给对方差价款 100 万元，并签订房屋产权交换合同 1 份，合同记载金额为 900 万元。

5. 10 日，签订购销合同 2 份，共记载金额 2 000 万元。

6. 13 日，启用新的记载存货收发存数量和金额的明细账簿 2 本。

7. 15 日，签订转让商标使用权合同 1 份，合同上记载金额为 300 万元。

8. 18 日，签订加工合同 1 份，为某企业加工产品一批，对方提供原材料价值 120 万元，合同记载加工费金额为 20 万元。

9. 20 日，与保险公司签订财产保险合同 1 份，合同记载的保险费为 10 万元。

10. 22 日，与某铁路运输公司签订运输合同 1 份，合同记载运费金额共 100 万元。

11. 25 日，与某建筑公司签订房屋建筑合同 1 份，合同记载建筑承包金额为 4 000 万元。

12. 28 日，签订房屋购买合同 1 份，购买公司行政办公大楼一栋（新建商品房），合同规定本公司应支付房屋价款共计 2 000 万元。

13. 30 日，领取土地使用证 1 份，房屋产权证 1 份，专利证书 1 份。

14. 31 日，该公司全年实际占用土地面积 50 000 平方米，其中职工医务室占地 4 000 平方米，幼儿园占地 1 500 平方米，当地政府规定城镇土地使用税为 10 元 / 平方米。

15. 税务机关核定公司全年自用房产账面价值为 18 000 万元（其中本年 7 月份购入新建的商品房，不含增值税价格为 2 000 万元，其余均为以前年度购建），当地政府规定的损耗扣除率标准为 30%。

16. 31 日，公司的车辆、船舶计算本年度下半年应交的车船税，车辆、船舶购置明细表如表 7–7 所示。

表 7–7　车辆、船舶购置明细表

车辆、船舶类别	购置使用时间	数量	单位税额
载客汽车（公司领导用）	20×× 年 12 月	5 辆	300 元
载客汽车（接送员工用）	20×× 年 12 月	2 辆	600 元
载客汽车（接送幼儿用）	20×× 年 12 月	1 辆	400 元
客货两用汽车	20×× 年 12 月	6 辆	见附注
载货汽车	20×× 年 6 月	8 辆	见附注
机动车挂车	20×× 年 7 月	5 辆	见附注
三轮汽车低速货车	20×× 年 8 月	6 辆	见附注
摩托车	20×× 年 3 月	20 辆	120 元
船舶	20×× 年 6 月	6 艘	见附注

注：客货两用汽车均为 5 人座，单位税额为 300 元 / 辆，其中有 4 辆载货部分整备质量吨位为 0.4 吨 / 辆，另外 2 辆载货部分整备质量吨位为 0.7 吨 / 辆，单位税额为 100 元 / 吨。载货汽车整备质量吨位为 20 吨；机动车挂车整备质量吨位为 10 吨，三轮汽车低速货车整备质量吨位为 5 吨；船舶 6 艘，其中 2 艘净吨位为 5 000.4 吨 / 艘，单位税额为 5 元；3 艘净吨位为 1 999.8 吨 / 艘，单位税额为 4 元；1 艘非机动驳船净吨位为 200 吨，单位税额为 3 元。

17. 31 日，汇总本月在国内销售甲产品应缴纳的增值税税额 36 万元，另因违反增值税法而被税务机关处以罚款 3 万元。

18. 31 日，汇总本月对外提供应税劳务应缴纳的增值税税额 8 万元，另外查补上月的增值税税额 2 万元。

19. 31 日，汇总本月销售产品应缴纳的消费税税额 10 万元，另外还缴纳了消费税滞纳金 1 万元。

20. 31 日，汇总本月出口产品一批，收到税务机关退回的增值税税额 6 万元，消费税税额 3 万元。

21. 31 日，汇总本月代扣代缴消费税税额 9 万元，增值税税额 4 万元。城市维护建设税税率为 7%，教育费附加率为 3%。

22. 31 日，汇总本月进口一批原材料，以银行存款向海关缴纳进口环节的增值税税额为 12 万元，消费税税额为 4 万元。

（三）实训要求

1. 计算珠江集团有限责任公司本月应缴纳的城市维护建设税、印花税、车船税、房产税、契税、城镇土地使用税、土地增值税和教育费附加。

2. 填制财产和行为税纳税申报表，如表 7–8 所示。

表 7-8　财产和行为税纳税申报表

纳税人识别号(统一社会信用代码):

纳税人名称:　　　　金额单位:人民币元(列至角分)

序号	税种	税目	税款所属期起	税款所属期止	计税依据	税率	应纳税额	减免税额	已缴税额	应补(退)税额
1										
2										
3										
4										
5										
6										
7										
8										
9										
10										
11										
12	合计	—	—	—	—	—				
声明:此表是根据国家税收法律法规及相关规定填写的,本人(单位)对填报内容(及附带资料)的真实性、可靠性、完整性负责。 纳税人:　　年　月　日										
经办人: 经办人身份证号: 代理机构签章: 代理机构统一社会信用代码:						受理人: 受理税务机关(章): 受理日期:　年　月　日				

注:本表一式两份,一份纳税人留存,一份税务机关留存。

第四部分　职业拓展能力训练

一、房产税、城市维护建设税和教育费附加纳税筹划

李先生有一套住房出租，每年租金 40 000 元（不含增值税）。出租的房屋中有彩电一台，洗衣机一台，冰箱一台，煤气灶一台，抽油烟机一台，写字台一个，空调两台，双人床一张等家具，其价值为 34 000 元。现在李先生找到一位承租人，双方签约一年，租金一次性付清。

要求：计算李先生应纳房产税税额，并提出纳税筹划方案。

二、印花税纳税筹划

甲公司与乙公司是常年业务合作单位，2025 年 8 月，甲公司的一批货物租用乙公司的仓库保管 1 年，约定仓储保管费为 120 万元；另约定甲公司购买乙公司的包装箱 1 000 个，每个 1 000 元，合计 100 万元。现有以下两种方案：

方案 1：在签订合同时，甲公司和乙公司签署了一份保管合同，其中约定了上述保管和购买包装箱的事项，但未分别记载相应金额，仅规定了甲公司向乙公司支付款项 220 万元。

方案 2：在签订合同时，甲公司和乙公司分别签署了两份合同，一份是仓储保管合同，一份是购销合同。

要求：从纳税筹划角度进行分析，判断哪个方案更好。

附录

企业纳税综合实训

一、任务目标

1. 能够判断不同企业在不同环节应缴纳的税种；

2. 能够根据业务资料计算企业经济业务涉及的相关税额；

3. 能够根据业务资料填制相应税种的纳税申报表。

二、任务描述

1. 根据吉利卷烟有限责任公司投资创建环节的资料，计算印花税与房产税，完成纳税申报及缴纳。

2. 根据吉利卷烟有限责任公司购产销环节的资料，计算 2025 年 12 月的消费税、增值税、关税、城市维护建设税、教育费附加，完成纳税申报及缴纳。

3. 根据吉利卷烟有限责任公司费用结算环节的资料，计算 2025 年度车船税、城镇土地使用税，完成纳税申报及缴纳。

4. 根据吉利卷烟有限责任公司财务成果核算环节的资料，计算 2025 年 12 月吉利卷烟有限责任公司应预缴的企业所得税税额；根据会计师事务所的审计意见，进行纳税调整，计算吉利卷烟有限责任公司 2025 年应补缴的企业所得税税额；根据吉利卷烟有限责任公司提供的 1—11 月份的收支资料，按照分月据实预缴的办法填写 2025 年 12 月企业所得税预缴纳税申报表；根据会计师事务所的审计情况，填写企业所得税纳税申报表的相关附表；根据资料和附表填写企业所得税年度纳税申报表。

三、操作准备

1.《中华人民共和国房产税暂行条例》《中华人民共和国印花税法》《中华人民共和国增值税法》《中华人民共和国消费税暂行条例》《中华人民共和国关税法》《中华人民共和国城市维护建设税法》《中华人民共和国征收教育费附加的暂行规定》《中华人民共和国城镇土地使用税暂行条例》《中华人民共和国车船税法》《中华人民共和国企业所得税法》《中华人民共和国企业所得税法实施条例》以及与各税种相关的其他法律法规。

2. 在税务实训室进行，准备企业基本情况、各类经济业务等资料。

3. 吉利卷烟有限责任公司投资创建、购产销、费用结算、财务成果核算环节的相关涉税资料，企业 1—11 月收支情况，各类收支计算表。

4. 财产和行为税纳税申报表，消费税、增值税及附加税费申报表及附表，企业所得税月（季）度预缴纳税申报表（A 类），企业所得税年度纳税申报表及附表，海关进口关税、增值税、消费税专用缴款书（各两份），税收通用缴款书（10 份）。

四、实训材料

1. 企业基本情况：

企业名称：吉利卷烟有限责任公司

统一社会信用代码：03021041076823232C

企业地址：云海市长江东路56号

法人代表：崔云翔

注册资本：8 000万元

企业类型：有限责任公司

经营范围：卷烟生产

企业开户银行及账号：工商银行云海市长江东路支行6423572257896959737

吉利卷烟有限责任公司于2012年1月1日成立，为增值税一般纳税人，主要生产卷烟；资金账簿中记载实收资本7 500万元，新启用其他营业账簿8本；企业为方便统计，专门设置了只记录数量的统计簿，共10本。经当地主管税务机关批准，企业采取按月汇总方式缴纳印花税。

企业有生产车间5间，房产原值共计3 000万元，土地使用证上记载占地面积为9 000平方米，属于二等用地；行政楼一幢，房产原值800万元，占地1 500平方米，属于一等用地；企业学校一所，房产原值500万元，占地1 100平方米，属于一等用地；企业的仓库在农村，房产原值400万元，占地1 200平方米，属于三等用地；用于出租的房产原值700万元，占地900平方米，属于三等用地，月租金20万元；厂区外的绿化带和广场用地1 000平方米，属于二等用地。

企业拥有整备质量12吨的货车10辆，整备质量4.3吨的货车1辆；商用客车7辆，其中，5辆供职工上下班用，剩余的供学校自用（经批准免征车船税）；小型客车15辆。

当地政府规定，房屋的一次性减除比例为20%。不同用地的城镇土地使用税税额分别为：每平方米一级土地25元，二级土地20元，三级土地15元，四级土地10元。商用客车车船税单位税额为540元/年；小型客车（载客人数小于或等于9人的）为360元/年；商用货车整备质量每吨60元。以上税种实行按年计算、一次缴纳的方式。2025年企业房屋、车辆没有变化。

2. 假定2025年12月份企业生产经营情况：

假定1—11月以上资料无变化。2025年12月，企业发生了以下业务（此处不考虑印花税）：

（1）从烟农处购进烟叶一批，收购凭证上注明收购价格150万元，并向烟农支付了价外补贴10%（另外，还需缴纳烟叶税，税率20%）；支付了相关的运费，签订了运输合同，取得的增值税专用发票上注明运费9万元，税款0.81万元。与荣升卷烟厂签订委托加工合同，将收购的烟叶加工成烟丝，支付了加工费25万元，对方代垫了部分辅助材料款3.44万元，取得了增值税专用发票。荣升卷烟厂没有同类烟丝的销售价格。烟丝消费税税率为 30%。

（2）进口烟丝一批，支付货款 15 万元，入关前支付相关运输费与保险费共计 0.75 万元，关税税率为 57%，取得了海关进口关税完税凭证和海关进口增值税专用缴款书；进口设备 1 台，价款 120 万元，关税税率为 25%，运抵我国海关前发生运输费和保险费 48 万元，支付由海关到卷烟厂运费，取得增值税专用发票，注明运费 1 万元，税款 0.09 万元。

（3）从远东卷烟厂购进烟丝一批，取得增值税专用发票，上面注明价款 40 万元；从云北卷烟厂购进烟丝一批，取得增值税专用发票，上面注明价款 60 万元，支付运费取得增值税专用发票，注明运费 3 万元，税款 0.27 万元。上月从远东卷烟厂购进的烟丝一批被盗，损失成本共计 5 万元，其中包含运费 0.375 万元；购进其他材料一批，增值税专用发票上注明价款 85 万元；本月消耗了水电并取得了增值税专用发票，上面注明水电价款分别是 80 万元和 150 万元。

（4）将委托荣升卷烟厂加工的烟丝收回。其中 80% 用于加工成甲类卷烟销售；共计 500 大箱（标准箱），售价 1.8 万元一箱（不含税）；剩余 20% 收回后直接出售，售价为 45 万元（不含税）（甲类卷烟消费税税率为 56%，150 元 / 箱）。

（5）用自产的烟丝生产乙类卷烟，共计 800 大箱（标准箱）。出售给零售商 50 大箱，开具普通发票，上面注明金额 73.45 万元；采取分期付款方式出售 600 大箱给商场，1.1 万元一箱（不含税），合同约定本月支付价款的 50%，但是商场只付了 40%；销售了 100 箱给专卖店，取得了不含税的销售额 120 万元，同时收取了包装物的押金 2.26 万元；本月取得逾期的包装物押金 13.56 万元（乙类卷烟消费税税率为 36%，150 元 / 箱）。

（6）将 50 箱乙类卷烟用于投资，当月甲类卷烟的最高售价为每箱 1.3 万元，平均售价为每箱 1.2 万元。

（7）企业自设的非独立核算的宾馆于 2025 年 11 月开始营业，取得如下含增值税收入：餐饮收入 21.2 万元，客房收入 31.8 万元，放映厅门票收入 10.6 万元，放映厅里的小吃收入 5.3 万元，保龄球收入 10.6 万元。

（8）经统计，本月企业的销售成本共计 550 万元，其他业务成本 80 万元，营业外支出 30 万元，销售费用 5 万元，管理费用 90 万元，财务费用 5 万元。

3. 假设企业 2025 年 1—11 月经营资料如下：

吉利卷烟有限责任公司企业所得税实行按月计算、分月据实预缴办法。2025 年 1—11 月企业经营资料如下：

（1）2025 年收入汇总表见附表 1。

附表 1　2025 年收入汇总表　　单位：万元

项目	1—11 月
1. 主营业务收入小计	9 750
销售货物收入	9 750
2. 其他业务收入小计	340

续表

项目	1—11 月
(1) 材料销售收入	280
(2) 提供运输服务收入	50
(3) 其他	10
3. 投资收益小计	100
4. 营业外收入小计	110
(1) 处置固定资产净收益	60
(2) 出售无形资产收益	50
总计	10 300

（2）2025 年成本费用汇总表见附表 2。

附表 2　2025 年成本费用汇总表　　单位：万元

项目	1—11 月
1. 主营业务成本小计	4 976
销售货物成本	4 976
2. 其他业务成本小计	145
(1) 材料销售成本	100
(2) 提供运输服务成本	40
(3) 其他	5
3. 营业外支出小计	129
(1) 罚款支出	10
(2) 捐赠支出	87
(3) 其他	32
4. 期间费用小计	2 600
(1) 销售费用	900
(2) 管理费用	1 500
(3) 财务费用	200
总计	7 850

（3）2025 年流转税费汇总表（除教育费附加外不考虑财政性规费）见附表 3。

附表 3　2025 年流转税费汇总表　　单位：万元

项目	1—11 月
1. 增值税	655.00
2. 消费税	1 580.00
3. 城市维护建设税	156.45

续表

项目	1—11 月
4. 教育费附加	67.05
总计	2 458.50

（4）2025 年 1—11 月份企业会计利润及已缴的企业所得税汇总表见附表 4。

附表 4　2025 年 1—11 月份企业会计利润及已缴的企业所得税汇总表　单位：万元

项目	1—11 月
1. 会计利润额	646.500
2. 已缴企业所得税	161.625

4. 假定会计师事务所审计时发现以下问题：

（1）计入成本费用的实发工资总额 1 500 万元，职工福利费 250 万元，职工教育经费 40 万元，职工工会经费 25 万元。

（2）投资收益中含国债利息收入 13 万元，金融债券利息收入 10 万元，从境内居民企业分得股息 30 万元；分别在 A、B 两国设有分支机构（我国与 A、B 两国已经缔结避免双重征税的协定），在 A 国分支机构的应纳税所得额为 40 万元，A 国企业所得税税率为 30%；在 B 国的分支机构的应纳税所得额为 20 万元，B 国企业所得税税率为 20%，分别在境外按照所在国的税率缴纳了所得税。

（3）完工的房屋未交付使用前取得租金收入 30 万元，直接冲减了在建工程成本。

（4）销售费用中含业务宣传费 120 万元；管理费用中含业务招待费 300 万元，新产品研究开发费 320 万元；财务费用中，向银行借入生产用资金 2 000 万元，借用期限 6 个月，支付借款利息 50 万元；经过批准向本企业职工借入生产用资金 600 万元，借用期限 10 个月，支付借款利息 35 万元。

（5）2025 年 4 月购进一台机械设备，购入成本 90 万元，当月投入使用。企业将设备购入成本一次性计入费用在税前作了扣除。

（6）“营业外支出”账户中列支工商行政管理部门罚款 3 万元，税收滞纳金 5 万元，通过文化行政管理部门向当地的公益性图书馆捐赠 37 万元，直接捐赠给希望小学 50 万元，银行借款超期罚息 2 万元，非广告性赞助 7 万元，毁损一批原料，账面成本 24.65 万元（含运费 4.65 万元），企业提供清查盘存资料经主管税务机关审核后，按照账面成本进行了账务处理。

5. 财产和行为税纳税申报表见附表 5，增值税及附加税费申报表及附列资料见附表 6~附表 8，消费税及附加税费申报表见附表 9，中华人民共和国企业所得税月（季）度预缴纳税申报表（A 类）见附表 10，企业所得税年度纳税申报主表及相关附表见附表 11—附表 23，中华人民共和国税收通用缴款书见附表 24，海关进口（　）税专用缴款书见附表 25。

附表 5　财产和行为税纳税申报表

纳税人识别号(统一社会信用代码):

纳税人名称:　　　　　　　　　　　　　　　　　　金额单位:人民币元(列至角分)

序号	税种	税目	税款所属期起	税款所属期止	计税依据	税率	应纳税额	减免税额	已缴税额	应补(退)税额
1										
2										
3										
4										
5										
6										
7										
8										
9										
10										
11										
12	合计	—	—	—	—	—				

声明:此表是根据国家税收法律法规及相关规定填写的,本人(单位)对填报内容(及附带资料)的真实性、可靠性、完整性负责。

纳税人:　　　　年　　月　　日

经办人: 经办人身份证号: 代理机构签章: 代理机构统一社会信用代码:	受理人: 受理税务机关(章): 受理日期:　　年　月　日

附表 6　增值税及附加税费申报表

（一般纳税人适用）

根据国家税收法律法规及增值税相关规定制定本表。纳税人不论有无销售额，均应按税务机关核定的纳税期限填写本表，并向当地税务机关申报。

税款所属时间：自　　年　月　日至　　年　月　日　　　　填表日期：　年　月　日　　　　金额单位：元（列至角分）

纳税人识别号（统一社会信用代码）：□□□□□□□□□□□□□□□□□□　　　　所属行业：

纳税人名称：		法定代表人姓名		注册地址		生产经营地址	
开户银行及账号			登记注册类型			电话号码	

项目		栏次	一般项目		即征即退项目	
			本月数	本年累计	本月数	本年累计
销售额	（一）按适用税率计税销售额	1				
	其中：应税货物销售额	2				
	应税劳务销售额	3				
	纳税检查调整的销售额	4				
	（二）按简易办法计税销售额	5				
	其中：纳税检查调整的销售额	6				
	（三）免、抵、退办法出口销售额	7			—	—
	（四）免税销售额	8			—	—
	其中：免税货物销售额	9			—	—
	免税劳务销售额	10			—	—
税款计算	销项税额	11				
	进项税额	12				
	上期留抵税额	13				—
	进项税额转出	14				

续表

项目		栏次	一般项目		即征即退项目	
			本月数	本年累计	本月数	本年累计
税款计算	免、抵、退应退税额	15			—	—
	按适用税率计算的纳税检查应补缴税额	16			—	—
	应抵扣税额合计	17=12+13−14−15+16		—		—
	实际抵扣税额	18(如 17<11,则为 17;否则为 11)				
	应纳税额	19=11−18				
	期末留抵税额	20=17−18				—
	简易计税办法计算的应纳税额	21				
	按简易计税办法计算的纳税检查应补缴税额	22			—	—
	应纳税额减征额	23				
	应纳税额合计	24=19+21−23				
税款缴纳	期初未缴税额(多缴为负数)	25				
	实收出口开具专用缴款书退税额	26			—	—
	本期已缴税额	27=28+29+30+31				
	① 分次预缴税额	28		—		—
	② 出口开具专用缴款书预缴税额	29		—	—	—
	③ 本期缴纳上期应纳税额	30				
	④ 本期缴纳欠缴税额	31				
	期末未缴税额(多缴为负数)	32=24+25+26−27				

续表

项目		栏次	一般项目		即征即退项目	
			本月数	本年累计	本月数	本年累计
税款缴纳	其中：欠缴税额（≥0）	33=25+26−27		—		—
	本期应补（退）税额	34=24−28−29		—		—
	即征即退实际退税额	35	—	—		
	期初未缴查补税额	36			—	—
	本期入库查补税额	37			—	—
	期末未缴查补税额	38=16+22+36−37			—	—
附加税费	城市维护建设税本期应补（退）税额	39			—	—
	教育费附加本期应补（退）费额	40			—	—
	地方教育附加本期应补（退）费额	41			—	—

声明：此表是根据国家税收法律法规及相关规定填写的，本人（单位）对填报内容（及附带资料）的真实性、可靠性、完整性负责。

纳税人（签章）：　　年　月　日

经办人： 经办人身份证号： 代理机构签章： 代理机构统一社会信用代码：	受理人： 受理税务机关（章）：　受理日期：　年　月　日

附表 7 增值税及附加税费申报表附列资料（一）

（本期销售情况明细）

税款所属时间： 年 月 日至 年 月 日

纳税人名称:(公章) 金额单位:元(列至角分)

项目及栏次				开具增值税专用发票		开具其他发票		未开具发票		纳税检查调整		合计			服务、不动产和无形资产扣除项目本期实际扣除金额	扣除后	
				销售额	销项（应纳）税额	销售额	销项（应纳）税额	销售额	销项（应纳）税额	销售额	销项（应纳）税额	销售额	销项（应纳）税额	价税合计		含税（免税）销售额	销项(应纳)税额
				1	2	3	4	5	6	7	8	9=1+3+5+7	10=2+4+6+8	11=9+10	12	13=11－12	14=13÷(100%+税率或征收率)×税率或征收率
一、一般计税方法计税	全部征税项目	13%税率的货物及加工修理修配劳务	1											—	—	—	—
		13%税率的服务、不动产和无形资产	2														
		9%税率的货物及加工修理修配劳务	3											—	—	—	—
		9%税率的服务、不动产和无形资产	4														
		6%税率	5														
	其中：即征即退项目	即征即退货物及加工修理修配劳务	6	—	—	—	—	—	—	—	—			—	—	—	—
		即征即退服务、不动产和无形资产	7	—	—	—	—	—	—	—	—						

续表

项目及栏次				开具增值税专用发票		开具其他发票		未开具发票		纳税检查调整		合计			服务、不动产和无形资产扣除项目本期实际扣除金额	扣除后	
				销售额	销项（应纳）税额	销售额	销项（应纳）税额	销售额	销项（应纳）税额	销售额	销项（应纳）税额	销售额	销项（应纳）税额	价税合计		含税（免税）销售额	销项（应纳）税额
				1	2	3	4	5	6	7	8	9=1+3+5+7	10=2+4+6+8	11=9+10	12	13=11－12	14=13÷（100%＋税率或征收率）×税率或征收率
二、简易计税方法计税	全部征税项目	6% 征收率	8							—	—			—	—	—	—
		5% 征收率的货物及加工修理修配劳务	9a							—	—			—	—	—	—
		5% 征收率的服务、不动产和无形资产	9b							—	—			—	—	—	—
		4% 征收率	10							—	—			—	—	—	—
		3% 征收率的货物及加工修理修配劳务	11							—	—			—	—	—	—
		3% 征收率的服务、不动产和无形资产	12							—	—						
		预征率 %	13a							—	—						
		预征率 %	13b							—	—						
		预征率 %	13c							—	—						

续表

项目及栏次				开具增值税专用发票		开具其他发票		未开具发票		纳税检查调整		合计			服务、不动产和无形资产扣除项目本期实际扣除金额	扣除后	
				销售额	销项（应纳）税额	销售额	销项（应纳）税额	销售额	销项（应纳）税额	销售额	销项（应纳）税额	销售额	销项（应纳）税额	价税合计		含税（免税）销售额	销项（应纳）税额
				1	2	3	4	5	6	7	8	9=1+3+5+7	10＝2＋4＋6＋8	11＝9＋10	12	13＝11－12	14＝13÷（100%＋税率或征收率）×税率或征收率
二、简易计税方法计税	其中：即征即退项目	即征即退货物及加工修理修配劳务	14	—	—	—	—	—	—	—	—			—	—	—	—
		即征即退服务、不动产和无形资产	15	—	—	—	—	—	—	—	—						
三、免抵退税	货物及加工修理修配劳务		16	—	—		—		—	—	—		—	—	—	—	—
	服务、不动产和无形资产		17	—	—		—		—	—	—		—				—
四、免税	货物及加工修理修配劳务		18				—		—	—	—		—	—	—	—	—
	服务、不动产和无形资产		19	—	—		—		—	—	—		—				—

附表 8 增值税及附加税费申报表附列资料（二）

（本期进项税额明细）

税款所属时间：　　年　月　日至　　年　月　日

纳税人名称:(公章)　　　　　　　　　　　　　　　　　金额单位:元(列至角分)

一、申报抵扣的进项税额				
项目	栏次	份数	金额	税额
(一) 认证相符的增值税专用发票	1 = 2 + 3			
其中:本期认证相符且本期申报抵扣	2			
前期认证相符且本期申报抵扣	3			
(二) 其他扣税凭证	4 = 5 + 6 + 7 + 8a + 8b			
其中:海关进口增值税专用缴款书	5			
农产品收购发票或者销售发票	6			
代扣代缴税收缴款凭证	7		—	
加计扣除农产品进项税额	8a	—	—	
其他	8b			
(三) 本期用于购建不动产的扣税凭证	9	—		
(四) 本期用于抵扣的旅客运输服务扣税凭证	10	—		
(五) 外贸企业进项税额抵扣证明	11	—	—	
当期申报抵扣进项税额合计	12 = 1 + 4 + 11			

二、进项税额转出额		
项目	栏次	税额
本期进项税转出额	13 = 14 至 23 之和	
其中:免税项目用	14	
集体福利、个人消费	15	
非正常损失	16	
简易计税方法征税项目用	17	
免抵退税办法不得抵扣的进项税额	18	
纳税检查调减进项税额	19	
红字专用发票信息表注明的进项税额	20	
上期留抵税额抵减欠税	21	
上期留抵税额退税	22	
异常凭证转出进项税额	23a	
其他应作进项税额转出的情形	23b	

续表

三、待抵扣进项税额				
项目	栏次	份数	金额	税额
(一) 认证相符的增值税专用发票	24	—	—	—
期初已认证相符但未申报抵扣	25			
本期认证相符且本期未申报抵扣	26			
期末已认证相符但未申报抵扣	27			
其中:按照税法规定不允许抵扣	28			
(二) 其他扣税凭证	29 = 30 至 33 之和			
其中:海关进口增值税专用缴款书	30			
农产品收购发票或者销售发票	31			
代扣代缴税收缴款凭证	32		—	
其他	33			
	34			
四、其他				
项目	栏次	份数	金额	税额
本期认证相符的税控增值税专用发票	35			
代扣代缴税额	36	—	—	

附表 9 消费税及附加税费申报表

税款所属期:自　　年　月　日至　　年　月　日

纳税人识别号(统一社会信用代码):□□□□□□□□□□□□□□□□□□□□□□□□□

纳税人名称:　　　　　　　　　　　　　　金额单位:人民币元(列至角分)

应税消费品名称	适用税率		计量单位	本期销售数量	本期销售额	本期应纳税额
	定额税率	比例税率				
	1	2	3	4	5	6=1×4+2×5
合计	—	—	—	—	—	

	栏次	本期税费额
本期减(免)税额	7	
期初留抵税额	8	
本期准予扣除税额	9	

续表

	栏次	本期税费额
本期应扣除税额	10=8+9	
本期实际扣除税额	11［10<(6-7)，则为10,否则为6-7］	
期末留抵税额	12=10-11	
本期预缴税额	13	
本期应补(退)税额	14=6-7-11-13	
城市维护建设税本期应补(退)税额	15	
教育费附加本期应补(退)费额	16	
地方教育附加本期应补(退)费额	17	
声明:此表是根据国家税收法律法规及相关规定填写的,本人(单位)对填报内容(及附带资料)的真实性、可靠性、完整性负责。 纳税人(签章): 年 月 日		
经办人: 经办人身份证号: 代理机构签章: 代理机构统一社会信用代码:	受理人: 受理税务机关(章): 受理日期: 年 月 日	

附表 10 中华人民共和国企业所得税月(季)度预缴纳税申报表(A类)(A200000)

税款所属期间: 年 月 日至 年 月 日

纳税人识别号(统一社会信用代码):□□□□□□□□□□□□□□□□□□□□

纳税人名称: 金额单位:人民币元(列至角分)

优惠及附报事项有关信息									
项目	一季度		二季度		三季度		四季度		季度平均值
	季初	季末	季初	季末	季初	季末	季初	季末	
从业人数									
资产总额(万元)									
国家限制或禁止行业	□是 □否				小型微利企业				□是 □否
	附报事项名称								金额或选项
事项 1	(填写特定事项名称)								
事项 2	(填写特定事项名称)								

	预缴税款计算	本年累计
1	营业收入	
2	营业成本	
3	利润总额	

续表

	预缴税款计算		本年累计
4	加:特定业务计算的应纳税所得额		
5	减:不征税收入		
6	减:资产加速折旧、摊销(扣除)调减额(填写 A201020)		
7	减:免税收入、减计收入、加计扣除(7.1+7.2+…)		
7.1	(填写优惠事项名称)		
7.2	(填写优惠事项名称)		
8	减:所得减免(8.1+8.2+…)		
8.1	(填写优惠事项名称)		
8.2	(填写优惠事项名称)		
9	减:弥补以前年度亏损		
10	实际利润额(3+4−5−6−7−8−9)\ 按照上一纳税年度应纳税所得额平均额确定的应纳税所得额		
11	税率(25%)		
12	应纳所得税额(10×11)		
13	减:减免所得税额(13.1+13.2+…)		
13.1	(填写优惠事项名称)		
13.2	(填写优惠事项名称)		
14	减:本年实际已缴纳所得税额		
15	减:特定业务预缴(征)所得税额		
16	本期应补(退)所得税额(12−13−14−15)\ 税务机关确定的本期应纳所得税额		
	汇总纳税企业总分机构税款计算		
17	总机构	总机构本期分摊应补(退)所得税额(18+19+20)	
18		其中:总机构分摊应补(退)所得税额(16×总机构分摊比例____%)	
19		财政集中分配应补(退)所得税额(16×财政集中分配比例____%)	
20		总机构具有主体生产经营职能的部门分摊所得税额(16×全部分支机构分摊比例____%×总机构具有主体生产经营职能部门分摊比例____%)	
21	分支机构	分支机构本期分摊比例	
22		分支机构本期分摊应补(退)所得税额	

续表

实际缴纳企业所得税计算			
23	减:民族自治地区企业所得税地方分享部分:□免征□减征:减征幅度____%)	本年累计应减免金额[(12-13-15)×40%×减征幅度]	
24	实际应补(退)所得税额		

谨声明:本纳税申报表是根据国家税收法律法规及相关规定填报的,是真实的、可靠的、完整的。 纳税人(签章): 年 月 日	
经办人: 经办人身份证号: 代理机构签章: 代理机构统一社会信用代码:	受理人: 受理税务机关(章): 受理日期: 年 月 日

国家税务总局监制

A100000 附表 11 企业所得税年度纳税申报主表

行次	类别	项目	金额
1	利润总额计算	一、营业收入(填写 A101010\101020\103000)	
2		减:营业成本(填写 A102010\102020\103000)	
3		减:税金及附加	
4		减:销售费用(填写 A104000)	
5		减:管理费用(填写 A104000)	
6		减:研发费用(填写 A104000)	
7		减:财务费用(填写 A104000)	
8		加:其他收益	
9		加:投资收益(损失以'-'号填列)	
10		加:净敞口套期收益(损失以'-'号填列)	
11		加:公允价值变动收益(损失以'-'号填列)	
12		加:信用减值损失(损失以'-'号填列)	
13		加:资产减值损失(损失以'-'号填列)	
14		加:资产处置收益(损失以'-'号填列)	
15		二、营业利润(亏损以'-'号填列)	
16		加:营业外收入(填写 A101010\101020\103000)	
17		减:营业外支出(填写 A102010\102020\103000)	
18		三、利润总额(15+16-17)	

续表

行次	类别	项目	金额
19	应纳税所得额计算	减:境外所得(填写 A108010)	
20		加:纳税调整增加额(填写 A105000)	
21		减:纳税调整减少额(填写 A105000)	
22		减:免税、减计收入及加计扣除(22.1+22.2+…)	
22.1		(填写优惠事项名称)	
22.2		(填写优惠事项名称)	
23		加:境外应税所得抵减境内亏损(填写 A108000)	
24		四、纳税调整后所得(18−19+20−21−22+23)	
25		减:所得减免(填写 A107020)	
26		减:弥补以前年度亏损(填写 A106000)	
27		减:抵扣应纳税所得额(填写 A107030)	
28		五、应纳税所得额(24−25−26−27)	
29	应纳税额计算	税率(25%)	
30		六、应纳所得税额(28×29)	
31		减:减免所得税额(31.1+31.2+…)	
31.1		(填写优惠事项名称)	
31.2		(填写优惠事项名称)	
32		减:抵免所得税额(填写 A107050)	
33		七、应纳税额(30−31−32)	
34		加:境外所得应纳所得税额(填写 A108000)	
35		减:境外所得抵免所得税额(填写 A108000)	
36		八、实际应纳所得税额(33+34−35)	
37	实际应补(退)税额计算	减:本年累计预缴所得税额	
38		九、本年应补(退)所得税额(36−37)	
39		其中:总机构分摊本年应补(退)所得税额(填写 A109000)	
40		财政集中分配本年应补(退)所得税额(填写 A109000)	
41		总机构主体生产经营部门分摊本年应补(退)所得税额(填写 A109000)	
42		减:民族自治地区企业所得税地方分享部分:(免征　减征:减征幅度____%)	
43		减:稽查查补(退)所得税额	
44		减:特别纳税调整补(退)所得税额	
45		十、本年实际应补(退)所得税额(38−42−43−44)	

A101010 附表 12 一般企业收入明细表 单位：元

行次	项目	金额
1	一、营业收入(2+9)	
2	(一) 主营业务收入(3+5+6+7+8)	
3	1. 销售商品收入	
4	其中:非货币性资产交换收入	
5	2. 提供劳务收入	
6	3. 建造合同收入	
7	4. 让渡资产使用权收入	
8	5. 其他	
9	(二) 其他业务收入(10+12+13+14+15)	
10	1. 销售材料收入	
11	其中:非货币性资产交换收入	
12	2. 出租固定资产收入	
13	3. 出租无形资产收入	
14	4. 出租包装物和商品收入	
15	5. 其他	
16	二、营业外收入(17+18+19+20+21+22+23+24+25+26)	
17	(一) 非流动资产处置利得	
18	(二) 非货币性资产交换利得	
19	(三) 债务重组利得	
20	(四) 政府补助利得	
21	(五) 盘盈利得	
22	(六) 捐赠利得	
23	(七) 罚没利得	
24	(八) 确实无法偿付的应付款项	
25	(九) 汇兑收益	
26	(十) 其他	

A102010　　附表 13　一般企业成本支出明细表　　单位：元

行次	项目	金额
1	一、营业成本(2+9)	
2	(一) 主营业务成本(3+5+6+7+8)	
3	1. 销售商品成本	
4	其中:非货币性资产交换成本	
5	2. 提供劳务成本	
6	3. 建造合同成本	
7	4. 让渡资产使用权成本	
8	5. 其他	
9	(二) 其他业务成本(10+12+13+14+15)	
10	1. 销售材料成本	
11	其中:非货币性资产交换成本	
12	2. 出租固定资产成本	
13	3. 出租无形资产成本	
14	4. 包装物出租成本	
15	5. 其他	
16	二、营业外支出(17+18+19+20+21+22+23+24+25+26)	
17	(一) 非流动资产处置损失	
18	(二) 非货币性资产交换损失	
19	(三) 债务重组损失	
20	(四) 非常损失	
21	(五) 捐赠支出	
22	(六) 赞助支出	
23	(七) 罚没支出	
24	(八) 坏账损失	
25	(九) 无法收回的债券股权投资损失	
26	(十) 其他	

A104000　　附表 14　期间费用明细表　　单位：元

行次	项目	销售费用	其中:境外支付	管理费用	其中:境外支付	财务费用	其中:境外支付
		1	2	3	4	5	6
1	一、职工薪酬		*		*	*	*
2	二、劳务费					*	*
3	三、咨询顾问费					*	*
4	四、业务招待费		*		*	*	*
5	五、广告费和业务宣传费		*		*	*	*
6	六、佣金和手续费						
7	七、资产折旧摊销费		*		*	*	*
8	八、财产损耗、盘亏及毁损损失		*		*	*	*
9	九、办公费		*		*	*	*
10	十、董事会费		*		*	*	*
11	十一、租赁费					*	*
12	十二、诉讼费		*		*	*	*
13	十三、差旅费		*		*	*	*
14	十四、保险费		*		*	*	*
15	十五、运输、仓储费					*	*
16	十六、修理费					*	*
17	十七、包装费		*		*	*	*
18	十八、技术转让费					*	*
19	十九、研究费用					*	*
20	二十、各项税费		*		*	*	*
21	二十一、利息收支	*	*	*	*		
22	二十二、汇兑差额	*	*	*	*		
23	二十三、现金折扣	*	*	*	*		*
24	二十四、党组织工作经费						
25	二十五、其他						
26	合计(1+2+3+…+25)						

A105000　　附表 15　纳税调整项目明细表　　单位：元

行次	项目	账载金额	税收金额	调增金额	调减金额
		1	2	3	4
1	一、收入类调整项目(2+3+4+5+6+7+8+10+11)	*	*		
2	(一) 视同销售收入(填写 A105010)	*			*
3	(二) 未按权责发生制原则确认的收入(填写 A105020)				
4	(三) 投资收益(填写 A105030)				
5	(四) 按权益法核算长期股权投资对初始投资成本调整确认收益	*	*	*	
6	(五) 交易性金融资产初始投资调整	*	*		*
7	(六) 公允价值变动净损益		*		
8	(七) 不征税收入	*	*		
9	其中：专项用途财政性资金(填写 A105040)	*	*		
10	(八) 销售折扣、折让和退回				
11	(九) 其他				
12	二、扣除类调整项目(13+14+15+16+17+18+19+20+21+22+23+24+26+27+28+29+30)	*	*		
13	(一) 视同销售成本(填写 A105010)	*		*	
14	(二) 职工薪酬(填写 A105050)				
15	(三) 业务招待费支出				*
16	(四) 广告费和业务宣传费支出(填写 A105060)	*	*		
17	(五) 捐赠支出(填写 A105070)				*
18	(六) 利息支出				
19	(七) 罚金、罚款和被没收财物的损失		*		*
20	(八) 税收滞纳金、加收利息		*		*
21	(九) 赞助支出		*		*
22	(十) 与未实现融资收益相关在当期确认的财务费用				
23	(十一) 佣金和手续费支出(保险企业填写 A105060)				*
24	(十二) 不征税收入用于支出所形成的费用	*	*		*
25	其中：专项用途财政性资金用于支出所形成的费用(填写 A105040)	*	*		*

续表

行次	项目	账载金额	税收金额	调增金额	调减金额
		1	2	3	4
26	（十三）跨期扣除项目				
27	（十四）与取得收入无关的支出		*		*
28	（十五）境外所得分摊的共同支出	*	*		*
29	（十六）党组织工作经费				
30	（十七）其他				
31	三、资产类调整项目（32＋33＋34＋35）	*	*		
32	（一）资产折旧、摊销（填写A105080）				
33	（二）资产减值准备金		*		
34	（三）资产损失（填写A105090）				
35	（四）其他				
36	四、特殊事项调整项目（37＋38＋39＋40＋41＋42）	*	*		
37	（一）企业重组及递延纳税事项（填写A105100）				
38	（二）政策性搬迁（填写A105110）	*	*		
39	（三）特殊行业准备金（39.1+39.2+39.4+39.5+39.6+39.7）	*	*		
39.1	1. 保险公司保险保障基金				
39.2	2. 保险公司准备金				
39.3	其中：已发生未报案未决赔款准备金				
39.4	3. 证券行业准备金				
39.5	4. 期货行业准备金				
39.6	5. 中小企业融资（信用）担保机构准备金				
39.7	6. 金融企业、小额贷款公司准备金（填写A105120）	*	*		
40	（四）房地产开发企业特定业务计算的纳税调整额（填写A105010）	*			
41	（五）有限合伙企业法人合伙方应分得的应纳税所得额				
42	（六）发行永续债利息支出				
43	（七）其他	*	*		
44	五、特别纳税调整应税所得	*	*		
45	六、其他	*	*		
46	合计（1＋12＋31＋36＋43＋44＋45）	*	*		

A105050　　附表 16　职工薪酬支出及纳税调整明细表　　单位：元

行次	项目	账载金额	实际发生额	税收规定扣除率	以前年度累计结转扣除额	税收金额	纳税调整金额	累计结转以后年度扣除额
		1	2	3	4	5	6 (1−5)	7 (1+4−5)
1	一、工资薪金支出				*			*
2	其中：股权激励				*			*
3	二、职工福利费支出				*			*
4	三、职工教育经费支出							
5	其中：按税收规定比例扣除的职工教育经费							
6	按税收规定全额扣除的职工培训费用				*			*
7	四、工会经费支出				*			*
8	五、各类基本社会保障性缴款				*			*
9	六、住房公积金				*			*
10	七、补充养老保险				*			*
11	八、补充医疗保险				*			*
12	九、其他			*				
13	合计 (1+3+4+7+8+9+10+11+12)			*				

A105060　　附表 17　广告费和业务宣传费等跨年度纳税调整明细表　　单位：元

行次	项目	广告费和业务宣传费	保险企业手续费及佣金支出
		1	2
1	一、本年支出		
2	减：不允许扣除的支出		
3	二、本年符合条件的支出(1−2)		
4	三、本年计算扣除限额的基数		

续表

行次	项目	广告费和业务宣传费	保险企业手续费及佣金支出
		1	2
5	乘:税收规定扣除率		
6	四、本企业计算的扣除限额(4×5)		
7	五、本年结转以后年度扣除额(3>6,本行=3−6;3≤6,本行=0)		
8	加:以前年度累计结转扣除额		
9	减:本年扣除的以前年度结转额[3>6,本行=0;3≤6,本行=8或(6−3)孰小值]		
10	六、按照分摊协议归集至其他关联方的金额(10≤3或6孰小值)		
11	按照分摊协议从其他关联方归集至本企业的金额		
12	七、本年支出纳税调整金额(3>6,本行=2+3−6+10−11;3≤6,本行=2+10−11−9)		
13	八、累计结转以后年度扣除额(7+8−9)		

A105070　　附表18　捐赠支出及纳税调整明细表　　单位:元

行次	项目	账载金额	以前年度结转可扣除的捐赠额	按税收规定计算的扣除限额	税收金额	纳税调增金额	纳税调减金额	可结转以后年度扣除的捐赠额
		1	2	3	4	5	6	7
1	一、非公益性捐赠		*	*	*		*	*
2	二、限额扣除的公益性捐赠(3+4+5+6)							
3	前三年度(　　年)	*		*	*	*		*
4	前二年度(　　年)	*		*	*	*		
5	前一年度(　　年)	*		*	*	*		
6	本年(　　年)		*				*	
7	三、全额扣除的公益性捐赠		*	*		*	*	*
8	1.		*	*		*	*	*
9	2.		*	*		*	*	*

续表

行次	项目	账载金额	以前年度结转可扣除的捐赠额	按税收规定计算的扣除限额	税收金额	纳税调增金额	纳税调减金额	可结转以后年度扣除的捐赠额
		1	2	3	4	5	6	7
10	3.		*	*		*	*	*
11	合计(1+2+7)							
附列资料	2020年度至本年发生的公益性扶贫捐赠合计金额		*	*		*	*	*

A105090　　附表19　资产损失税前扣除及纳税调整明细表　　单位：元

行次	项目	账载金额	税收金额	纳税调整金额
		1	2	3(1-2)
1	一、清单申报资产损失(2+3+4+5+6+7+8)			
2	(一)正常经营管理活动中,按照公允价格销售、转让、变卖非货币资产的损失			
3	(二)存货发生的正常损耗			
4	(三)固定资产达到或超过使用年限而正常报废清理的损失			
5	(四)生产性生物资产达到或超过使用年限而正常死亡发生的资产损失			
6	(五)按照市场公平交易原则,通过各种交易场所、市场等买卖债券、股票、期货、基金以及金融衍生产品等发生的损失			
7	(六)分支机构上报的资产损失			
8	(七)其他			
9	二、专项申报资产损失(填写A105091)			
10	(一)货币资产损失(填写A105091)			
11	(二)非货币资产损失(填写A105091)			
12	(三)投资损失(填写A105091)			
13	(四)其他(填写A105091)			
14	合计(1+9)			

A105080 附表 20 资产折旧、摊销情况及纳税调整明细表 金额单位：元

行次	项目	账载金额			税收金额					纳税调整	
		资产账载金额	本年折旧、摊销额	累计折旧、摊销额	资产计税基础	按税收一般规定计算的本年折旧、摊销额	本年加速折旧额	其中:2014 年及以后年度新增固定资产加速折旧额(填写 A105081)	累计折旧、摊销额	金额	调整原因
		1	2	3	4	5	6	7	8	9(2-5-6)	10
1	一、固定资产(2+3+4+5+6+7)										
2	(一) 房屋、建筑物										
3	(二) 飞机、火车、轮船、机器、机械和其他生产设备										
4	(三) 与生产经营活动有关的器具、工具、家具等										
5	(四) 飞机、火车、轮船以外的运输工具										
6	(五) 电子设备										
7	(六) 其他										
8	二、生产性生物资产(9+10)							*			
9	(一) 林木类							*			
10	(二) 畜类							*			
11	三、无形资产(12+13+14+15+16+17+18)						*	*			
12	(一) 专利权						*	*			
13	(二) 商标权						*	*			

续表

行次	项目	账载金额			税收金额					纳税调整	
		资产账载金额	本年折旧、摊销额	累计折旧、摊销额	资产计税基础	按税收一般规定计算的本年折旧、摊销额	本年加速折旧额	其中：2014 年及以后年度新增固定资产加速折旧额（填写 A105081）	累计折旧、摊销额	金额	调整原因
		1	2	3	4	5	6	7	8	9(2－5－6)	10
14	（三）著作权						*	*			
15	（四）土地使用权						*	*			
16	（五）非专利技术						*	*			
17	（六）特许权使用费						*	*			
18	（七）其他						*	*			
19	四、长期待摊费用（20＋21＋22＋23＋24）						*	*			
20	（一）已足额提取折旧的固定资产的改建支出						*	*			
21	（二）租入固定资产的改建支出						*	*			
22	（三）固定资产的大修理支出						*	*			
23	（四）开办费						*	*			
24	（五）其他						*	*			
25	五、油气勘探投资						*	*			
26	六、油气开发投资						*	*			
27	合计（1＋8＋11＋19＋25＋26）										*

A107012 附表 21 研发费用加计扣除优惠明细表 金额单位：元

行次	项目	金额(数量)
1	本年可享受研发费用加计扣除项目数量	
2	一、自主研发、合作研发、集中研发(3+7+16+19+23+34)	
3	(一) 人员人工费用(4+5+6)	
4	1. 直接从事研发活动人员工资薪金	
5	2. 直接从事研发活动人员五险一金	
6	3. 外聘研发人员的劳务费用	
7	(二) 直接投入费用(8+9+10+11+12+13+14+15)	
8	1. 研发活动直接消耗材料费用	
9	2. 研发活动直接消耗燃料费用	
10	3. 研发活动直接消耗动力费用	
11	4. 用于中间试验和产品试制的模具、工艺装备开发及制造费	
12	5. 用于不构成固定资产的样品、样机及一般测试手段购置费	
13	6. 用于试制产品的检验费	
14	7. 用于研发活动的仪器、设备的运行维护、调整、检验、维修等费用	
15	8. 通过经营租赁方式租入的用于研发活动的仪器、设备租赁费	
16	(三) 折旧费用(17+18)	
17	1. 用于研发活动的仪器的折旧费	
18	2. 用于研发活动的设备的折旧费	
19	(四) 无形资产摊销(20+21+22)	
20	1. 用于研发活动的软件的摊销费用	
21	2. 用于研发活动的专利权的摊销费用	
22	3. 用于研发活动的非专利技术(包括许可证、专有技术、设计和计算方法等)的摊销费用	
23	(五) 新产品设计费等(24+25+26+27)	
24	1. 新产品设计费	
25	2. 新工艺规程制定费	
26	3. 新药研制的临床试验费	

续表

行次	项目	金额（数量）
27	4. 勘探开发技术的现场试验费	
28	（六）其他相关费用（29+30+31+32+33）	
29	1. 技术图书资料费、资料翻译费、专家咨询费、高新科技研发保险费	
30	2. 研发成果的检索、分析、评议、论证、鉴定、评审、评估、验收费用	
31	3. 知识产权的申请费、注册费、代理费	
32	4. 职工福利费、补充养老保险费、补充医疗保险费	
33	5. 差旅费、会议费	
34	（七）经限额调整后的其他相关费用	
35	二、委托研发（36+37+39）	
36	（一）委托境内机构或个人进行研发活动所发生的费用	
37	（二）委托境外机构进行研发活动发生的费用	
38	其中：允许加计扣除的委托境外机构进行研发活动发生的费用	
39	（三）委托境外个人进行研发活动发生的费用	
40	三、年度研发费用小计（2+36×80%+38）	
41	（一）本年费用化金额	
42	（二）本年资本化金额	
43	四、本年形成无形资产摊销额	
44	五、以前年度形成无形资产本年摊销额	
45	六、允许扣除的研发费用合计（41+43+44）	
46	减：特殊收入部分	
47	七、允许扣除的研发费用抵减特殊收入后的金额（45−46）	
48	减：当年销售研发活动直接形成产品（包括组成部分）对应的材料部分	
49	减：以前年度销售研发活动直接形成产品（包括组成部分）对应材料部分结转金额	
50	八、加计扣除比例及计算方法	
51	九、本年研发费用加计扣除总额（47−48−49）×50	
52	十、销售研发活动直接形成产品（包括组成部分）对应材料部分结转以后年度扣减金额（当 47−48−49≥0，本行＝0；当 47−48−49<0，本行＝47−48−49 的绝对值）	

A108000

附表 22　境外所得税收抵免明细表

单位：元

行次	国家（地区）	境外税前所得	境外所得纳税调整后所得	弥补境外以前年度亏损	境外应纳税所得额	抵减境内亏损	抵减境内亏损后的境外应纳税所得额	税率	境外所得应纳税额	境外所得可抵免税额	境外所得抵免限额	本年可抵免境外所得税额	未超过境外所得税抵免限额的余额	本年可抵免以前年度未抵免境外所得税额	按简易办法计算：按低于12.5%的实际税率计算的抵免额	按简易办法计算：按12.5%计算的抵免额	按简易办法计算：按25%计算的抵免额	按简易办法计算：小计	境外所得抵免所得税额合计
	1	2	3	4	5(3–4)	6	7(5–6)	8	9(7×8)	10	11	12	13(11–12)	14	15	16	17	18(15+16+17)	19(12+14+18)
1																			
2																			
3																			
4																			
5																			
6																			
7																			
8																			
9																			
10	合计																		

A108010

附表 23 境外所得纳税调整后所得明细表

单位：元

行次	国家（地区）	境外税后所得								境外所得可抵免的所得税额				境外税前所得	境外分支机构收入与支出纳税调整额	境外分支机构调整分摊扣除的有关成本费用	境外所得对应调整的相关成本费用支出	境外所得纳税调整后所得
		分支机构营业利润所得	股息、红利等权益性投资所得	利息所得	租金所得	特许权使用费所得	财产转让所得	其他所得	小计	直接缴纳的所得税额	间接负担的所得税额	享受税收饶让抵免税额	小计					
	1	2	3	4	5	6	7	8	9(2+3+4+5+6+7+8)	10	11	12	13(10+11+12)	14(9+10+11)	15	16	17	18(14+15-16-17)
1																		
2																		
3																		
4																		
5																		
6																		
7																		
8																		
9																		
10	合计																	

附表 24　中华人民共和国税收通用缴款书

中华人民共和国
税收通用缴款书

国家税务总局税收票证监制章

地缴字(甲)隶属关系　NO:4455582

隶属关系：

注册类型：　　　　填发日期：　　年　　月　　日　　　征收机关：

缴款单位(人)	代　码		预算科目	编　码	
	全　称			名　称	
	开户银行			级　次	
	账　号		收款国库		
税款所属时期：　年　月　日			税款限缴日期：　年　月　日		
品目名称	课税数量	计税金额或销售收入	税率或单位税额	已缴或扣除额	实缴税额
金额合计	人民币(大写)				
缴款单位(人)(盖章)经办人(章)		税务机关(盖章)填票人(章)	上列款项已收妥并划转收款单位账户　国库(银行)盖章　年　月　日		备注：

逾期不缴按税法规定加收滞纳金

无银行收讫章无效

第一联（收据）国库（银行）收款盖章后退缴款单位（人）作完税凭证

附表 25　海关进口（　　）税专用缴款书

海关进口（　）税专用缴款书

收入系统:海关系统　填发日期:　　年　　月　　日　　　　　号码:

<table>
<tr><td rowspan="3">收款单位</td><td>收入机关</td><td colspan="3"></td><td rowspan="3">缴款单位(人)</td><td>名　　称</td><td></td></tr>
<tr><td>科　　目</td><td></td><td>预算级次</td><td></td><td>账　　号</td><td></td></tr>
<tr><td>收缴国库</td><td colspan="3"></td><td>开户银行</td><td></td></tr>
</table>

税号	货物名称	数量	单位	计税价格（¥）	税率（%）	税款金额（¥）

<table>
<tr><td colspan="5">金额人民币(大写)</td><td colspan="2">合计（¥）</td></tr>
<tr><td>申请单位编号</td><td></td><td>报关单编号</td><td></td><td>填制单位</td><td colspan="2">收款国库(银行)</td></tr>
<tr><td>合同(批文)号</td><td></td><td>运输工具(号)</td><td></td><td rowspan="3">制单人________
复核人</td><td colspan="2" rowspan="3"></td></tr>
<tr><td>缴款期限</td><td></td><td>提 / 装货单号</td><td></td></tr>
<tr><td>备注</td><td colspan="3"></td></tr>
</table>

第一联：（收据）国库收款签章后交缴款单位或缴款人

从填发缴款书之日起限 15 日内缴纳(期末遇法定节假日顺延),逾期按日征收税款总额万分之五的滞纳金。

主编简介

梁伟样　会计学教授，丽水职业技术学院原院长，兼任中国商业会计学会职业教育分会常务副会长、全国财政职业教育教学指导委员会高职专业教育教学指导委员会副主任委员。浙江省高校教学名师、浙江省高校中青年专业带头人、浙江省高校会计专业教学团队带头人。具有注册会计师（非执业）资格。一直致力于税务会计、税法的教学与研究，主持国家职业教育大数据与会计专业教学资源库子项目“智慧化税费申报与管理”。先后在《财政与税收》等学术刊物上发表学术论文 30 余篇，出版专著及教材 10 余部，主持省哲学社会科学规划课题等科研课题 10 余项。

读者意见反馈

为收集对教材的意见建议，进一步完善教材编写并做好服务工作，读者可将对本教材的意见建议通过如下渠道反馈至我社。

咨询电话　400-810-0598

反馈邮箱　gjdzfwb@pub.hep.cn

通信地址　北京市朝阳区惠新东街 4 号富盛大厦 1 座

　　　　　高等教育出版社总编辑办公室

邮政编码　100029

防伪查询说明

用户购书后刮开封底防伪涂层，使用手机微信等软件扫描二维码，会跳转至防伪查询网页，获得所购图书详细信息。

防伪客服电话　(010) 58582300

网络增值服务使用说明

授课教师如需获取本书配套教辅资源，请登录“高等教育出版社产品信息检索系统”（xuanshu.hep.com.cn），搜索本书并下载资源。首次使用本系统的用户，请先注册并完成教师资格认证。

高教社高职会计教师交流及资源服务QQ群（在其中之一即可，请勿重复加入）：

QQ3群：675544928　QQ2群：708994051（已满）　QQ1群：229393181（已满）